本书由湘潭大学马克思主义理论学科资助出版

这“五步”，走了二十年

郭汉民教授探索研讨式教学改革的心路历程

黄显中◎主编

湘潭大学出版社

图书在版编目（CIP）数据

这“五步”，走了二十年 ：郭汉民教授探索研讨式教学改革的心路历程 / 黄显中主编. -- 湘潭 ：湘潭大学出版社，2020.12

ISBN 978-7-5687-0519-6

Ⅰ. ①这… Ⅱ. ①黄… Ⅲ. ①中国历史－近代史－教学研究 Ⅳ. ①K25

中国版本图书馆CIP数据核字（2020）第260745号

这“五步”，走了二十年 ：郭汉民教授探索研讨式教学改革的心路历程

ZHE“WUBU”，ZOU LE ERSHI NIAN：
GUO HANMIN JIAOSHOU TANSUO YANTAOSHI JIAOXUE GAIGE DE XINLU LICHENG

黄显中 主编

责任编辑：丁立松
封面设计：刘 扬
出版发行：湘潭大学出版社
社 址：湖南省湘潭大学工程训练大楼
电 话：0731-58298960 0731-58298966（传真）
邮 编：411105
网 址：http://press.xtu.edu.cn/
印 刷：长沙鸿和印务有限公司
经 销：湖南省新华书店
开 本：710 mm×1000 mm 1/16
印 张：21.5
字 数：305千字
版 次：2020年12月第1版
印 次：2020年12月第1次印刷
书 号：ISBN 978-7-5687-0519-6
定 价：78.00元

全国优秀教师郭汉民教授（1943—2020）

郭汉民教授部分史学著作

郭汉民教授关于研讨式教学的部分著作

刘建平教授主编的“郭汉民《文集》出版暨从教45周年座谈会”言论辑

湖南师范大学历史系1995—1998级和湘潭大学历史系1999—2000级
本科生教改成果汇编

郭汉民教授讲授研讨式教学

序

郭汉民教授，1943年生于河南平顶山，1963年考入中山大学历史学系学习。1980年考入湖南师范学院历史系，师从著名史学家林增平先生攻读中国近现代史，毕业后留校任教。2002年作为学科带头人引进到湘潭大学工作，2004年任历史文化学院院长，2012年荣退。2020年9月4日不幸因病逝世。

郭汉民先生是中国近代史研究领域知名学者，著有《晚清社会思潮研究》《中国近代史事探索》《中国近代思想与思潮》《郭汉民文集》等，主编、合编四卷本《中国近代社会思潮（1840—1949）》《中国近代史实正误》《辛亥革命史研究备要》《宋教仁集》《湖南辛亥革命人物传略》《湖南辛亥革命史料》等30余部，参与国家清史纂修工程、国家社科重点课题“清代人物传稿”和“中国近代社会思潮研究”，在《历史研究》《近代史研究》《光明日报》等重要刊物发表论文160余篇，其中不少被《新华文摘》、“人大复印报刊资料”等转载。

汉民先生不仅是一位优秀的学者，更是一位忠诚于党的教育事业的全国优秀教师。他从1997年开始进行研讨式教学改革，首创

“研讨式五步教学法”，深受学生欢迎，被《光明日报》等数十家刊物和教育部高校历史学学科教学指导委员会推荐，在高等教育界产生了广泛影响，被视为“大学教学的创举”和“一个可资借鉴的成功教学模式”。本书收录的，是汉民先生在生命的最后几年，在湖南、山东、河北、江苏、海南、广西等地近20所高校讲授研讨式教学和“研讨式五步教学法”的部分讲稿，和他的学生们所写的部分“评学议教”文章。阅读本书，我再次近距离感受了汉民先生20多年来坚持研究和大力推广研讨式教学的心路历程，再次真切感受了学生们对这一教学方法和模式发自内心的热烈拥护和欢迎。我以为，汉民先生的研讨式教学改革，至少取得了以下三方面突出成就：

其一，探索了一个深受广大师生认可的成功教学模式，可资效法。研讨式教学改革一改教师讲、学生记，期末考笔记的“填鸭式”教学模式，逐步形成了“研讨式五步教学法”，其具体操作程序如下：第一步，指导选题。课程开始之初，教师讲好导论课，让学生了解全课程的线索和脉络，然后围绕这一线索提出若干值得研究的问题，指导学生分别选择一个作为自己的研讨课题，按课题类别划分若干研讨小组，告知学生查找资料的途径和研究方法。第二步，独立探索。学生按教师传授的方法去查找索引、检索文献、阅读资料，独立思考，完成某一问题研究资料索引，撰写文章。第三步，小组交流。学生在研讨小组内将自己独立探索的知识和心得以讲课评课的形式交流，展开讨论。然后每个小组推选若干名优秀者参加大班讲评。第四步，大班讲评。用若干周时间由各小组推选的学生在全班登台讲述，师生一起听课评课，教师作阶段性小结。第五步，总结提高。每个学生根据自己的切身感受，写一篇学习总结或评学议教文章，要求真实、具体，力求深刻、生动。这五个步骤互相联系，环环相扣，各具功能，行之多年，深受师生欢迎，被潘懋元先生誉之为“高等教育领域的真正实验”，已在高校、党校、行政学院及军事院校文、史、哲、法、经、管、理、工、农、医、外语、思政课等近20个一级学科100多门课程中广泛应用。

其二，揭示了一套针对性很强的教育教学观念，切中时弊。正如有学者所指出的，改革开放以来，我国高等教育事业在办学规模、办学理念、结构调整、管理体系、学科建设、教材建设等方面成绩显著，但在教学方法的改革、新的教学观念的实践上仍相对滞后。汉民先生的研讨式教学改革有的放矢，体现了一套针对性极强的教育教学观念。概括起来，主要表现为五个注重：一是注重落实学生的主体地位，让学生真正成为学习的主人，引导学生参与教学过程，激发学生学习的内在动力，使学生身心得到健康发展。二是注重学生能力的培养，既使学生获取前人积累下来的知识，又加强实践环节，把培养学生的学习能力、研究能力、交往能力、语言与文字表达能力等放在突出位置。三是注重学习方法、研究方法的传授，既向学生传授好专业知识，“授人以鱼”，更“授之以渔”，指导学生掌握探索知识的方法和途径，让他们自己去“张网捕鱼”。四是注重建立融洽、和谐、合作、温馨的师生关系，打破教师“一言堂”，营造师生“群言堂”，营造教师与学生、学生与学生平等交流的学术氛围。五是注重建立以激励为主的综合评价体系，让学生认识自我、增加自信、克服自满、奋发向上。习近平总书记曾指出，“要深化教育改革，推进素质教育，创新教育方法，提高人才培养质量”。“研讨式五步教学法”所秉持的上述教育教学观念，对落实这一讲话精神具有重要启示。

其三，提供了一例研究高等教育教学改革的翔实个案，值得重视。汉民先生在开展研讨式教学改革的过程中，特别注重搜集、保存、整理、刊印在教改全过程中形成的第一手资料，包括教改方案、学生作业、学生课堂讨论记录、学生评学议教文章、学生问卷调查统计资料和分析报告以及各方面对教改的反映等，并及时加以编印。仅湖南师范大学和湘潭大学1995—2000级就有《近代湘籍名人研究备要》，《群言》第一至五辑，《五步教学法的研究与实践》第一、二辑等8册，100多万字。其后，又主持开展国家教育科学“十五”规划重点项目“‘研讨式五步教学法’的推广与应用研究”，出版同名专著，对研讨式教学的重要理念、操作程序、实际效果、社会反响、主要特色、基本经验、应用价值及其使用范围从理论与实践角度作了深入探讨。近年来，他又在20多年实践的基础上，进一步对研讨式教学和“研讨式五步教学法”在指导思想、检验教学效果的标准和措施、应用推广的适应性与特殊性等方面的一系列问题进行深入思考，形成了一批成果，2017年在湖南教育出版社出版《研讨式教学改革文集》。这些第一手资料和研究成果，与本书一起，前后呼应，互相印证，客观反映了作者开展研讨式教学改革的原始面貌和心得体悟，为进一步深入研究这一领域的相关问题奠定了基础，已引起高等教育学界有关专家的关注。

除以上三方面的重要成就外，更值得我们纪念和弘扬的，是汉民先生宝贵的科学精神和人文精神。研讨式教学改革试图改变长期施行的“填鸭式”、满堂灌的教学模式，激发学生参与教学过程的积极性和研讨学术的热情，有效提高学生的多种能力与综合素质。实现这一目标，在多年来高校普遍轻教学、重科研的教师评价体系中，面临的困难可想而知。汉民先生在“一个史学工作者最好的年华”里，本着对教育事业的高度责任感，把创新教学模式当成自己的一项事业，知难而上，20多年坚持不辍，从初次尝试，到扩大实验，再到主持国家项目，研究“研讨式五步教学法”的推广应用，直至退休后，仍每年自己出资1.2万元，在湘潭大学设立“研讨式教学奖”，鼓励高校继续开展研讨式教学研究。在他生命的最后几年，还不辞劳苦，孜孜以求，整理出版《研讨式教学改革文集》，并用稿费购买300多本书，顶着烈日骄阳、滂沱大雨，寄送或亲自登门赠送给全国各地数十家高校图书馆及有关单位，又受邀到多所高校讲授推广“研讨式五步教学法”。直至罹患癌症去世前，念兹在兹的，和同事们、学生们交流讨论的仍是研讨式教学的有关问题。汉民先生这种奋斗精神、创新精神、奉献精神和高度的责任感、使命感，为高等教育工作者树立了一道职业标杆。

汉民先生指出，“凡是科学的认识，都是可以经过实践加以验证的”。为了检验研讨式教学的真实效果，多年来他坚持采取两项措施：一是开展评学议教活动。在“研讨式五步教学法”的第五步，要求学生自主撰写评学议教文章，从切身感受出发，说明自己对研讨式教学改革的看法。汉民先生把评学议教的权力完全交给学生，学生也以真切的感受回报老师。从本书下编中汉民先生辑录的《学生评学议教文章览要》，可以看出学生们十分珍惜难得的评论机会，文章内容丰富，发人深思，有的长达二三千字，颇有深度。这既有利于培养学生的写作能力和评价能力，也有助于搜集教学反馈信息，以便改进教学，使教学模式更加完善。二是进行问卷调查。汉民先生考虑到，评学议教文章是署名的，溢美之词恐难避免，为了获取更加真实具体的教学反馈资料，每次教改课程结束，他坚持进行无记名的问卷调查。问卷设计60个问题，180多个选项，系统调查了解研讨式教学改革全过程中学生们的态度、参与活动情况、自我感觉以及各自的认识与要求，然后由学生代表作出问卷分析报告，由此获取衡量研讨式教学改革利弊得失的翔实可靠的第一手资料。从本书收录的3篇调查问卷分析报告可以看到，研讨式教学受到学生的普遍欢迎，推广这种教学模式也是历届学生的共同要求。通过科学方法获得真实信息，以使教学模式和结论更为科学，是汉民先生的研讨式教学改革获致成功的秘诀。

传统的灌输式教学为人诟病的，除了很难激发学生的主动性，还有师生关系的淡漠。有学生评论说，在灌输式教学下，“教授们讲完自己的讲稿，便专攻自己的学术去了。而学生只顾埋头记笔记以应付考试。所以同学与老师之间、同学相互之间，是可以用‘关系冷漠’来形容的。”汉民先生为确保学生的主体地位，打破教师的“一言堂”，成为学生学习的引导者、合作者、帮助者，不仅指导学生选题，授以研究方法，而且以平等的态度“一对一”地点评学生的研究成果，帮助学生改进提高，师生的接触增多了，距离拉近了，汉民先生也因此受到广大学生的热烈欢迎和衷心爱戴，结成了极其亲密、温馨的师生关系。汉民先生的学生告诉我，先生退休多年后到广州，十几年前参加研讨式教学的 20 多名本科毕业生从中山、东莞、惠州等邻近城市赶来相聚，他们说，“郭老师到广州的日子，就是我们的节日”。1996 级本科毕业生莫宏雨《十七年后回望郭氏教改》一文写道，“有爱，才有教改”，“教改传递了爱”。这的确令人震撼，发人深省。可以说，汉民先生不仅从知识上指导学生，而且从教学态度、人品德行上影响学生，真正起到了立德树人、教书育人的作用。

习近平总书记在同北京师范大学师生代表座谈时强调，“全国广大教师要做有理想信念、有道德情操、有扎实知识、有仁爱之心的好老师”。在全国教育大会上的重要讲话中，习总书记又指出，“要把立德树人融入思想道德教育、文化知识教育、社会实践教育各环节，贯穿基础教育、职业教育、高等教育各领域”。2018 年 1 月，中共中央、国务院印发《关于全面深化新时代教师队伍建设改革的意见》，提出要创新师德教育，引导广大教师以德立身、以德立学、以德施教、以德育德；要开展教学研究与指导，推进教学改革与创新；要发掘师德典型，弘扬楷模，形成强大正能量。汉民先生正是这样的典型和楷模！在他所进行的教学改革中，研讨这一形式只是外在的表象，其实质是关爱学生、忠于职守、乐于奉献、甘为人梯的宝贵精神与社会担当。这是新时代教师群体中最为弥足珍贵并值得传承发扬的，也是对习近平总书记“四有”好老师标准的贯彻落实。让我们以汉民先生为榜样，学习他无私奉献、立德树人的精神，承载起传播知识、传播思想、传播真理，塑造灵魂、塑造生命、塑造新人的时代重任。

2020 年 12 月

（廖永安，1972 年生，法学博士，教授，博士生导师，
湘潭大学副校长，分管本科教学等工作）

目　录

上编

下编

附　录

上编

研讨式教改二十年的心路历程

郭汉民

一、抓住契机，初步尝试

我探索研讨式教学是从1997年开始的。那时，我在湖南师范大学历史系担任教授、硕士生导师和博士生导师，兼任中国近代史研究室主任，在历史系本科生中开两门专业选修课。兼任着校学术委员会委员、省历史学会副会长和省高级职称评委，那时我的科研任务很重，与人合作攻关的国家社科重点课题四卷本《中国近代社会思潮研究（1840—1949）》已进入最后向出版社交稿阶段。

20世纪90年代中期之后，党和国家大力提倡素质教育，开始纠正长期应试教育造成的弊端。素质教育是面向所有学生，促进学生全面发展的教育，培养学生的自主学习能力和自我发展能力是其灵魂。不求人人成才，但求人人进步。如何促进学生知识、能力与素质的协调发展，成为摆在我们每一个大学教师面前必须考虑的问题。我想不妨先从改变教学方法上入手尝试一下。

1997年下学期我在湖南师范大学1995级历史基地班开了一门“近代湘籍名人研究”专业选修课，为我探索教学方法的改革提供了一个契机。教育部在湖南师大历史系设立了文史哲基础学科科学研究与人才培养基地，一年招生

30人，非师范性质，毕业后多数要直接保送读研究生。我带过多年的研究生，他们入学前大都没有接触过科研，要带上轨道，很不容易。为了培养学生的科研意识和科研能力，我开始改变填鸭式和满堂灌，不搞一言堂，采用后来称为“研讨式”的教学方法。我在系统讲解湖南历史人物状况、近代人才蔚起及其原因和近代湖南人文精神之后，改变了原计划逐一讲解的做法，列出魏源、曾国藩、左宗棠、胡林翼、郭嵩焘、曾纪泽、刘坤一、熊希龄、谭嗣同、唐才常、王先谦、叶德辉、黄兴、宋教仁、陈天华、蔡锷、杨度、刘揆一、刘道一、禹之谟、谭人凤、蒋翊武、刘复基、焦达峰等24人，指导学生自选其中一个人物作为研究对象，要求学生在一个月的时间内写出一篇4000字左右的文章，内容包括该历史人物的简要生平、主要思想和历史贡献，并概述学术界的研究现状，做一份“×××研究论文资料索引”，然后逐个走上讲台，汇报自己的研究成果，就是讲一堂课，时间不少于30分钟。

对这些历史人物，学生大都知之不多，甚至从未涉及，既要自己做研究，还要写，要讲，困难自然很大，极富挑战性。鉴于学生们从未独立进行过研究，也不知道如何找到相关资料，我着重向他们讲解检索文献的方法和途径，要求学生自己动手去做，不懂的地方再随时问我。

明确各自的任务和要求之后，我宣布一个月内不上课，大家利用这门课的上课时间和其他自学时间纷纷到图书馆和资料室查找资料，努力完成自己的研究工作。一个月后，学生们逐个上台讲课，我则坐在下面认真听课，组织学生提问题、提意见，然后我逐个对学生的讲课进行点评，有错的加以纠正，不足的加以补充。

由学生上台讲课，报告自己的研究成果，还要规范地加以板书，对于一个本科生来说，可是“大姑娘坐轿——头一回”。他们的语言表达能力、板书能力以及普通话水平参差不齐，有的讲课很受大家欢迎，有的则相形见绌。有一点我是坚信不疑的，对于每个学生来说，经过这一系列实践，其知识、能力与素质肯定会有较大提高。正因为如此，我坚持耐心听完每个学生的讲课并给予详细点评。

课程结束时，我不再进行以评定成绩为目的的期末考试，要求学生交文章和索引时，笔谈一下自己的学习感受。

黄强同学写道："转瞬间，'近代湘籍名人研究'的选修课就要结束了，可我们似乎还对其恋恋不舍。记得当初选课时，是抱着略学一二的心理，然而，一个学期下来，我的收获远远超出了当初的设想，我不仅了解了近代湘籍人才群体的概况，而且培养了自己基本的动手能力。当然，这一切都来源于郭汉民教授别出心裁的教学改革。郭教授站在开拓专业知识、提高学生素质的高度，一改以前填鸭式、满堂灌的教学方法，让学生自己动手负责讲解一个人物。这样，同学们分头完成一个人物，无疑调动了广大同学的学习积极性和创造性。同学们辛辛苦苦去图书馆查资料，阅读第一手文献，作了大量读书笔记和摘要，然后自编讲稿，自己试讲，最后自己登台正式讲解。从中，我们收获很多。一方面，通过查阅资料，我们初步熟悉了科研事项，写十多页的讲稿，也锻炼了思维能力和写作能力。另一方面，通过登台亮相，我们的胆子变大了，口头表达能力有了明显提高。更重要的是，这样的课堂教学，学生和老师能积极地进行面对面交流，开拓了同学们的思维，打破了过去课堂上沉闷的局面，创造了一个活跃的气氛。此外，这种教学把点与面很好地结合起来。同学们既了解整个近代湘籍名人的情况，同时，对自己所讲的人物格外清楚，了如指掌。这样的教学方式应该推广开去，也只有这样的教学能更好地培育出人才。在此，我们衷心感谢我们敬爱的郭汉民博导，没有他就没有现在教学方式的改革，就没有我们现在素质的提高！"

黄强说，"近代湘籍名人研究"课程就要结束时"我们还对其恋恋不舍"，这种感受不仅仅是他个人所独有的。后来被保送到上海某高校读研究生的钱英说"教学改革最大的受益者是我们学生"，点出了问题的实质。

钱英说："这门课采取学生讲课、老师评课的新形式，使我们感到了不再是传统的一言堂那样被动地接受知识，而是给予了我们充分的时间和空间去锻炼、发挥自己的能力，并激起了浓厚的兴趣，这样我们才是主动的，我们才是主角。

“我感到要上好这堂课真的不那么简单。自己讲课需要查找资料，准备讲稿，台上那30分钟往往都是课前好多天的扎实准备换来的。听别人讲课，也并不轻松，还必须给予评价或围绕某个问题展开讨论。这样说起来，比平时光带支笔带个笔记本来听老师讲课可要累多了，但这种累让我感到充实，我融入了其中。

“有了这种好的学习气氛和感觉，我不仅仅对所学知识（20多名湘籍名人的生平、思想及研究状况）有了十分具体深刻的印象，更重要的是，学习研究的方法、经验及基本技能都在不经意间提高了。比如我从前总因不会质疑、不知从何处入手写论文而感到困惑，而上这门课，从写到讲到听到辩都必须亲自实践，不论是人物的微观事件还是宏观评价都必须认真思考，并且在互讲互评过程中取长补短，共同提高，真的使我提高不少，受益匪浅。真心希望这种教学改革能够得到推广。”

黄强和钱英的感受还可以从姚丽君同学那里得到证实。姚丽君最初没有选我的课，当她从同学那里得知我的课非同寻常时，主动上门请求我给她一个学习和锻炼的机会。她在自己的《学习小结》中写道：“首先我要说的是，我本来没选‘近代湘籍名人研究’这门课，但是这门课本身吸引了我，使我自愿地听这门课，所幸郭老师给了我这次机会，我也能够一试身手，不仅受益匪浅，而且其乐无穷。说‘受益匪浅’，是因为我感到我在研究杨度的过程中，查阅、翻看、掌握了很多关于杨度的资料，对他的生平、主要活动都了如指掌，对于史学界评价杨度的争论也知晓一二。若是光由老师讲，我恐怕对杨度的印象是浮光掠影，过目就忘。说‘其乐无穷’，是因为我感到我发挥了自己的主动性，检测和锻炼了自己的能力，体验到了做学问的精细和一丝不苟的态度，这些都是我所喜欢的。所以从这种做学问的方式中，我体验到了快乐。我认为，‘近代湘籍名人研究’课这种教学方式，令我神往。开始没选，我后悔；后来加入，我有幸。”

当读到学生们的这些感受时，我的心灵受到很大震撼，它表明，凡是真正有利于学生的教改，一定会得到学生的衷心拥护和支持；而真正得到广大学生拥护和支持的教改，作为教师，我将不遗余力地坚持下去。

我在历史基地班的教改探索，学校教务处发现之后，组织了一个全校性大规模的教改研究观摩课，各院系有关领导和一线教师50多人参加。这堂课的内容是研讨近代湖南两种类型的爱国者左宗棠和陈天华，主讲人是两位基地班学生戴佳和龚洁。她们讲述之后，我组织同学就“如何评价左宗棠”和“陈天华蹈海原因及其评价”展开讨论，学生积极参与，发言热烈，争先恐后，最后由我对左宗棠、陈天华及学生们的讨论做了概括总结。课后，在学校教务处副处长、高等教育学博士雷鸣强教授主持下进行了评课，大家一致认为，我的教改研究课思路正确、方向对头，非常成功，所体现出来的教育思想各个学科、各门课程均可借鉴。不久，1998 年 1 月 1 日出版的《湖南师大报》以《教师搭台 学生唱戏——博士生导师郭汉民教授教改小记》为题作了专题报道。

1998 年五六月份，首批文科基地班已办了将近三年，教育部派出以山东大学副校长、教育部历史学科教学指导委员会副主任乔幼梅为组长的专家组莅临湖南师范大学对文科基地班进行中期检查。为了迎接检查，学院领导要求我把教改成果打印出来，并拨给打印经费 2000 元。我曾向院长建议把学生的研究成果打印成册，但其怀疑学生写的东西没有价值，我也就只好作罢。这下子好了，领导主动要求打印，还给我经费，对扩大教改影响无疑是个天赐良机。于是，我组织几位学生成立编辑小组，将我的导论和学生的讲稿统一体例，打印成册，并将教改研究观摩课的评课记录、《湖南师大报》的专题报道和五位学生的学习小结附录于后。清样校订和封面设计都由学生完成。这本历史系 1995 级基地班教改成果汇编的资料，封面名称“近代湘籍名人研究备览”是我题写的。这份材料很荣幸地被装进了教育部专家的资料袋。检查期间，专家组还分别召开师生座谈会，我的教改初步尝试受到学生们的一致好评。就在这一年，我被评为学校“教学十佳”之一。

二、面临挑战，正面回应

如前所述，这个时期的我是非常紧张与忙碌的。一般情况下，可能会将教改暂且停一下，慢慢来，先把时间和精力投入到紧张的科研工作中，完成课题，出版专著，向着更高的学术目标攀登，于公于私都是有利的。但是这一年我亲身经历的一场挑战与回应、一场尖锐的教育教学理念之争，却使我下决心加大对已见成效的教学改革的投入，义无反顾地朝着已经开辟的道路前进。

这年夏天，学院召开全院教职工大会，号召深化教学改革，推广包括“教师搭台学生唱戏”在内的成功经验，使新的学年成为学院的“教改年”。为了落实学院的计划，我们历史系教职工在一起讨论，我受托主持讨论。那天到会的人特别多。会议一开始，一位刚刚办理了退休手续的老教授率先发言，他说自己本来已经退休，是被某教授动员来参加这个会议的。他表示对我个人绝对没有任何成见，只是出于对教育事业的责任感，必须来表明一下态度。他说：“教师就是要讲课，我在大学时就是听了吴于廑先生的课，深受启发和教益，才终身致力于历史学的。现在搞什么‘教师搭台学生唱戏’，教师不讲课，只搭个台给学生，还要教师做什么？”显然，这是一种很强烈、很明确的反对意见。虽然尖锐，却也堂堂正正。他的话音刚落，另一位老教授接过话头说：“是嘛，58 年的教改就是不要老师上课。”我无意于评价“58 年教改”，也不知道他所说的“58 年教改”与我所做的尝试有何联系，但我确信他的说法不怀好意，带有浓烈的火药味。还有一位教授跟着发难，质问道：“我们人人都在搞教改，为什么只肯定‘教师搭台学生唱戏’？”这接二连三的非议，使我顿时产生了一种被“围攻”的感觉。面对这种情况，我静静地听着、记着，因为我还要到全院大会上汇报讨论情况。然而，我的内心实在难以平静，为什么学生衷心拥护的事情某些教师会如此反对？我该怎么办？我想到习惯势力的可怕，想到更新教育观念的极端重要性，决心做出应有的回应。当天下午是学院大会，全体教师齐聚一堂，共商教学改革。在这个大会上，我如实汇报了历史系的讨论情况，公开赞扬退休老教授仍关心教育事业的积极态度，同时表示我虽不赞成某些人的意见，却尊重他们发表意见的权利，把他们的意见如实地反映到大会上。就是在这次发言中，我对自己已经进行的教学改革所面临的挑战做出了正面的并且十分明确的回应。我在发言中说："我们的大学课堂满堂灌搞得太久了，早已习以为常了。过去我也以为，教师只要讲好课就算尽到了责任，教改尝试之后，学生们的强烈反应，促使我思考；70 年前人民教育家陶行知先生对中国教育的批评，更引起了我的关注。"于是我把陶行知的话征引出来。1926 年陶行知写道："我自回国以后，看见国内学校里先生只管教，学生只管受教的情形，就认定有改革之必要，这种情形以大学为最坏。"我们的大学教育虽经多次改革，但在教学方法上并无根本改变，至今依然是"先生只管教，学生只管受教"，很不利于大学生能力的培养和素质的提高，确有改革的必要。所以重温陶行知"以大学为最坏"的批评，不能不令我震惊，也应当引起大家的深思。不仅如此，当时我手头正好有一份历史系团委和学生会所做的问卷调查资料，即由 1995 级学生刘蔚、皮慧兰执笔写成的《历史系 1995 级本科生能力与综合素质调查报告》，被我巧妙地加以应用。

这份调查报告有三段文字是这样写的：

"《说文解字》一书中说：'教，上所施，下所效也。'这是对传统教学理论的一个极妙的注脚。其实，教学应是以'授人以渔'为目的，以达到善歌者使人继其声，善教育者使人继其志的效果。因此，我们特意在调查问卷上设置了第三部分（关于教学改革）。

"数据表明：传统的注入式，即满堂灌、教师讲、学生记，是最不受欢迎的教学方法，全年级仅有 4 人选择此项；而研讨式与启发式教学，大受学生欢迎，分别有 48 人、57 人选择，占总人数的 47.5%、56.4%。在基地班三年级开过'近代湘籍名人研究'课后，93.1% 的学生认为值得推广，大多数学生主张这种类型的教学对于提高教学质量是必不可少的，而且希望在二年级就开设。

“在教学过程中，以学生为主体、老师为主导，已成为教育界的共识。为了尽可能调动学生的学习积极性和主动性，把知识传授、能力培养和素质养成三者有机地结合起来，我们必须摆脱传统的束缚，探索新的教学模式。既要训练科研的入门功夫，又要培养学生的自学能力、思考能力和教学能力。只有这样，学生才可能真正以主体身份参与教学过程，并在教学过程中最大限度地发展自己。在当今世界，竞争是人才的竞争，尤其是创造型人才的竞争。因此，教学改革的意义实在是深远的。”

学生们的调查报告，学生们对教学的意见，通常情况下是否被看重，我不知道，但在那天的大会上，我实在是把它当成“批评的武器”，一字一句地、清清楚楚地加以宣读，在场的近 200 名教职员工，包括不少专家教授，都在聆听、品味，学生们的呼声和要求真正让广大教师听到了。我的回应很清楚，教学改革一定要坚持下去。同时我又提出建议，既要积极，又要稳妥，凡打算进行教改的科目，均应制定尽可能详尽的方案，提交学院教务办备案。

我是研究近代史的，还记得早期维新思想家王韬说得很好的一段话：“事当创始，行之维艰，惟能不惑于人言，始能毅然而为之耳。”在一次接受学生记者采访的谈话中，我曾说过：“还有一些同志对教学改革持有不同的看法，甚至有反对的，这很正常。我的态度是不争论，埋头苦干，用实践来检验，用实际效果来说明问题。”

经过这一番较量，我没有败下阵来，反而更加坚定了。“一切新生事物的成长都不会是一帆风顺的，都要经过艰难曲折。”这个以往在书本上读过多少遍的真理，居然在我的教改过程中得到了印证。这也算得上是一种宝贵的收获，一种精神上的财富。

三、扩大实验，迎难而上

1998 年 9 月新学年开始时，我同时担任 1996 级历史基地班“近代湘籍名人研究”和历史教育两个班“中国近代思想史”课程。我在总结 1997 年经验的基础上，决定扩大教改实验，从1995级一个班27人扩大到1996级三个班100人。我和我的研究生一起分别制定了在两门课程中教学教改的具体方案并严肃认真地付诸实施。

新方案的提出与顺利实施，是研讨式教学改革极其重要的阶段。方案包含着五个方面重要内容。一是继续沿着素质教育和体现教师主导、学生主体两个作用的方向前进，是前一年教改的深化与发展。二是开始提出了“研讨式教学”的概念。概念是反映对象特有属性的思维形式。先前的初步尝试，尚未形成明确的概念，“教师搭台学生唱戏”只是一个形象的说法，虽然也能在一定程度上反映教改的属性和师生的新关系，但它对特有属性的反映较为肤浅，不足以揭示事物的本质，容易引起误解。前面所说那位老教授的看法可能就出于这种误解。教改的核心内容是把教师讲学生记的单向传授式变成教师指导学生研究问题，学生研究的成果与心得通过讲课评课的形式展示出来，在一门课程中把研究和讨论置于中心位置，把指导学生研究问题与讨论交流有机结合起来。不研究问题便无从讨论；不开展讨论，也难以促进研究，培养能力。基于这种认识，产生了“研讨式教学”的新概念。三是“研讨式教学改革”所研究的问题不是如何上好一节课，而是如何改革一门课程，打破填鸭式和满堂灌，把大学的课堂教学从重知识传授转移到重方法传授、重能力培养、重学生主体作用发挥的轨道上来。四是在具体操作上，增加小组交流、总结提高两个环节，采取环环相扣、步步深入的五个步骤，初步形成“五步研讨式教学”或“研讨式五步教学法”。五是在班上讲课的学生需经过小组的筛选，将公开竞争机制引进教学过程，同时把评学议教纳入教学过程，也有助于培养学生的分析评价能力。

为了组织好三个班的教学改革，我可以说是全身心投入，尽可能多地抽时间参加所有小组的讨论，后来的问卷调查显示，我听过53位学生在小组中的讲课，占84.13%。与此同时，我还分派研二的五个研究生担任助教，协助我指导本科生的研讨活动，作为他们的教育实习成绩。最重要的是，这样的教改受到广大学生的热烈拥护，他们热情高涨，全员、全程、全身心参与教改过程，大家的学习积极性、主动性空前高涨。据统计，1998年9月15日到11月4日50天中，历史系1996级学生到学校图书馆参考咨询室查阅资料的就有96人次，占同期到该室查阅资料总人次的29%。小组讨论中，学生人人走上讲台，白天讨论时间不够，就在晚上进行；平时讨论不完，假日照常进行。教务处这年11月间以《郭汉民教授教改成果显著，五步研讨式教学法值得推广》在学校的《教学之窗》做了专题介绍，12月10日《湖南师大报》在头版头条位置以《教改园地一奇葩——记郭汉民教授的研讨式教学法》为题作了专题报道。可以毫不夸张地说，研讨式教学改革旗开得胜，马到成功。我内心充满喜悦，但我十分清楚，这只是一个好的开头，研讨式教学的许多奥秘还有待我们去认识，去探索。

研讨式教学改革的目的是要调动学生的学习积极性、主动性和创造性，促进学生知识、能力与素质的协调发展，促进学生的全面发展。教改实践是否达到了这样的目的，校方的评价固然是一个方面，学生们的切身感受如何，学生们的具体收获如何，学生们是否发自内心地支持和欢迎，是更为重要的方面。为了获取这方面的信息，就要把评学议教的权利交给学生。研讨式教学改革的第五步就是为此而安排的。即每个学生根据自己的切身体会写一篇教改评议，题目自定，篇幅不限，旨在及时总结经验，以便发扬成绩，纠正失误，改进教学。为此，我提出四点要求：一是真实，要谈真实感受，实话实说，绝不要讲假话，不要讲违心的话；二是具体，力求把切身体会和发自内心的感受写得具体一点，避免空发议论；三是力求深刻，最好运用教育学、心理学的理论加以分析；四是语言文字尽量优美和生动一些。事实上，学生们非常珍惜评学议教的机会，大家敞开心扉，说短道长，评头品足，谈看法，提建议，1996级就收到这样的文章82篇，短的200字左右，长的2000多字。我把全部评学议教的文章送给研究历史教学法的马力鹏老师。我知道他不久前曾经在《高等师范教育研究》杂志上发表过专题论文，主张给大学生们多一点自学的时间，于是郑重地请他以纯粹学术的眼光对研讨式教学改革加以审视，并提供指导。马老师经过仔细研究，肯定研讨式教学改革是深受学生欢迎的崭新的教学方法和教学模式，将专业知识的学习与师范技能训练有机统一起来，为高等师范学术性与师范性的紧密结合提供了一个成功的范例。马老师欣然写作《试论研讨式教学的特色与意义》一文，1999 年发表在湖南师大《现代教育研究》和中国科技大学《教育与现代化》杂志上。他深情地写道："我从教这么多年，还没有亲眼看到一种教学方法在高等学校能如此受到学生发自内心深处的热烈推崇，这实在是我国师范高等教育教学改革园地中的一朵奇葩，这种教学方法使我兴奋不已，特撰此文对其特色和意义加以探讨。"

为了获得更全面更真实的信息，课程结束后，我还特地进行了无记名问卷调查，设计 60 个问题，170 多个选项，系统地了解学生们在教改全过程中的所思所想以及他们对相关问题的看法。基地班发出问卷 20 份，收回 20 份，收回率 100%；教育班发出 67 份，收回 63 份，收回率 94.03%。这些问卷由研讨小组组长加以统计，精确到小数点后两位，然后由学生代表写出问卷调查分析报告。由 1996 级学生陆文捷执笔的调查报告写道："研讨式教学改革从上课伊始到课程结束，自始至终受到广大同学的密切配合和大力支持，学生的学习积极性高涨，教改成果显著。"1996 级基地班王化平执笔的另一篇调查报告认为："郭老师提出的研讨式教学法可以说是对传统教学模式的一次调整，是一场无声无息的较量。最终谁胜谁负，孰优孰劣，只能由教学的唯一对象——学生来评判，他们的发言是最有力的证明，学生是这场较量的唯一裁判。"报告列举了大量的统计数据，得出的结论是"研讨式教学改革是一次成功的尝试"，最受学生欢迎，同学们普遍认为，研讨式教学优于传统教学模式，是"好产品"。

面对成功，我和我的学生，包括积极参加教学过程的本科生和协助指导他们的研究生，都很兴奋，因为我们是奋斗过来的，如同辛勤耕耘喜获丰收的农民一样。

四、坚持研讨式教改的心路历程

谈到坚持研讨式教改的心路历程，1999 年是一个重要的时间节点。总结经验、提升认识、公之于世，是其主要内涵。

这年初，我将自己的长期思考与近两年教改实践经验加以总结，试图从理论与实践的结合上丰富自己的认识，写成一篇《探索研讨式教学的若干思考》，发表在《湖南师范大学社会科学学报》1999 年第 2 期上，对研讨式教学改革的必要性、可行性、原则、方法及衡量标准，提出了自己的看法。

这年上半年，我组织 1996 级学生将教学改革成果，包括学生的研究成果、评学议教文章及问卷调查资料编印成册，封面设计、编辑校对都由研究生和本科生组成的编辑小组完成，我题写刊名《群言》，这就是历史系 1996 级教改成果汇编，教育班的《近代思想研讨》为第一辑，基地班的《湘籍名人研究》为第二辑。教改成果汇编为什么以《群言》作名称呢？就是说，研讨式教改的目标是要打破“教师一言堂”，构筑“师生群言堂”，不论是学术研究，还是评论教学，都不要教师一个人说了算，都要学生广泛参与，都要尊重学生的主体地位，都要发挥学生的积极性与创造精神。因为归根到底，教师的教只是为了学生的学，是为了提高学生的知识能力与素质，为了学生的全面发展。这本资料分发给参与教改的师生作为纪念，虽然没有什么档次和级别，也没有去计算过任何工作量，但却凝结着师生共同探索的心血，反映着生动实际的教改探索过程。顺便说，随着教改在师大的推进，2000 年出了 1997 级教改成果汇编《群言》第三辑和第四辑，2001 年出了 1998 级教改成果汇编第五辑。这些资料成了高校教改研究者们的翔实个案。

为了集中精力总结经验，力求使自己的认识突破感性经验的层面而上升到理性的高度，以便进一步指导实践，我曾聚精会神地研读有关教育学、心理学和教育史的论著，并请教师大教育学的专家学者。这年暑假，长沙这个“火炉”很难熬，我又住在师大上游村四栋的顶楼，常常打着赤膊还挥汗如雨。

那段时间，我独居顶楼，挥汗执笔，几乎可以说达到了日不遑食、夜不遑息的程度，接连写下了《书院传统与研讨式教学改革》《研讨式教学改革中大学生心理分析》《关于“研讨式教学改革调查问卷”的分析》《研讨式教学与高师生教学能力培养》《研讨式教学与大学生科研能力培养》以及《研讨式教学与大学生能力培养》等六篇论文，这些教改研究论文不久都得以陆续公开发表，其中《研讨式教学与大学生科研能力培养》在《吉首大学学报》发表后，还被中国人民大学复印报刊资料《高等教育》2000 年第 4 期全文转载。《研讨式教学与大学生能力培养》发表于 2000 年第 5 期《湘潭大学社会科学学报》，同一年还收入中国人民大学出版社出版的《迈向新世纪的人文教育》一书。这本书是教育部委托李文海先生主编的全国文史哲人才培养与学科建设文集，李文海先生来信告诉我，“此书主要收入一些著名高校文史哲基地的教学改革经验”，个人经验文章只有我这一篇。1999 年，还出现许多推介研讨式教学的论文，“研讨式五步教学法”被视为“大学教学方法的创新与突破”“一个可资借鉴的成功教学模式”。

概括地说，研讨式教学改革的理论与实践，主要是指导思想上的三个注重，具体操作上的五个步骤，检验效果的三条标准，体现效果的两项措施。

指导思想上的三个注重：

1. 注重方法传授；2. 注重能力培养；3. 注重学生主体作用的发挥。

具体操作上的五个步骤：

1. “指导选题”，是教师讲清全课程的脉络和线索，提出一系列问题，指导学生选取其中的一个作为研讨课题，并告之以研究的基本方法。2. “独立探索”是学生自己带着课题，去检索文献、阅读资料、撰写讲稿；3. “小组交流”是以研讨小组为单位，交流个人独立研究的心得，开展讨论；4. “大班讲评”是各组推出的优秀者在全班以讲课的形式汇报研究成果与心得，师生共同讲课评课；5. “总结提高”是通过学生撰写评学议教文章，将学生的感性认识提高一步。

检验效果的三条标准：

一是要看学生的学习积极性和主动性是否真正广泛调动起来了；

二是要看学生的实际能力是否真正提高了或者有较大提高；

三是要看绝大多数学生（80% 以上）是否真正支持和拥护这种改革。

体现效果的两项措施：

一是评学议教；

二是问卷调查。

学生们大量的评学议教文章以及调查问卷统计资料都表明，我的研讨式教学改革是完全可以经得起检验的。

实践经验丰富了，理性认识深化了，我的心也大了，追求的目标也更高了。

我追求的目标是要创造一种顺应时代潮流、适应高校需要、深受学生欢迎并有自己独特风格的教学模式和方法，这种模式和方法必须具有开拓性、科学性和可行性，也就是说，要新、要好、要实。它不是对原有某种方法的补充，而是吸收诸家之长后的创新；它必须符合教学规律和当今大学生的心理特征，确实有益于提高学生的能力与素质而受到他们的真正欢迎；它不是空洞的辞藻，而是实实在在，将一般教学理论具体化，可以操作，能够推广。至于个人风格，主要是尊重和热爱学生，民主作风与平等精神，以及务实、严谨等。

为达此目标，1999 年 6 月我在《群言》的前言结尾郑重写道：“我将不遗余力地将研讨式教学改革坚持下去，使之不断完善，同时，我也怀着和同学们一样的心情，希望这种研讨式教学能逐步加以推广，以造福于莘莘学子。”

五、我的初心是让学生受益

“造福于莘莘学子”，从这时起成为我的一番心愿，一个梦。有了梦想，逐梦之路，还必须扎扎实实。那时我打算，至少再种两年“试验田”，因为我相信，凡是符合实际的科学认识，总是可以通过反复实践加以检验的。

2000、2001 连续两年，我在湖南师大历史系 1998 级、1999 级四个班、两门课的教学中精心安排、埋头实干，努力种好“试验田”，力求将每一步都做得十分认真，毫不马虎。例如，为了掌握学生在“独立探索”阶段的动向，我将他们去图书馆查资料的人数都加以统计；小组交流阶段，我争取尽可能多地参加每一个小组的讨论。

郭嵩焘说过，世界上怕就怕“认真”二字。毛泽东说道：“共产党就最讲认真。”教改是一番事业，就要认认真真搞，要对学生负责，要对学校负责，要对社会负责，要对历史负责。

“种试验田”的结果一再表明，如果能认认真真地而不是随意地、马虎地走好研讨式这五个步骤，一定会产生“三必然”“四可以”“三能够”的显著效果，使大学本科教育教学出现令人鼓舞的新气象。简言之，只要认真走“五步”，必然能得十效果。

正如学生感受到的那样，“这五个步骤一步紧扣一步，由浅入深，引人入胜。这一课程已经结束，但我仍是回味无穷，心中有几许感慨。”

“当我带着憧憬与好奇走近它，怀着仰慕和虔诚拥抱它时，我的心灵受到了前所未有的震撼，原来这世上还有如此受用的教学法！”

“三必然”是：

一、必然会广泛调动起学生学习的积极性和主动性；

二、必然会明显提高学生的自学、研究、教学等多方面的实际能力；

三、绝大多数学生必然会发自内心地拥护和支持这种教学改革。

“四可以”是：

一、可以使所有学生经受学术研究的初步训练，并在小组内上台讲课评课；

二、可以使相当一部分学生在大班讲课评课；

三、在大班讲评阶段可以随时接受教学观摩，充当公开课教学的主力军；

四、从研讨式教学中脱颖而出的优秀学生可以走上学术讲座的讲坛，脱稿做一个小时左右的学术报告，并当场对听众的问题进行答辩。

“三能够”是：

一、能够加强师生沟通，密切师生关系，促进师生关系的和谐与友善；

二、能够加强学生之间的交往，培养协作、合作与团队精神；

三、能够促进学生健康心理与健康人格的发展，不少同学都在认识自我、克服自满、增强自信，以及完善自我方面有了深刻的体会。

所有上述十个方面的教书育人成效，都只是通过一个学期、一门课程的教学过程而实现的。

大家可以看一看，想一想，通常的教学，传统的方法，能有这些效果吗？如今，人们高喊“一流大学”“一流本科”“一流本科教学”，一门课上完了，能有这几个方面的成效吗？

我们再想一想，假若在大学本科四年中，一个专业连续多开几门课程采用这样的教法，学生的知识、能力与素质的协调发展，学生的心理与人格的健康成长，一句话，学生的全面发展，又会如何呢？我们大学的立德树人、教书育人成效会不会更好呢？

我想，这是一个值得全国教育工作者、教育研究者和教育部门的领导者关注的问题。

我们教育部门的官员们是不是可以放下架子，深入实际，好好看一看、想一想呢？

2001 年 3 月，我的“研讨式教学的研究与实践”获湖南师大教学成果一等奖，获省级教学成果二等奖。同年，我还被评为全国优秀教师和湖南省高校优秀共产党员。

我需要继续努力，以期不辜负这些荣誉，无愧于这些光荣称号。

六、转移阵地，旗开得胜

2002 年，我 57 岁①。湘潭大学的朋友、领导要我去湘大历史系搞学科建

---

① 郭汉民教授生于 1943 年，但个人档案中的出生年错记为 1945 年。这里的年龄是以档案为准计算的。下同。

设。这也就给了我一个在不同的大学推广研讨式教学的机会。

我虽然虚名在外，但我知道自己的第一职责是教师，第一岗位在课堂。

我到湘大伊始，还未安顿好家庭，就要求哲史学院在1999级党史班和历史班给我开设“近代湘籍名人研究”课，推广研讨式教学经验。

在指导选题和大班交流期间，我每周往来于长沙和湘潭之间，其他几个步骤都由两位助教协助指导。

虽然我有许多时间不在湘大，但由于学生们的积极参与和热情投入，教改课不仅十分顺利，而且卓有成效，受到学生们的热烈欢迎。

1999级党史班彭胜军说：“从小学、中学到大学，我们所受到的都是一种填鸭式的教育，老师讲，学生听，老师滔滔不绝，学生默默不语，将之比喻为‘课前赶鸭子，课间填鸭子，期末烤鸭子，毕业板鸭子’，非常形象、生动，似乎受这种教育这么多年，也习惯了，没想到大三时突然开了一门‘湘籍名人研究’课，感受与众不同，具体感受只有一个字：‘爽！’”“研讨式五步教学法改变了传统教学模式那种呆板、生硬、死气沉沉的形象，取而代之的是生动、活泼、有趣、互助的教学模式，特别是培养了学生独立学习、独立研究的能力，对克服当今大学生眼高手低的毛病疗效显著，同时还锻炼了学生的口才和胆量，培养了学生的团队精神（team work），等等。”教改课真是“沉闷去无踪，效果更出众”。

《湘潭大学报》刊发《郭汉民教授的“研讨式教学”》的专题报道，湘大教育教学督导团予以高度评价，主张“大力推广以学生为主体的研讨式教学方法，发挥创造力的平台”。

2002年下学期我本来没打算为2000级党史班和历史班开课，因为我要赶着整理《晚清社会思潮研究》书稿，提交中国社会科学出版社。但是，当我得知教育部当年11月要对湘大进行本科教学质量评估时，主动要求学院临时给我增加一门课。

为什么要要求临时加课呢？因为6月份我参加了湘大迎评誓师大会，深感迎评事关学校命运，作为新的湘大人，我应该为迎评做贡献。教育部专家来校评估本科教学质量，除了看材料、听汇报、召开座谈会，必然要深入课堂听课。我要拿出独具特色的教改课给专家听，肯定会有助于学校的迎评工作。这也是我在师大的经验证明了的。

2001 年 11 月，教育部委派西北大学原校长、著名学者张岂之带领专家组到湖南师大进行文科基地建设的评估验收，学校指定我准备一堂课。听课那天，恰恰是研讨式教改课进行到大班讲评阶段，张先生带领专家组莅临课堂，我的课是先由学生杨霞主讲近代外交家郭嵩焘的生平与外交思想，然后师生共同评议，各抒己见，学生纷纷上台评课，课堂气氛十分活跃。张先生当场发表热情洋溢的讲话，对我的教改表示支持。事后，刘湘溶校长见到我高兴地说："专家们对你的课评价很高啊！"我说："不是我讲得好，可能是我所采用的教学方法把学生调动起来了。"

“研讨式五步教学法”，只要认真走好前三步，到大班讲评一定精彩纷呈，可以接受任何人观摩。因为此时已是水到渠成，无须特别准备，更无须“作秀”，无须“演戏”和“排练”，随时可以来人听课。正因为有以往的经验，胸有成竹，我提出了增开一门课以备迎评的要求。

由于学生们的积极参与和主动探索，2000 级历史与党史专业“近代湘籍名人研究”课进行得十分顺利，获得了预期的效果，学生反响强烈。

党史班唐锦梅写道：“三个月以来，我们全体同学在郭老师指导下，进行了‘湘籍人物研究’课程的全新探索与学习。成长之快，受益之深，绝非一言能尽。分五步进行的研讨式教学，从‘研讨’二字可知，已融入了学生主体能动意识，学生作为知识的接受方已不再是被动地接受教师的教学，而是以主人翁身份积极参与到对历史人物、历史事件的研究当中，这是教学史上一个开天辟地的伟大创新。作为一名学生，我就时常沉浸在这样一种自己播种、自己收获的喜悦之中。”

评估期间，我还组织 1999 级和 2000 级从研讨式教学中脱颖而出的六位本科生（熊慧、李美玲、吴鹤立、熊巍昱、向家群、敬妮）分别就黄兴、曾国藩、郭嵩焘、蔡锷、杨度、宋教仁的生平与思想举办了“湘籍人物研究系列学生学术讲座周”，11 月 24—26 日，一连三个晚上，商学院学术报告厅灯火辉煌，座无虚席，六位学生脱稿讲述，并当场回答听众的提问和质疑，体现了良好的综合素质，成为湘大迎评期间一道亮丽的风景线。

不出我所料，评估专家要听我的教改课。11 月 25 日上午第二节课时，评估专家、南开大学马世力教授莅临课堂听课。这堂课由 2000 级党史班向家群同学主讲“杨度的思想演变”，时间 30 分钟，然后我组织学生围绕讲课内容进行讨论交流，同学们纷纷上台发言，提问题，谈看法，大家积极主动，几于争先恐后。课堂上学生的热烈气氛极大地吸引了马教授，他甚至放弃了第三节去哲学系听课的计划，兴致勃勃地继续听学生的发言，并发表了热情洋溢的讲话，这种情景与以前张岂之先生听课时别无二致。湘大党委宣传部瞿部长告诉我，当晚马教授在图书馆作报告时，还高度评价他所听过的这堂课，赞扬我的五步教学法。

评估专家离校之后不久，2002 年 12 月 20 日《光明日报》头版发表《湘大“研讨式五步教学法”受关注》的报道，《湘潭大学报》把“郭汉民教授‘研讨式五步教学法’受到广泛关注”列为 2002 年湘潭大学十大新闻之一。

12 月 24 日，湘大党委宣传部、教务处、人事处、高教研究所、教育教学督导团、校团委、哲史学院的领导和专家及学生代表 40 多人，在留学生楼召开“博士生导师郭汉民教授研讨式五步教学法座谈会”，与会者发言热烈，充分肯定研讨式五步教学法的特点、意义与作用，建议从各方面加大宣传力度，扩大影响，认真推广。就推广教改经验、扩大教改影响而言，我到湘大头一年可以说马到成功，旗开得胜。

七、有幸获得国家课题，责任大于天

2003 年，是研讨式教学改革的第七个年头，恰好遇到国家教育科学“十五”规划课题的申报机会，申报指南既重视“基础研究”“理论研究”，也强调“应用研究”。我以为，七年奋斗，充满艰辛，但一路走来，前期成果还算丰富。机会来了，必须抓住。于是，斗胆申报了“‘研讨式五步教学法’的推广与应用研究”。

申报表填了，上交了，能否评上，或者评上什么等级，就只能听天由命了。我这个人因为研究近代史，与湘籍名人时常对话，笃信曾文正公“尽性听命”的人生哲学，愿意埋头苦干，相信“公道自在人心”，对拉关系找门路请客送礼那一套极为反感。所以，申报课题之后，任其自然。但十分幸运的是，2004 年初，我拿到了国家课题立项通知书，我申报的课题居然被列为全国教育科学“十五”规划重点课题，批号为 BIA030031，类别为“国家一般课题”。

《全国教育科学规划课题管理办法》规定，所设课题分为六类，即国家重点、国家一般、国家青年、教育部重点、教育部青年专项、教育部规划课题，项目批号的第一个字母分别为大写 A、B、C、D、E、F。前三类课题纳入国家社会科学基金项目。这些课题要经过匿名初评，再经过会议评审，由学科组成员无记名投票，票数超过三分之二的申报课题方能获得立项。列入国家社会科学基金的课题，还需经过全国教育科学规划领导小组投票决定，需有三分之二以上领导小组成员出席投票方为有效，出席成员超过三分之二票数方为通过。我是一个史学工作者，与教育界专家学者联系甚少，要通过如此严格的评审程序，能够从众多的申报者中脱颖而出，立为教育科学重点课题，可谓幸运；又列入国家社科基金项目，成为国家一般课题，真乃万幸。通过国家立项的形式，“研讨式五步教学法”获得众多教育学专家评委和领导的肯定，资助 5.5 万元研究其推广与应用的问题，我那时真的很开心。

多少年的思考，多少年的探索，多少年的艰辛，总算得到一个好结果。当然，开心之余，压力更大。如果说，以往的探索还属于自己找题目做文章，尚属个人行为的话，那么，完成国家课题，探索推广应用的途径，就是在完成国家交给的任务了。我必须更加严格要求自己，更加认真对待，竭尽全力，尽到这份责任，在我看来，这责任比天还要大。

2004 年 5 月 13 日，我提出了开题报告，省教育厅和学校不少领导和专家学者参加论证，大家一致认为，这个课题实践时间长，前期成果丰富，目标明确，论证有力，创新性强，有较强的应用实践价值，具备开题的条件。我通过签订项目协议书的办法尽量吸收更多的有志者参加，组成课题组。

开题之后，我们主要从两个方面推进课题研究。一方面，深化理论研究，揭示“研讨式五步教学法”的特色与实质。另一方面，扩大教学实验，在四个学院、三个年级、六门课程中推广和应用“研讨式五步教学法”。

2004—2008 年是“研讨式五步教学法”推广与应用研究阶段。其主要研究任务都是在湘潭大学完成的。我和课题组提供的研究报告对研讨式教学的重要理念、操作程序、实际效果、社会反响、主要特色、基本经验、应用价值及其使用范围从理论与实践的结合上予以说明。2006 年全国教育科学规划办组织鉴定专家组，顺利通过了结项。结项鉴定认为：“研讨式五步教学法把一门课程分为前后递进的五个环节，将指导学生研究和讨论交流置于中心环节，将课堂教学、科学研究、讨论交流有机结合起来，成功地改变了传统的注入式教学方法，探索出一种重方法传授、重能力培养、重学生主体性发挥的全新教学模式，符合高等教育改革的发展方向，有重要的示范作用和推广应用价值。经过近十年的探索，不仅得到学生们的广泛欢迎，而且产生了较大的社会反响，是在长期的教学实践中产生出来的教育教学创新成果。研究其推广与应用，对于推动高校教学改革，全面提升学生素质，具有重要的现实意义和实践价值。”

结项之后，2008 年 4 月我主编的《走向创新教育——“研讨式五步教学法”的推广与应用研究》作为结项成果由湖南师范大学出版社出版发行。该书四编，分载“研讨式五步教学法”的“探索历程”“理论探讨”“应用报告”和“研究论集”。

在该书的后记中，我发了两点感慨：

一是“这本书花去了我太多太多的宝贵时间，从我 52 岁起，直到 62 岁，整整十个年头。这是一个史学工作者最好的年华。但本书并非史学著作，而是从历史本科和研究生教学中引发出来的教书育人问题，是试图冲破传统教学模式所做的不懈努力的真实记录。但严格地说起来，这本书主要不是写出来的，而是干出来的；不是我一个人单枪匹马能干得出来的，而是与许多志同道合的人特别是与我的学生们一起干出来的。正因为如此，我对在研讨式教学改革中关心我、支持我、帮助我的人们充满了感激之情。”

二是“改革教学方法，创新教学模式，确实是提高大学教育质量不可或缺的重要环节，但做起来又实在很不容易。诚望教育主管部门对这方面的改革更多地加以关注，并加大支持力度。同时希望能有更多的人类灵魂工程师在这方面作出贡献，以利于莘莘学子知识、能力、素质的协调发展。”

从那以后，我自己身体力行，一直运用研讨式教学法，直到 2012 年退休。

在研讨式教学过程中，教师乐教，学生乐学；教师教得少些，学生反而学得多些；学生真正受益，教师真受爱戴，良性互动，其乐融融。为了激励教师投身研讨式教学，我退休返乡之后每年捐款 12000 元给湘大，设立“研讨式教学奖”，希望有人继续关注和坚持研讨式教学。

八、幸福时刻，重新燃起热情

2015 年是我对研讨式教学改革重新燃起热情的一年。

我成长、受教和工作于“激情燃烧的岁月”，1980 年读研究生后一直在大学任教。虽然处于物欲横流、金钱至上的时代，支撑自己行为的仍是那股“燃烧的激情”，仍是毛泽东倡导的那么“一点精神”，力求不要成为“精致的利己主义者”。

就在我退休返乡四年之后，湘潭大学历史系没有“人走茶凉”，还为我编辑出版《郭汉民文集》，并召开“郭汉民《文集》出版暨从教 45 周年座谈会”。全国 20 多所著名高校和科研院所的近现代史和高等教育专家学者 120 多人参加了座谈会，其中，教授和博导六七十人，既有白发苍苍的老教授，也有年富力强的青年学者，可谓“群贤毕至，少长咸集”。

座谈会上大家热议师德、师道、学风之传承，热议研讨式教学改革及其所体现出来的大学精神之回归，“研讨式教学”和“研讨式五步教学法”又一次成为讨论的热点。

会后，湘大副校长刘建平教授主编了30多万字的《群贤评说口似碑——郭汉民〈文集〉出版暨从教45周年座谈会言论辑》，由湘潭大学出版社精装出版。书中专门论述和涉及研讨式教学改革的言论就有六七万字。湖南师大教育系80多岁的老教授郑和钧先生、高等教育学博士雷鸣强教授和孙存昌博士的与会及发言都使我大为振奋。

雷博士已经担任湖南省社会主义学院院长，他在讲话中把自己说成是我的“粉丝”，他回顾了我们之间“因为大学教学改革有过的一段非常难忘的人生交集”，他把自己的发言概括为五句话，即“参加一场温馨厚重、意味深长的学界聚会；回顾一段令人难忘的教改佳话；推介一个可资借鉴的成功教学模式；学习一位值得学习的优秀教师典范；争做一位向汉民老师学习的、‘五步教学法’的推广者和实践者”。他认为：“‘五步教学法’揭示了大学以上教育方式的一般规律，不仅适用于历史学科教学，也适用于其他学科教学；不仅适用于大学的教学，也适用于成人教育乃至中小学教学。此中包含了‘自主、合作、探究、创新’四大当代教育新理念，且是这四大新理念的具体化、操作化。郭汉民老师功莫大焉！”

孙存昌博士专门为这次座谈会提交了1万多字的长篇论文，论述“研讨式五步教学法”的结构、创新与提升教学质量的机制，有助于突破当前中国高校教学质量提升的瓶颈。在文章的结语部分，他写道：“2013年，因一个偶然的私人聚会认识了郭汉民教授。当他得知我是学习高等教育学的时候，就像谦虚的学生一样询问我有关教学的问题，并和善地介绍他数年来在教学过程中的做法，这就是后来我知道的‘研讨式五步教学法’。与这样一位如此谦和的长者躬身交流，使我顿时觉得惊慌失措，羞愧难当。通过交谈，我对他的学术水平、教学态度、人格魅力等更加敬佩和折服。在他的学识和人格修为的感召下，我对他更加敬重，而郭老师对我也关爱有加。在以后的交往中，他如同一位友善的长者和老师一样关心我，并把他的著作和研究的第一手文献资料托付给我，使得我在研究教学改革中的问题上有了最为珍贵的素材。郭教授还很谦虚地向我要了高等教育学研究领域专家教授的地址，把他的大作《走向创新教育》寄给他们，请他们把关，并希望得到对‘研讨式五步教学法’的中肯的意见。此后，高等教育学领域的潘懋元教授、刘海锋教授、周川教授、胡建华教授、张应强教授、张亚群教授等对郭汉民教授的研究成果给予了肯定，指出其所做的工作是‘高等教育领域的真正实验，研究成果很有特色，能够致力于大学教学研究，并表现出非常谦逊的学术态度，令人敬佩’。郭汉民教授不仅在历史学学科领域造诣深厚，成果丰富，还能够跨学科地融合高等教育学的学术范式，通过自身多年的教学实践，探讨教学改革的方法，提升教学质量，提高学生能力水平，这无论从学术视角衡量，还是从个人人格观察，都值得大学教师们学习和敬仰。”

白发苍苍的教育学老教授郑和钧先生在座谈会开幕式上说：“要办好大学，就要有郭汉民式的教育家”。我自认为没有资格戴上“教育家”这样的桂冠，但从中我也确实受到了鼓舞和激励。他参加全天的会议不愿意提前离开，使我很感动。

参加座谈会的还有在珠海北师大附中任教的1996级本科毕业生莫宏雨，他所写的《十七年后回望郭氏教改》，更是情真意切，令人震撼。他在文中写道，“有爱，才有教改”，“教改传递了爱”。“郭老师是引领我开始研究性学习的唯一导师，我却只是郭老师用心教授的弟子之一。郭老师对学生的全心之爱，不光是给予我，他给予每个学生都是这般全然之爱，爱徒如子，爱生如已。我们1996级同学（三个班100人）和郭老师的交往都很好，可以说除了辅导员之外，认识学生最多、也最了解学生的老师就是郭老师，我也敢说同学们共同记得的、最难忘的大学老师只会是郭老师。常言说，母亲在哪里，家就在那里。我可以说，郭老师走到哪里，我的关注就跟到那里。”因17年前的研讨式教学改革而结成的师生关系居然会如此亲密、如此温馨，与传统教学模式下师生关系淡漠相比，不是可以发人深省吗？

九、讲座传播，扩大影响

李年终同志是研讨式教学改革的早期参与者、研究者和支持者。他专门写了《关于“研讨式教学”的再思考》参加这个座谈会，对我和研讨式教学赞扬有加。

湖南科技学院马克思主义学院院长廖雅琴不仅到会捧场，还当场郑重邀请我到他们马院教学，题目都给我出好了。她说：“在这里，我想郑重邀请郭老师到湖南科技学院马克思主义学院讲学。我院正在推动思政课教学改革，希望您能以‘十年磨一剑，我与“研讨式五步教学法”’为题给我们做一个讲座，把您多年来教学改革的丰富经验和坎坷经历，跟我院教师好好讲一讲，去指导一下我们的教师，感染一下我们的教师，帮助我们更深入地推进思政课教学改革，好不好？您一定要答应啊，我先代我校的教师和学生谢谢您啦！”她的感人肺腑的公开邀请，我无法拒绝，内心感动，当场表示：“我答应你，明年一定去，具体时间由你定！”

就这样，2016年6月中旬，我从老家河南专程到永州，湖南科技学院教务处组织全校各院系师生代表听了我的讲座，我还与马院全体老师举行了讨论交流。这次永州之行开了我此后以讲座传播研讨式教学的先河。

三个月后，2016年9月，我到山东师大参加一个大型的近代史学术讨论会，到湘大出席过座谈会的会议组织者田海林教授陪同我做了一次传播“中国近现代史‘研讨式五步教学法’”的学术讲座。

田教授亲自撰写报道说：“受山东师范大学教务处和历史与社会发展学院共同特邀，著名的大学教改专家郭汉民教授前来传经送宝。9月25日晚，年逾古稀白发苍苍的大学教改专家郭汉民老教授在夫人陪同下，从山东师大千佛山校区光临长清湖校区史学楼114教室，在历史与社会发展学院领导赵文亮教授主持下，为历史学专业研究生和本科生做了一场关于‘中国近现代史“研讨式五步教学法”’的精彩学术报告。

“郭先生这次来我校讲学，将其独创的‘研讨式五步教学法’毫无保留地进行了全面系统的讲解。郭先生不顾旅途疲劳特别是连续两天参加学术研讨的紧张和疲劳，在讲座中一直坚持站立不坐，慷慨激昂，声若洪钟，循循善诱，咳唾成珠，赢得了全场师生阵阵鼓掌和声声喝彩，使我们享受了一场科研与教学完美结合的学术盛宴。

“郭先生演讲结束后，一边热情回答同学们争先恐后的请教，一边向我校教务处副处长王新华先生特别签名赠书《走向创新教育——‘研讨式五步教学法’的推广与应用研究》。”

田海林教授对我的讲座之于历史学科教学改革的学术价值和实践意义进行了精彩的学术点评，认为“郭先生科研和教学双重，是真正完整意义上的‘人民教师’，建议我校应该积极引进郭先生的中国近现代史‘研讨式五步教学法’，并将其由‘潇湘版’在我校推广改造成‘齐鲁版’”；历史教学论专家楼建军副教授从历史学专业教学改革视角对“研讨式五步教学法”给予了高度学术评价并特别鞠躬致敬；山东师范大学教务处主管教学改革的王新华副处长全程认真听讲，对“研讨式五步教学法”赞叹不绝，就“研讨式五步教学法”如何结合山东师大各学科教学实践进行改造推广和贯彻落实以及由历史学科率先实施提出了热情指导意见，还进一步提出以后还将特邀我去具体指导。我也热情表示对山东师范大学教学改革“支持不遗余力”！

十、从编书、出书、买书到送书

2017年，是我探索研讨式教学的第二十个年头。

研讨式教学改革是我20年来用心做、努力做、坚持不懈做的一件事，也是我自信做得比较扎实、比较认真、比较可靠的一件事，它的实际效果完全可以经得起实践检验、学生检验、众人检验、历史检验。从某种意义上也可以说，我这一生所做的值得回味的、最有价值的，就是研讨式教学改革，开创了一个“研讨式教学模式”和“研讨式五步教学法”。

300多年前，“教育学之父”夸美纽斯写过一本《大教学论》，其目的是要“寻找一种教学的方法，使得教员因此可以少教，但是，学生可以多学；使得学校因此可以减少喧嚣、麻烦和无益的劳动，多具闲暇、快乐和坚实的进步”。

夸美纽斯开始寻找的教师可以少教、学生可以多学的教学方法，我自信已经找到了，这就是“研讨式教学”。

2018年3月，《湘潭大学报》发表文章《这“五步”，走了二十年——记郭汉民教授的“研讨式五步教学法”》，并被湖南省政府网站发布。

座谈会的隆重召开，《群贤评说口似碑》的公开出版，讲座传播教改经验的良好效果，使我时常处在因为奋斗而感受幸福的快乐之中。

为了让研讨式教学改革的影响长存，助推教学改革，最终造福于莘莘学子，从2016年10月开始，我反复阅读并分类整理我在教改过程中积累起来的人量第一手资料，觉得这些资料十分可贵，对大学教学第一线的教师和教育研究人员均有参考作用。于是，我在自己的农家小屋之中，心无旁骛地着手编辑《研讨式教学改革文集》。

值得庆幸的是，在国内很有影响的湖南教育出版社愿意精装出版，湘潭大学历史系中国史省级重点学科慨然提供资助，使这本书得以顺利出版发行。

《研讨式教学改革文集》主要包括两个大的部分。

一是在研讨式教学改革全过程中产生的、并作为教学改革忠实记录的、由我自己先后写成的文稿、教改方案、阶段性总结、教改成果汇编的前言序跋、书信及教学研究论文、研究报告、经验介绍等。主要有《探索研讨式教学的若干思考》《书院传统与研讨式教学改革》《研讨式教学改革中大学生心理分析》《研讨式教学与大学生科研能力培养》《研讨式教学与高师生教学能力培养》《研讨式教学与大学生能力培养》《〈研讨式教学的诞生——人们如是说〉自序》《“研讨式五步教学法”的探索历程》《历史课程研讨式五步教学法》《“研讨式五步教学法”的推广应用研究报告》等。

二是附录，包括教改进程中的相关报道、学生评学议教文章选、部分学界评论和教改成果汇编一览。

这两个部分前后呼应，互相印证，把10余年间的研讨式教学改革全过程如实展现在读者面前，旨在为高校教师的教学改革提供参考，也为教育界特别是高等教育学界提供一个教学改革的翔实个案，供研究，供批评。

2017年9月湖南教育出版社精装出版了《研讨式教学改革文集》，35.5万字，每本定价68元。

为了达到预定的目标，出书之后，我开始买书、送书。

我用全部稿费买了300多本书，经过仔细规划和周密安排，将这些书分赠给全国各地主要大学的图书馆，特别是有教育学和高等教育学专业国家优势学科的大学图书馆，希望得到珍藏并让更多的有识之士看到。

为了赠送这批书籍，我在半年内采取三条途径：

一是通过出版社直接发给我在北京、武汉、西安、济南、广州、海口、南宁、桂林等地的学生和朋友，请他们帮着赠送到有关大学图书馆；

二是由我通过快递寄送给四川大学、长江大学和华中、南京、东北、西北、湖南、河南、河北、广西、辽宁、山东、曲阜等10多个师范大学图书馆。为此，我事先曾冒昧地给57个大学图书馆馆长寄信，希望得到他们的支持，发信息到我的手机上，说明接收邮件的具体地址、邮编、联系人和电话，这都是快递业务必需的信息。我还承诺，按他们提供的信息寄送书籍，或者请人送到他们的办公室里。

三是，自己亲自送上门去。

例如，海南大学、海南师大、海南医学院、海南省委党校等单位图书馆都是我冬天回海南时自己送去的。

再如，我原先发到西安20本书存放在我的一个学生那里，2018年6、7月间，我和老伴一起专程从平顶山去西安，在那里住了一个星期。摸清情况后，我们每天背着几本书，乘公交车奔走于各个大学图书馆之间，先后分别赠送给了西北大学、西北政法大学、西北工业大学、陕西师范大学、陕西科技大学、西安交通大学、西安理工大学、西安工业大学、西安工程大学、西安科技大学、西安外国语大学、西安建筑科技大学、西安电子科技大学、长安大学、西京大学和火箭军工程大学等16个大学图书馆。

有时候我们找到了学校，但是图书馆却在学校的另一个校区；有时候天气炎热，冒着骄阳奔走；有时候却大雨不停，打着伞慢慢摸到地方。最后两天我感到行走不舒服，晚上仔细一看原来脚板打了一个很大的水泡，水都流到鞋垫上。我们几乎跑了半个西安，虽然很累，但心里很高兴。我和老伴说，当年红军长征不就是信念支撑嘛。

2016—2018年，我基本上是围绕《研讨式教学改革文集》这本书思考着，行动着。编书、出书、购书、送书，都是为了坚持研讨式教学改革，坚持“研讨式五步教学法”的推广应用，以期能造福于莘莘学子。我曾在文集自序的最后写道：“我深感个人的力量太渺小，但初心不改，略尽绵力而已。”

十一、系列讲座彰显规模效应

通过讲座，努力传播研讨式教学的理念、成效与实践价值，是这两年我在外游历过程中的主要工作。

2018年7月，我和老伴去看学生看朋友，在石家庄一带旅游。河北师大的朋友和学生邀请我到历史文化学院给全体教师就研讨式教学问题举行了一次讲座。知名学者王宏斌教授说：“你讲的五步研讨式教学是真正的大学教育，要是教育部部长能来听听就好了。”他们把我的讲座信息以《研讨式教学漫谈》发到了他们学院的网上。这是继湖南科技学院、山东师范大学之后的第三次讲座。

这次讲座之后，我把信息发给忘年之交高等教育学博士孙存昌副教授，并告诉他我们10月份到江苏旅游和访友，如有可能想顺道去他的母校苏州大学教育学院进行交流。

经过孙博士的热情联络，苏州大学和江苏师范大学两个教育学院决定请我讲座。

我又联系南京大学李玉教授，结果促成了在江苏的三场讲座。即10月15日苏州大学教育系、10月20日南京大学历史系、10月24日江苏师范大学教育学院，先后讲《研讨式教学改革与教育科学之关系》《关于研讨式教学的几个问题》和《关于研讨式教学改革》。

我和老伴按计划先后乘高铁从长沙到苏州到南京到徐州再到长沙。

回到湖南之后，又接连就研讨式教学改革做了六场讲座，先后为：湖南师范大学历史文化学院、湖南大学岳麓书院、南华大学、湖南财经学院、湘潭大学教师工作部和湘大马克思主义学院。其中由湘大承办的全省高校教师教学能力提升讲习班，参加者是来自全省60多所高校的骨干教师。

值得一提的是，岳麓书院的那场讲座采取会讲形式，内容是书院精神与当代中国研讨式教学改革，着重讨论研讨式教学改革的理论源头，由我和岳麓书院研究著名学者邓洪波教授会讲，凤凰网全程直播，在线听众达23.9万人。

在湘大马院的讲座，我提出了一个新的论断：“无研讨，不大学。”

在湖南财经学院讲“研讨式教学的现实意义与实践价值”，被视为一场可圈可点、可赞可叹、可效可仿的学术盛宴。到场听讲座的有五个学生当天晚上各自写出上千言的感受发给我，其中大二学生谢泽海有一段话是这样写的：“当今中国什么都可以功利，唯独教育不可以；什么都可以浮躁，唯独教育不可以。处于青年时代的我们，忙于应酬，电视，游戏，还有多少人会去思考我们自己究竟在做什么呢？我们到底需要什么？我们民族需要什么？我们的教育体制如何能激发学生学习的最大潜能，调动学生的积极性、主动性、创造性？

这一些有人在思考，有人在实践，对郭教授的生平略微了解却已令学生佩服得五体投地了。五步研讨式教学就是这样的，很为那些是郭老师的学生感到开心，也为自己感到幸运，因为此时的相遇、相识、相知并不晚。当今中国缺的不是企业家，也不是政治家，而是像郭教授这样的老师，一心只为学生，一生只为教育。古稀之年依旧在为中国的高校教育改革奋斗，我是真正地感觉到‘先天下之忧而忧，后天下之乐而乐’的意味了。内心的震撼无以言表。”

做完上述讲座之后，我就回海南过冬去了。2019 年 3 月，我应邀到海南大学法学院，为他们学院教师提升教学能力做了“研讨式教学的现实意义与实践价值”讲座，受到欢迎。在北上回河南时，经过广西，先后停留桂林、柳州、南宁，又在桂林电子科技大学教务处和马克思主义学院、广西师范大学文旅学院、广西科技大学马克思主义学院、南宁师范大学教育学院、广西民族大学历史系和广西财经学院等六个学校做了七场讲座，都是关于研讨式教学的意义与价值、理论基础与基础理论以及大学生教学能力培养等问题。

也就是说，2018 年下半年到 2019 年上半年，一共到过 16 个大学做了 18 场传播研讨式教学理念、成效与意义的讲座，可以说形成了一定的“规模效应”。湘潭大学党委书记黄云清同志在讲党课时说，郭汉民教授的“研讨式五步教学法”已经在我国许多高校形成影响力。

十二、选辑学生评学议教材料

辑录《学生评学议教文章通览》，让学生对“研讨式五步教学法”的参与度、满意度、美誉度、获得感和愉悦感永存世间。

2019 年 4 月底，我从广西回到河南平顶山老家，从 5 月开始，除了种点小菜外，我用 3 个月的时间做了一个 10 多万字的《学生评学议教文章通览》，使我对研讨式教学改革的认识更加深刻，信念更加坚定。

为什么要做这么一个东西呢？缘由还得从广西说起。

我在南宁时，收到在珠海教书的 1996 级学生莫宏雨的信息，他说：“我上周末去柳州听课学习，遇到湖南师大1997级教育班的付昭权，您对他还有印象吗？我和他毕业离校将近20年第一次遇到，两人住在一起，连续两个晚上聊到凌晨三点钟，他现在东莞长安中学工作，他说他当时是五步研讨式教学的主要参与者，也是终身受益者，他说他现在能记起的大学老师以及学习活动，也就只有郭老师您和您的研讨式教学法。他说的是非常真诚的，他说研讨式教学法对他的大学学习和后来的教学工作都有很大的意义。郭老师，我在此特别向您报告。”

后来我回复莫宏雨说：“我原来对付昭权有印象，回到平顶山后，专门找到他20年前所写的评学议教文章，仔细阅读，他是从改变观念的角度写的，说研讨式教学改变了传统教育观、教学观、人才观，很有水平，看来他的看法是一贯的。”小莫又来微信说：“郭老师，付昭权的看法一直没有变。”

这件事，促使我重新阅读珍藏了20多年的学生评学议教文章。先后6个年级，14个班，230多篇。

感觉到的事物，不一定理解它；只有理解了的事物，才能更深刻地感觉到它。这些文章，当时我都看过；但今天再仔细阅读，却别有一番滋味在心头。

于是，我一边看，一边输入到电脑，做成一个文档“学生评学议教文章通览”。有的只字不易，全文照录；有的删减繁复，保留精华；有的具体过程从略，真实感受与独到见解一概录入。结果，日积月累，先后录入175篇，占总篇数的76%，共计11万多字。

现在，国家高等教育的形势越来越好，育人为本、以本为本，立德树人，逐渐成为人们的共识。轻教学、唯论文和唯什么什么的错误导向正在逐步被拨正。许多学校开展教育教学思想的大讨论，实行小班教学，提倡探究、研讨，提倡学生参与教学过程，关注学生上课的质量，统计学生到课率、前排就座率，还有什么抬头率、点头率等。

当我反复阅读学生的评学议教文章时，我的心中充满了自豪，充满了快乐，充满了幸福的感觉，自信研讨式教学的教学质量是大学本科教育教学的一种理想状态，学生的参与度、满意度、美誉度、获得感、愉悦感可以经得起任何检查，这样一类文字可以说是触目皆是，篇篇都有，也完全可以有目共睹，天地同鉴。略举几例以证之。

湖南师大1996级欧阳清学说："郭汉民老师的'中国近代思想史'课就快结束了，然而，我还意犹未尽，希望这样的课在今后能经常上。传统的教学方法是教师讲、学生记的'一言堂、满堂灌'，而郭老师一改以前窠臼，本着'授人以鱼不如授之以渔'的宗旨，在教改上迈出了一大步，使同学们受益匪浅。""毕竟教改已迈出了重要的一步，但愿这朵含苞待放的花蕾绽放出美丽的花儿。如果时间能倒流，我将更加珍惜这门课。"

1996级马文高写道："从'研讨式五步教学法'中我看到了我国教学改革的曙光，相信不久的将来，这种教学模式都会在神州大地遍地开花，同时越来越多的莘莘学子将会沐浴到它的光辉。"

1998级吴淑红写道："'五步研讨式教学法'对我们来说，无论是做学问还是当老师都是一块铺路石，其作用是深远而重大的。但愿我们的师弟师妹们也如我们这般幸运。"

1997级吴菊红写道："研讨式五步教学法""改变了传统的'一言堂'模式，创造了一个让学生'愿学、乐学、会学、学会'的崭新教学方式"。"教给我们的不是一棵摇钱树，而是一把能耕能作的好锄头。虽然需要通过艰辛的耕耘、劳作，却能真正体会劳动的乐趣和丰收的喜悦。""突破陈规，别开生面，是一种全新的又富有挑战性的教学方法，是一条既能促使学生快速掌握知识，又能培养学生实践能力和综合素质的有效途径。"

1999级金宇平写道："指导选题、独立探索、小组交流、大班讲评、总结提高，一切都告一段落，忙乎着的一个学期也接近尾声了。现在回想着走过的每一步，体味着当时的付出与收获，那个关于'鹅卵石与钻石'的故事便在脑海中清晰浮现。""一个学期下来，我的心情竟然正如那批牧民，在体验了一次鹅卵石向钻石的转变之后，感到快乐而懊悔。在整个学习的过程中，的确有许多鹅卵石变成了闪光的钻石。”“我想，只要你弯腰去捡了，总有一部分变成有用的钻石。而如果将光阴虚度了，到时候就只能空叹‘书到用时方恨少’。我真希望这样的教学方法能推广下去，让更多的人真切地感受到学习的钻石般的价值。”

1999级刘双喜写道：“我想，研讨式教学的意义不仅仅就是为了写论文和上台讲课打基础，也许更重要的是在这个过程当中，你无形之中受到了一种精神的感染，一次灵魂的沐浴，使你从心底里感受那份激情，那份精彩，从而树立自己的自信心，树立前进的方向，并为之坚持不懈地去努力。”

1999级沈贤岚说：“教改涉及的面广，所有选课的同学全体参与，一个都不能少。每个人都要研究，都要汇报、交流，而不是少数几个同学在那里做‘官样文章’。因此，能在同学中产生更大的影响。”

湘大历史系2000级曾永兴《研讨式教学切肤之体验》写道：“‘近代湘籍名人研究’课在一片欢呼声中落下帷幕。而它带来的清新教学理念让我们每一个参与者思索良久——我们究竟从中得益了什么？我们以后将取何种教学模式？”“尽管这门课程已经结束，尽管只开过一门这样的课程，但我相信每个参与者都受益匪浅，同时也坚信教学改革的春天必将来临！”

总之，教师是一个平凡的职业，教学是一个平凡的工作，教学改革也只是一个为改进教学工作而进行的平凡的事业。大学教师虽然比较受人尊敬，但归根到底还是平凡的人。所以我20年来所坚持不懈的“五步走”，实际上也是平凡的，只不过我认定这个“五步走”已由实践证明有利于莘莘学子的成长，比较有意义罢了。一个人的生命是有限的，在有限的人生中，咬定一两件有益于国家、有益于社会、有益于青年学生的事，不马虎、不松懈，认认真真、扎扎实实，做好、做实、做精、做到极致，便可以“仰不愧于天，俯不怍于人”，问心无愧了。

书院精神的启示与研讨式教学模式的创造

郭汉民

一、何为“研讨式教学”？

书院精神对当代高校教改有借鉴意义。

研讨式教学是近20年来我国高校教学改革的重要产物，是在大学本科与研究生教学实践中产生和发展起来的全新的教学模式。自1997年问世以来，被学界视为“大学本科教学改革的创新之举”，视为“一个可资借鉴的成功教学模式”，视为“大学教学方法的创新与突破”，视为“一种值得在大学推广的教学方法”，视为可以实实在在提高大学教学质量的“抓手”和“切入点”。还有不少高等教育学专家学者认为，“研讨式教学”和“研讨式五步教学法”是“高等教育领域的真正实验”，“揭示了大学以上教育方式的一般规律。不仅适用于历史学科教学，也适用于其他学科教学；不仅适用于大学的教学，也适用于成人教育乃至于中小学教学。此中包含了‘自主、合作、探究、创新’四大当代教育新理念，且是这四大新理念的具体化、操作化。”

百度百科有“研讨式教学”词条，这个词条解释说：“研讨式教学法源于早期的柏林大学，现已成为西方发达国家高校中的一种主要教学方法。1997年湖南师范大学文学院博士生导师郭汉民教授为探索在高校实施素质教育的途径，也大胆进行教改实践，创造了全新的研讨式教学模式。此后，国内多位学者从不同侧面对研讨式教学提出自己的观点和看法，很多一线教育工作者也非常关注并积极推行这种新型的教学模式。”

1999 年，我在《衡阳师范学院学报》上发表了一篇论文，题为《书院传统与研讨式教学改革》。2000 年，我在《中国书院》第三辑上发表了《书院传统的现代意义——兼论研讨式教学改革》。说明我自 1997 年开始在湖南师范大学文学院历史系进行的研讨式教改探索，受到了中国书院精神和优良传统的影响。这种影响主要表现在四个方面：教学与科研相结合，是中国古代书院的一大特点，也是研讨式教学改革的鲜明特色；加强交流、展开讨论、提倡争鸣，是古代书院的传统之一，也是研讨式教学的突出特点；以个人钻研为主，注意培养学生的自学能力，是古代书院的重要特点，也是研讨式教学改革的突出特点；师生关系融洽，师生感情深厚，是古代书院教育和当今研讨式教学的共同特色。可见，中国古代书院在长期的发展过程中积累起来的宝贵经验，是值得我们重视的，它不仅在中国文化教育史上是一颗璀璨的明珠，而且对当今高等教育教学改革也具有一定的借鉴意义。

二、研讨式教学与欧美高校“seminar”

当我看到百度百科的“研讨式教学”词条解释时，对该词条把研讨式教学与流行于西方发达国家高校的教学方法相提并论产生了兴趣，但又不敢轻易认同。说它源于“早期的柏林大学”更引起我的关注。

经过文献检索，我知道了 19 世纪中叶德国柏林大学有个“研讨班”的名堂，这个“研讨班”是柏林大学历史学家兰克教授首先搞起来的，叫“seminar”。在 2001 年以前，我不知道有所谓“seminar”。

我第一次接触“seminar”这个词是在看一个研究生的评学议教文章时，感觉到有些新奇。我给湖南师大历史系 1999 级中国近现代史专业八个硕士生讲授“中国近代政治思想史”课程时就是采用研讨式五步教学法进行教学的，受到他们的热烈欢迎。他们的评学议教文章都支持和拥护研讨式教学。有四篇的题目分别是《学海新舟——评郭汉民教授的研讨式教学法》《杏坛春芽独自秀——研讨式教学法随感》《平民中的贵族 商品中的精品——对郭汉民老师教学改革之感想》和《一种新颖而富有成效的教学方法——浅谈郭老师的教学改革》，作者分别是胡志方、曾桂林、易劲鸿和孙晓飞。其中易劲鸿同学把研讨式教学称之为“平民中的贵族 商品中的精品”，正是他把德国柏林大学的“seminar”教学法与我正在探索的研讨式教学相提并论，我当时并不了解“seminar”，但是这个词已经深深地印入了我的脑海。这大概说得上是教学相长吧。

后来，我看到网上的资料，百度百科对“研讨式教学”的阐释，再一次激发我一定要弄清楚，所谓“seminar”究竟是什么情况，研讨式教学是不是从德国柏林大学那里发源的？于是，我就注意搜集有关“seminar”的信息，逐步有了收获。

原来，“seminar”是19世纪中叶德国柏林大学历史学家兰克教授讲授“史学方法”课程时采用“研讨班”形式组织教学，极其活跃成功。天津社会科学院历史研究所卞僧慧先生对此曾有过具体描述。他说，著名历史学家雷海宗先生在清华大学讲授‘史学方法’时，采用兰克“seminar”形式组织教学，非常成功。这门课是历史学系的必选课，先生除指定几本必读书外，讲三个问题：历史的科学，即史学的分析工作，这是最基础的，讲的也最多；历史的哲学，即史学的综合工作；历史的艺术，即史学的叙述工作。上学期讲第一个问题，下学期讲后两个问题。每学期讲课后，剩余时间同学在课堂上分别作25分钟的报告，实际上多超过时限，也不制止，得以畅所欲言。班上共20人。事前先生拟出25题，各选报3题，也可以自己拟定题目，经平衡核准，各自准备。凡自拟题者，用其自拟题。20人中，用其自拟题者5人。下学期，先生列出英文书25种，各选3书，指定一书，读后仍在课堂报告。各书都涉及作者对历史的看法，形形色色，五花八门。有英雄史观、地理史观、经济史观，有天演论、多元论，有论著，有小说。上学期报告重在锻炼分析能力，钩稽史料，比较异同，提出自己的结论。下学期报告个人读书体会，交流丰富多彩的诸家异彩，互相启发，使同学虽然只读一书，而收博览众说之益，得以分别异同，审度得失，促成独立思考之习惯。若仅守一家之言，则视野不得开拓，思想不易活跃，即对所守一家之言，亦难有透彻的了解。

可见，这种方法，就是教学与科研相结合，采取讲课、讨论、研究相结合的教学形式，学生在导师指导下从事科研工作，读书、研究、写作、报告。如此看来，把研讨式教学与“seminar”相提并论是有道理的，两者确有相通之处。但研讨式教学是否源自“seminar”，却是可以讨论的。

2017 年 9 月湖南教育出版社精装出版了《研讨式教学改革文集》，我在自序中写道：“百度百科‘研讨式教学’词条指称我 1997 年在湖南师大开始‘大胆进行教改实践，创造了全新的研讨式教学模式’，此后‘很多一线教育工作者也非常关注并积极推行这种新型的教学模式’，这都是客观存在的实际情况，但把它说成是‘源于早期的柏林大学，现已成为西方发达国家高校中的一种主要教学方法’却并非事实。实际上，‘研讨式教学’和‘研讨式五步教学法’概念的提出及其不断完善，都是在本科生和研究生教学改革实践中通过不断总结经验逐步完成的。如果要溯源，则是受到我国古代书院教育的某些启示。”我还写道：“所谓‘seminar’，我国社会学家费孝通先生将其翻译为‘席明纳’，‘席’，席地而坐，讨论问题；‘明’，把问题讲明白、听明白、弄明白；‘纳’，大家都从讨论中有所收获。这是一种起源于德国并广泛应用于欧美大学教育的教学模式，强调以学生为主体，培养学生的综合能力。自 19 世纪中叶德国柏林大学历史学家兰克教授运用‘seminar’组织教学以来，柏林大学一直贯彻教学与科研相结合的方针，采取讲课、讨论与研究相结合的教学形式，学生在教师指导下从事科研工作。有人曾回忆著名历史学家雷海宗先生在清华讲授‘史学方法’时，就是采用兰克教授的方法，极其活跃成功。看来，研讨式教学与欧美高校‘席明纳’教学法确有相似之处，所以，将它们相提并论是很正常的，也是有道理的。开创‘席明纳’教学模式的兰克教授是历史学家，这一事实也增强了我创新教学模式的信心，顿生‘吾道不孤’之感。”

三、乐教乐学：研讨式教学突破传统教学

研讨式教学是与传统的讲授式教学是完全不同的教学模式，它的特点是重方法传授，重能力培养，重学生主体地位的发挥。在一门课程中，教师发挥主导作用，指导学生研究问题，而将研究的结果与心得，通过讲课、评课的形式展示出来。在具体操作上，可分为“指导选题”“独立探索”“小组交流”“大班讲评”和“总结提高”五个步骤，又称“研讨式五步教学法”或“五步研讨式教学”。在教学的全过程中，学生成为学习行为的主人，充分发挥其主体作用，从“要我学”变成“我要学”，从“学会”走向“会学”，教师“一言堂”为师生“群言堂”所取代，师生关系、生生关系都随之发生变化，有利于建构新型的师生关系与生生关系，有利于学生知识、能力与素质的协调发展，有利于学生健康心理与健全人格的培养。为了探索和完善这种教学模式，我从湖南师范大学做到湘潭大学，前前后后付出了十多年的心血，正所谓“十年磨一剑”。

我是一个史学工作者，中国近代史的教学与研究是我的本职工作，先后服务于湖南师范大学历史系和湘潭大学历史系，忝列教授、硕士生导师和博士生导师。正是在本科生和研究生教学实践中，我发现教学方法陈旧，教师讲、学生记、填鸭式、满堂灌，是大学教育教学普遍存在的问题，严重地制约着教学质量的提高和创新人才的培养。而当我 1997 年率先打破自己的一言堂，变讲授式为研讨式，指导学生研究问题，给学生搭台唱戏的时候，出乎意料地受到学生们热烈的、由衷的、普遍的欢迎和爱戴，他们一致认为自己从教改中受益匪浅。此时，我 52 岁，是一个史学工作者最好的年华。学生们的真正受益和衷心拥护，使我下决心探索教书育人的新途径、新方法、新模式。为此，奉献

出了多年的宝贵时间、精力和心血，先后在两个大学、六个年级的教学过程中踏踏实实种“试验田”。

300多年前，教育学之父夸美纽斯写作《大教学论》，旨在寻找一种教学的方法，使教师可以讲得少些，而学生可以学得多些。经过不懈的努力，我自信自己找到了这种方法，这就是研讨式教学。我们搞历史研究的人特别重视历史资料，特别注重搜集第一手资料，并依据翔实的资料去复原历史，引出结论，有一分材料说一分话，成为我们的职业习惯。所以我特别注重搜集、保存、整理、刊印在教改全过程中形成的第一手资料，包括教改方案、学生作业、学生课堂讨论记录、学生评学议教文章、学生问卷调查统计资料及分析报告以及各方面对教改的反映等，并及时加以编印，分发给参与教改的学生们，使这些《教改成果汇编》逐年积累起来，计有《近代湘籍名人研究备要》《群言（一）》《群言（二）》《群言（三）》《群言（四）》《群言（五）》《五步教学法的研究与实践（一）》《五步教学法的研究与实践（二）》等8册，100多万字。这是研讨式教学改革最真实的记录。经过前八年的不懈努力，研讨式教学改革获致巨大的成功，极大地调动了学生学习的积极性、主动性和创造性，切实提高了广大学生多方面的实际能力和综合素质，深受学生欢迎和学界好评。2003年“‘研讨式五步教学法’的推广与应用研究”，被列入“全国教育科学‘十五’规划重点课题”。

2004—2008年是“研讨式五步教学法”推广与应用研究阶段。其主要研究任务都是在湘潭大学完成的。我和课题组提供的研究报告对研讨式教学的重要理念、操作程序、实际效果、社会反响、主要特色、基本经验、应用价值及其使用范围从理论与实践的结合上予以说明。结项之后，2008年4月我主编的《走向创新教育——“研讨式五步教学法”的推广与应用研究》作为结项成果由湖南师范大学出版社出版发行。该书四编，分载“研讨式五步教学法”的“探索历程”“理论探讨”“应用报告”和“研究论集”。在该书的后记中，我发了两点感慨。一是“这本书花去了我太多太多的宝贵时间，从我52岁起，直到62岁，整整十个年头。这是一个史学工作者最好的年华。但该书并非史学著作，而是从历史本科和研究生教学中引发出来的教书育人问题，是试图冲破传统教学模式所做的不懈努力的真实记录。但严格地说起来，这本书主要不是写出来的，而是干出来的；不是我一个人单枪匹马能干得出来的，而是与许多志同道合的人特别是与我的学生们一起干出来的。正因为如此，我对在研讨式教学改革中关心我、支持我、帮助我的人们充满了感激之情”。二是“改革教学方法，创新教学模式，确实是提高大学教育质量不可或缺的重要环节，但做起来又实在很不容易。诚望教育主管部门对这方面的改革更多地加以关注，并加大支持力度。同时希望能有更多的人类灵魂工程师在这方面作出贡献，以利于莘莘学子知识、能力、素质的协调发展”。

从那以后，我自己身体力行，一直运用研讨式教学法，直到2012年退休。在研讨式教学过程中，教师乐教，学生乐学；教师教得少些，学生反而学得多些；学生真正受益，教师真受爱戴，良性互动，其乐融融。为了激励教师投身研讨式教学，我退休返乡之后每年捐款1.2万元给湘潭大学，设立“研讨式教学奖”，以助推高校教学改革。

2015年11月，亦即我退休返乡4年之后，湘潭大学历史系为我出版文集并召开规模盛大的“郭汉民《文集》出版暨从教45周年座谈会”，全国20多个著名高校和社科院所的中国近现代史和高等教育学专家学者120多人参加了座谈会，可谓群贤毕至。大家热议湘潭大学尊师重教，热议师承、师德、师道、学风之传承，热议研讨式教学改革及其所体现出来的大学精神之回归，“研讨式教学”和“研讨式五步教学法”又一次成为讨论的热点。会后，湘潭大学副校长刘建平教授还主编了36万字的《群贤评说口似碑——郭汉民〈文集〉出版暨从教45周年座谈会言论辑》，由湘潭大学出版社出版。内中专门讨论和涉及研讨式教学改革的言论就有三分之一左右，这对我无疑又是一个巨大的鼓舞和鞭策。其中，在珠海北师大附中任教的1996级本科毕业生莫宏雨所写的《十七年后回望郭氏教改》，更是情真意切，令人震撼。他在文中写道，“有爱，才有教改”，“教改传递了爱”。“郭老师是引领我开始研究性学习的唯一导师，我却只是郭老师用心教授的弟子之一。郭老师对学生的全心之爱，不光是给予我，他给予每个学生都是这般全然之爱，爱徒如子，爱生如己。我们1996级同学（三个班100人）和郭老师的交往都很好，可以说除了辅导员之外，认识学生最多、也最了解学生的老师就是郭老师，我也敢说同学们共同记得的、最难忘的大学老师只会是郭老师。常言说，母亲在哪里，家就在那里。我可以说，郭老师走到哪里，我的关注就跟到那里。”因17年前的研讨式教学改革而结成的师生关系居然会如此亲密、如此温馨，与传统教学模式下师生关系淡漠相比，不是可以发人深省吗？

2017年是研讨式教学改革的第二十个年头。我将教改过程中积累的第一手资料加以整理，以时间先后为序，编成《研讨式教学改革文集》。文集的主要部分是我在教改过程中先后为教改写下的文稿、教改方案、阶段性总结、教改成果汇编前言、序跋、书信以及教改论文、研究报告、经验介绍等，附录教改进程中的相关报道、学生评学议教文章选录及学界部分评论，前后呼应，互相印证，把十余年间的研讨式教学改革全过程如实展现在读者面前，旨在为高校教师教学改革提供参考，为教育学界特别是为高等教育学界提供一个教学改革的翔实个案，供研究，供批评。

自研讨式教学问世以来，受到不少专家学者的好评，受到众多教育工作者的关注。据初步检索，网上可以查到的采用研讨式教学的经验介绍，已涉及文、史、哲、法、经、管、理、工、农、医、英语、大学思想政治理论，还有党校、行政学院及军事院校的一些课程，近20个一级学科，课程有100多种，它表明研讨式教学的理念和方法正在深入人心，并且具有广阔的应用前景。我不禁咏起毛泽东的《卜算子·咏梅》：“已是悬崖百丈冰，尤有花枝俏。俏也不争春，只把春来报。待到山花烂漫时，她在丛中笑。”我希望研讨式教学能够逐步成为我国高校教育教学的主要方法之一。我相信《研讨式教学改革文集》的出版会助推高校教学改革的深入发展，也会受到广大师生的欢迎。该书出版后，我用全部稿费购书300多本，分别赠送给有教育学专业的大学图书馆。这是我所能做到的最后一点努力。我深感个人的力量太渺小，不过是一息尚存，略尽心力而已。

以上是我对中国书院精神与当代高校教学改革关系的一些想法，提出来，供大家参考，不当之处，欢迎批评指正。

中国近现代史“研讨式五步教学法”

郭汉民

“研讨式五步教学法”是我在湖南师范大学和湘潭大学本科高年级选修课、研究生基础课教学的长期实践中创造出来的全新的教学模式。变讲授式为研讨式，将指导学生研究问题、以研究心得进行交流讨论置于课程的中心地位，并贯穿始终，极大地激发了学生参与教学过程的积极性和研讨学术的兴趣与热情。这种区别于传统一言堂、满堂灌的教学方法一经产生，就受到学生的欢迎，受到学界的好评，并逐渐在全国产生广泛影响。

下面，具体讲历史学课程“研讨式五步教学法”的操作程序、客观效果、主要经验、社会影响和我个人的一点人生感悟。简单说来，就是五个问题，十个字：做法、成效、经验、影响、感受。

一、做法

研讨式教学作为一种区别于传统填鸭式教学的新的教学模式，有着自己一套较为稳定的结构框架和教学活动程序。多年来，我在讲授“中国近代思想史”和“近代湘籍名人研究”课程时，一反传统的灌输式教学，重方法传授、重能力培养、重学生主体作用的发挥，指导学生自己去探索，去研究，然后通过讨论和交流，完成教学任务。整个教学过程分为五个步骤，所以称为“研讨式五步教学法"，或者叫"五步研讨式教学法"。

第一步，指导选题。教师简明扼要地讲清全课程的基本线索、主要观点，然后提出一系列代表人物，要求学生选择其中一个作为自己的研讨课题，在一个月左右的时间内写出一篇4000字左右的文章，然后逐个上台报告自己的研究心得。这些历史人物对于学生来说，是陌生的，或者知之甚少，而要走上讲台作报告，更是前所未有，具有极大的挑战性，容易激发他们的学习兴趣。教师告诉他们如何着手研究这些问题，如何去查找论文资料索引，如何运用搜集来的资料对相关课题进行分析，了解其研究的前沿情况，并选取有价值的论文题目，重在教授研究问题的方法，"授之以渔"，并讲清学术规范与具体要求。还从上一个年级选一位参加过教学改革的学生上一节示范课，展示一下自己的研究成果。

第二步，独立探索。这是学生充分发挥主体作用，独立进行学术研究的初步训练过程。学生按照教师所传授的方法，围绕自己选择的研究课题，去图书馆、资料室，检索各种工具书，例如上海图书馆编的全国中文报刊索引、中国人民大学复印报刊资料中心的论文索引、中国史学会编的《中国历史学年鉴》中的论文索引和《近代史研究》每年第五期后附录的论文索引，编制××研究资料和论文索引，进而利用该索引查找资料、阅读文献和有关论著，了解学术界对该课题的研究概况，然后经过独立思考，选定论文题目并撰写成文。

第三步，小组交流。在个人独立探索，各自完成论文的基础上，教师组织学生通过讲课评课形式分组进行交流。每个学生都必须走向讲台，报告自己的研究情况与结果，主要是说明选题缘由、结构安排、主要观点等，报告时要求尽量脱稿。

第四步，大班讲评。小组交流之后，由各组推选出优秀者，到大班进行讲评。全班学生必须参加，认真听课并参加讨论，对报告者的学术观点、逻辑结构、表达能力以及教态、板书等，提出表扬、批评、质疑、问难，报告人还要进行答辩。教师现场点评，予以总结。

第五步，总结提高。每个学生根据自己的切身体会，写一篇小文章“评学议教”，对研讨式教学改革的利弊得失进行评论，题目自定，篇幅不限，只要求：真实、具体、力求生动、深刻。也就是要求学生实话实说，评头品足，最好运用教育学、心理学的知识和理论分析问题，目的是听取学生意见，改进教学。同时让学生进行自评和互评，这有助于学生认识和完善自我，有助于提高学生对事物的评价能力，也有助于学生树立改革观念，这对他们将来走上工作岗位也会有所启示。

上述五个步骤互相联系，环环相扣，前一步是后一步的必要准备，后一步是前一步的自然延伸，而每一个步骤又各有其功能。第一步是课程教学活动的开始，教师充分发挥主导作用，教师的讲授旨在让学生了解知识的整体，把握课程的脉络，以此为基础，提出问题，落实任务，授之以渔，从而将学生的兴趣和积极性激发起来，为第二步乃至整个教学过程做好思想上、精神上和方法上的准备。第二步是学生带着研究任务有目的地进行自学，是学生们吸取专门知识，培养信息搜集能力、资料处理能力、创新思维能力和文字表达能力的主要阶段，完成论文或撰写讲稿则为下一步的讨论和交流做了学术上的准备。第三步是师生之间、学生与学生之间互相启发、切磋学问、培养表达能力、应变能力、团队精神和学习合作共事的主要阶段。第四步是第三步的自然延伸，是在较大范围内对第三步的加深。在凸显学生主体地位的同时，进一步体现教师的主导作用。第五步是对全课程的教学的总结，学生自选题目，评学议教，总结经验，提出建议，以便改进教学，同时可以进一步锻炼学生的思维能力、分析能力、评价能力和文字表达能力。

学生的成绩主要依据二至四步中的参与情况及其所表现出来的水平与能力加以评定，不再进行以评定成绩为目的的期终考试。研讨式教学改革的目标是探索一种具体可行的途径，改变长期以来流行的教师讲、学生记的填鸭式和满堂灌，将教育教学从重知识的系统传授转变到重方法传授、重能力培养、重学生主动性发挥的轨道上来，促进大学生创新意识和实践能力的培养。就历史学科而言，则是要通过指导使学生产生进行课题研究和交流的兴趣，并对他们进行学术研究和教学活动的初步训练，培养学生多方面的实际能力。

二、成效

从小学到大学，从学士到博士，学生的成绩一般都是通过考试评定的，研讨式教学改革取消以评定成绩为目的的考试，如何检验教学效果？这里就有一个评价尺度和评价方法的问题。

我在1999年发表的《探索研讨式教学的若干思考》中，提出研讨式教学改革的根本宗旨在于提高学生的多种能力，诸如检索文献能力、阅读资料能力、独立思考能力、写作能力、表达能力、创新能力等，提高综合素质。衡量其成效的标准有三条：一是看学生的学习积极性和主动性是否真正被广泛调动起来了；二是要看学生的实际能力是否真正提高了或有较大提高；三是要看绝大多数学生是否真正支持和拥护这种改革。为了获取这几个方面的真实信息，多年来我们坚持采取两项措施：

一是开展评学议教活动。作为研讨式五步教学法的第五步，要求学生在课程结束后一两周内自主撰写评学议教文章，从自己的切身感受出发，说明自己对研讨式教学改革的看法。如前所述，要求真实、具体，实话实说，不要讲假话、空话和违心的话，同时要求学生在撰写评论时，尽量运用教育学、心理学理论，力求分析深刻一些，文笔生动一些。我把评学议教的权利完全交给学生，题目自定，篇幅不限，大多数学生的感受都十分真切，有的学生写的评论文章长达二三千字，颇有深度，例如2000级谢志文的文章《以人为本 润物无声——浅议“五步教学法”》就是如此。这既有利于培养学生的写作能力和评价能力，也有助于搜集教学反馈信息，以便改进教学，使新的教学模式更加完善。这类评学议教文章前后收到500多篇，内容丰富多彩，发人深思。

二是进行问卷调查。评学议教文章是署名的，虽然不作为计算成绩的依据，但学生出于对老师的敬爱或者惧怕，溢美之词恐难避免。为了获取更加真实的信息和更加具体的教学反馈资料，每次教改课程结束，都进行无记名的问卷调查。问卷设计60个问题，180多个选项，系统地调查了解研讨式教学改革全过程中学生们的态度、参与活动情况、自我感觉以及各自的认识与要求。例如第六项“关于研讨式改革的整体评价”中，有一个问题“你欢迎哪种或哪几种教学方法”后面列有六个选项：A. 讲授式：教师讲、学生记；B. 研讨式；C. 教师讲授，辅之以一次课堂讨论；D. 教师主讲，辅之以多次课堂讨论；E. 教师主讲，间或让学生上台讲几分钟；F. 学生自学，教师答疑。再如，同一项中有这样的问题：“研讨式教学与通常教学相比，对于提高学生能力与素质是否确有好处？A. 确有很大好处；B. 确有一定好处；C. 没有什么好处。如果前一题的答案是A或B的话，你认为有助于什么能力的提高？A. 科研能力；B. 教学能力；C. 自学能力；D. 表达能力；E. 思维能力；F. 应变能力；G. 创新能力。”调查问卷由学生自主回答，由学生研讨组长加以统计，计算到小数点后两位。然后由学生代表作出问卷分析报告。这是衡量研讨式教学改革利弊得失的翔实可靠的第一手资料。仅从1997、1998、1999、2000四个年级的调查问卷统计数字中，可以看到，欢迎研讨式教学的学生至少占73.33%，高的达到87.5%；几乎所有的学生都认为，研讨式教学有利于提高学生的能力和素质。认为研讨式教学提高了自己的科研能力的分别占46.66%、37.5%、57%、60%。认为提高了自己表达能力的分别占60%、56.25%、85%、90%。主张推广“研讨式五步教学法”的分别占80.32%、81.20%、79%、90%。由学生独立作出的前后七篇调查问卷分析报告，虽然所用语言不同，但基本结论都是教改成功，效果明显，学生是普遍欢迎的，推广这种方法也是历届学生的共同要求。1996级的报告说：“从上课伊始到课程结束，一直得到广大同学的密切配合和大力支持，学生的学习积极性高涨，教改成果显著。”1997级报告结尾写道：“研讨式教学因其实用和符合学生特点而充满迷人的魅力。”2000级的报告进一步指出：“研讨式教学改革完全符合当代学生的心声和愿望，是一条正确的教改之路，它的春风必将吹遍大江南北，一路高歌前进!”

具有教学经验的人都知道，只要深入课堂听听课，教学效果的好坏即可一目了然。有的人可以把自己的教学经验说得天花乱坠，却拿不出一堂像样的课给人观摩。研讨式教学则不同，只要认真做好前三步，到第四步大班讲评阶段，随时都可以来听课。在我探索研讨式教学的漫长过程中，曾上过多次大规模、高层次的公开课，影响很大，无不反映出研讨式教学的出色效果。

1999 年 11 月 30 日我接到湖南师大教务处的通知，说第二天省教委高教处的领导要来听课，要我准备一下。我说刚好明天一二节有课，教改已进行到第四步，正在进行“大班讲评”，什么时候来听都可以，反正不用特别准备，原汁原味给他们品尝好了。12 月 1 日上午，学校副校长陈钧教授陪同高教处杨处长和熊处长以及学校教务处、文学院领导莅临课堂听课。由于学生们经过了独立探索并在小组交流中得到了锻炼，学习主动性和各方面的能力都已有所提高，因此这两节临时安排的大型公开课给大家留下了深刻的印象。不仅薛志刚同学用 35 分钟讲解“严复及其主要思想”十分成功，而且同学们的参与异常活跃，10 多位同学争先恐后上台评课，研讨学术，评论教学，学生们的主体作用得到了充分发挥。限于时间，有的同学的发言只好被我打断，但熊处长仍然兴致勃勃，表示要多听几位同学发言，听后他还特意点了坐在他前边的一位同学，那位据说平时不爱讲话的同学上台发言也很不错。课后两位处长十分满意，肯定我“带了一个好头”。熊处长说，他们听过很多课，“老师的讲课都很精彩，时间把握得也很准确，这边最后一句话讲完，那边下课铃声响了，但学生大都比较被动，你的教学真正把学生的主动性调动起来了”。他们认为这种教学方法值得推广，并建议我也采用一些现代手段，还说应给学这门课的学生增加一点学分。我对领导同志深入课堂听课及切合实际的评价表示感谢，同时希望他们在教改课题立项方面予以支持。不久，“湖南省普通高等教育面向 21 世纪教学内容和课程体系改革计划”中，给我立了一个 A 类项目：“‘研讨式五步教学法’的研究与实践”，资助经费 1.5 万元。这类项目同一批全省只有10个。后来，湖南师大一位副校长笑着对我说：“你的那堂公开课换来一个重点课题，含金量真高啊！”这么高的含金量正好说明研讨式五步教学法的成果显著。

2001年11月下旬，教育部派出西北大学原校长、著名历史学家张岂之教授为组长的专家组到湖南师大，对这个学校的文学、历史两个文科基地进行检查验收，学校通知要听我的课。当时我已向学校提出请求调往湘潭大学的报告，我把这次公开课看成是站好“最后一班岗”，愉快地接受了任务。此时五步教学只进行到第三步，各个研讨小组正在“小组交流”，尚未产生优胜者，换一句话说，水还没有流到，渠当然还未能修成。若是到了12月中上旬，随时听课都无须准备。既然听课的时间已定，只能加快各组交流的进程，然后选出表现突出的学生作大班讲评。届时张岂之先生和浙江大学杨树标教授在学校领导陪同下莅临课堂听课。在我的主导下，先由杨霞同学用30分钟时间主讲郭嵩焘的外交思想，条分缕析，侃侃而谈。然后许多同学争先恐后地上台评课，或提出问题，进行讨论，课堂气氛生动活泼。张先生兴致勃勃地当场发表谈话，对这种教学形式和教学效果予以高度评价。事后，校长见到我说：“专家组对你的课评价很高啊！”我当即表示：“其实不是我讲课讲得好，而是我采用的方法调动了学生的积极性。”

还有一次公开课更加出彩。

2002年下半年，教育部对湘潭大学进行本科教学质量评估。6月间，我参加了湘潭大学“迎评促建”动员大会，当时我刚到湘潭大学工作，很想为学校“保良争优”的目标出一把力。评估专家当年11月份进校，听课应是基本的一环。为此，我要求学院下半年给我增开一门“近代湘籍名人研究”课程。因为按照“研讨式五步教学法”组织教学，从8月下旬开学，到11月正好进行到第四步“大班讲评”，必然瓜熟蒂落，水到渠成，专家们若要来听课，肯定见效。11月下旬教育部评估专家组进校，25日上午评估专家、南开大学历史学院马世力教授到课堂听课。我得到的通知是听第一节课，马先生因故未来，我们按照原计划研讨“陈天华的爱国思想”。第二节课他来了，我们依次进行大班交流，先由向家群同学主讲“杨度的君主立宪思想”，然后围绕这一题目进行讨论、质疑、答辩，同学们的热情讨论和热烈争鸣极大地吸引了马教授，他临时改变了第三节听哲学史课的打算，继续听我的课和学生们的讨论，并发表热情洋溢的讲话。当天晚上他在专题学术报告中，还对我的“研讨式五步教学法”和学生们的创新能力大加赞扬。教育部专家的好评无疑为学校增添了光彩，这也正是我所预期的。专家组离开学校不久，《光明日报》头版发表了《湘大“研讨式五步教学法”受关注》的报道。2003 年《湘潭大学报》还将“郭汉民教授的‘研讨式五步教学法’引起广泛关注”列为“湘潭大学 2002 年度十大新闻”之一。

三、经验

“研讨式五步教学法”之所以成效显著，从根本上说，是它正确处理了教育教学上的一系列重要关系。

如何理解和处理教育教学上的师生关系，知识传授和能力培养的关系，教学与科研的关系，是教育研究与教学实践中常常遇到的重大问题。研讨式教学改革为处理好这些关系、实现二者的良性互动提供了思路和实证，从而也成为“研讨式五步教学法”的突出特色。

“研讨式五步教学法”的基本经验有三：

第一，研讨式五步教学法凸显了学生的主体地位，强化了教师的主导作用，实现了教师主导与学生主体的有机结合，从而构筑起民主、平等、和谐的师生关系。

关于教学中的师生关系，曾有过两种错误倾向：一是过于突出教师的作用，以教师为中心，完全忽视学生的主体作用，使课堂成为教师的一言堂，难以调动学生的积极性；二是过于强调学生的作用，以学生为中心，否定教师的主导作用，也无法实现预期的教学目标。目前普遍存在着的是前一种倾向。

“研讨式五步教学法”高度重视学生主体作用的发挥，倡导学生成为自己学习的主人，在整个课程教学过程中，将学生的研究与讨论置于中心地位，还将评学议教的权利交给学生，给学生提供了施展才华的空间，提升了他们的主体地位，从而极大地调动了广大学生学习与求知的积极性。1999 级学生易美丽写道：“研讨式五步教学法”“给了我们极大的自主性”，“有了自主性，学生才能更好地发挥自我，展示自我”。“我们这些大学生都有展示自我的欲望，五步教学法正好适应了我们的这种心理要求，因而极大地调动了我们学习的积极性，激发了我们学习的兴趣。实事求是地讲，在大学我不是一个爱学习的女生，但对于这门课程，我却是花了时间和精力的。因为我觉得，独立地进行学术研究，然后将自己的研究成果展示出来，与其他同学进行交流、讨论，这对于绝大多数同学来说，是新颖的，有趣的，更具有挑战性。”2001 级胡恋梅深有感触地写道：“原来课堂可以如此美丽。”在凸显学生主体地位的同时，教师的主导作用不仅没有削弱，反而得到了加强。学生的全部研讨活动都是在教师教学计划的安排之中，教师上好导论课，指导学术研究的入门方法，参与讨论，及时点评，等等，都是教师主导作用的体现。教师在学生的学习中指导，学生在教师的指导下学习。正是这两个方面的有机结合，才营造出了让学生“耳目一新”的美丽课堂，新型的师生关系得以建构。这种关系的特点是民主平等、团结合作、尊师爱生。师生的交流加强了，双方在空间和心理上缩短了距离，密切了关系，实现了教学相长。亲历教改的学生们大都在评学议教中赞美这种新型的师生关系，而对填鸭式教学中师生关系的冷漠加以批评，凡是运用了“研讨式五步教学法”的教师们，都会感到自己与学生们的关系密切了，都受到了学生们的爱戴，从而很有成就感。

第二，研讨式五步教学法强化了对学生的能力培养，同时又保证了知识的传授，将传授知识与培养能力有机统一起来。

知识是能力的重要基础，学生能力的发展是在掌握知识的过程中实现的。然而，知识又不等于能力。在知识与能力的关系上，曾有过实质教育派与形式教育派的争论。实质教育派认为，学生的心灵是一个容器，需要各种具体知识来充实，学习知识也就发展了能力，因此教育的主要任务是使学生获得知识。形式教育派认为，人类的知识浩如烟海，不可能全部灌输给学生，与其灌输知识，不如发展能力。教育的主要任务在于发展学生的能力。两种观点都失之偏颇。在我国古代，也有“授人以鱼”与“授人以渔”的争论。看来，将知识与能力有机统一起来，从来就不是一件容易的事。

大学教育教学中，正确处理传授知识与培养能力的关系，关键在于在传授知识的同时，注重方法的传授，教会学生如何学习，“授人以渔”。学生们评论说，研讨式教学“最大的好处是‘授人以渔’，即告诉我们如何学习，如何做学问搞研究”。“刚到大学时，我发现大学里的教学方法是灌输式的，还没有高中时老师的教法灵活，那时由于高考，知识与技能并重，老师不时还讲解一些方法，而大学的老师大部分是将他们的研究成果整块整块地传递给我们。因此我们学习起来很被动，一离开老师，我们几乎是一片茫然，那些死记硬背的东西也不能得到恰当的运用。而郭老师教给我们如何去查资料，如何去写论文，这样我们就掌握了如何做学问这把金钥匙。我们的学习目的也就明确了，再没有以前那种茫然的感觉。这种教学方法能够培养我们各方面的能力，而这些能力对于我们今后的工作又是相当重要的。”“授人以鱼”，得鱼有限，受益一时；“授人以渔”，可使人自己学会捕鱼，受益终身。所以，授人以鱼不如授人以渔。1996 级学生熊乐良到福建泉州一个中学任教，当她在教书育人中取得成绩时，情不自禁地写信给我，信中说：“大学四年我是在稀里糊涂中度过的，许多教授的讲义，我勤快时便记下来，不勤快时，常是复印了别人的讲义以备考试，这些东西给我如今的教学工作带来不了多大的帮助，倒是您那学期思想史教改工作使我获益匪浅。一个不算成功的渔夫，终究要比仅仅拥鱼若干的人多几条自主命运、点击成功的机会。您培养了我渔夫的技能，为我现在的教学开了方便之门。感谢您！我将永远支持您的教改事业！”这封信使我很感动。教学的目的，应该是让人自立，如果教来教去，学生总是需要老师，这种教育是失败的。教师的教仅仅是为了学生的学，教是为了不教，这里的关键在于注重方法传授，授人以渔，教给学生渔夫的本领，让他们自己去捕鱼。

研讨式教学的重要目的是培养学生的多方面的能力，这一目的看来是达到了。学生们大都感到受益匪浅，受益终身。就知识的掌握方面，学生们对自己研究的问题无疑比平常的教学中学到的要多得多。但是否会影响到基础知识的掌握？我从一开始就有所担心，因此每年都在调查问卷中向学生了解：“研讨式教学对掌握基础知识：A. 有促进作用；B. 有妨碍作用；C. 有不利影响。”从1996到2003级八个教学班的调查表明，选A的分别占85%、86%、80%、81%、100%、96%、90%和97%。可见，传授知识和培养能力是完全可以统一起来的，凸显能力培养可以有效地促进知识的掌握。

第三，“研讨式五步教学法”将指导学生探索置于教学过程之中，实现了教学与科研的紧密结合，这是研讨式教学最主要的经验。

在目前的大学教育中，人们是非常强调教学与科研互相结合的。但这种结合主要体现在教师身上。教师一边搞教学，一边搞科研。不少人带着教学中的问题搞科研，并以科研成果丰富和充实教学内容。这种结合是十分必要的。然而对广大学生来说，教学和科研却是两张皮，根本不存在什么结合。在大部分教学时间内，学生们只能被动地从教师那里接受现成的知识，谈不上有什么科研。他们进行科研训练仅仅是在做毕业论文的不长一段时间。教学和科研基本上是分离的。由于在平时的教学中缺乏对学生进行必要的科研训练，一些学生由于不知道写论文从何处入手，随便找一两篇文章加以改头换面，甚至照抄一遍了事，存在着比较严重的抄袭现象。所以如何在教学过程中培养学生的科研意识和科研能力，是一个值得探讨的问题。而解决这一问题的根本出路是转变教学模式。因为教师单向传授知识的满堂灌和一言堂，很难培养学生的科研意识与科研能力。研讨式则不同，学生从单纯听讲和记录的被动接受者变成主动的探索者，教师指导学生探索占有十分重要的位置。这个过程，对于教师来说，是结合专业课教学，按照做学问的路径对学生进行初步训练的过程；对于学生来说，就是结合专业课的学习初步接受科研训练的过程。这个过程的一面是教学，另一面是科研，你中有我，我中有你，互相结合，密不可分。正是这种结合调动了学生学习的积极性和主动性，他们积极参与，认真实践，其结果必然是有利于培养学生的多方面能力，包括做学术研究的意识和初步能力。调查问卷统计显示，经过研讨式教学改革，历史教育专业的 63 人中，51 人对史学研究有了兴趣或开始产生兴趣，占 80.95%。所有学生都懂得了或者开始了解查找论文索引的必要和方法；58 人已经懂得或开始懂得研究某个问题应该从何处入手，占 92.06%；27 人认为自己的科研能力得到了提高，占 42.86%。在评学议教文章中，陈位志同学说："以前学习历史觉得很枯燥，现在初步掌握了一些研究学问的方法，对许多问题也有了自己的看法，学习的兴趣就起来了。最大的收获还是掌握了一定的研究问题的方法，并且直接运用，这在以前的学习中是没有的。"彭胜军写道："从小学、中学到大学，我们所受到的都是一种填鸭式的教育，老师讲，学生听，老师滔滔不绝，学生默默不语，将之比喻为'课前赶鸭子，课间填鸭子，期末烤鸭子，毕业板鸭子'非常形象、生动，似乎受这种教育这么多年，也习惯了，没想到大三时突然开了一门'湘籍名人研究'课，感受与众不同，具体感受只有一个字：'爽!'"

将教学与科研紧密结合起来，在整个教学过程中突出科研的地位，以科研活动促进教学质量的提高，这既是研讨式教学的特色所在，也是研讨式教学可以培养学生科研能力的基本原因。这对于提高大学生的综合素质，帮助大学生树立科研意识和创新意识，培养大学生的科研能力是一个有益的探索。

四、价值

从 1999 年开始，至今已有 20 多家学术刊物先后发表数十篇文章研究和推介研讨式教学和"研讨式五步教学法"。2001 年教育部历史学科教学指导委员会暨全国历史系主任联席会议在广西师大召开，我应邀在会上作了"研讨式教学改革"的专题报告，受到与会专家学者的好评。这一年教育部委托李文海先生主编的《面向新世纪的中国人文教育》，是全国各著名高校教育部文科基地的教学经验汇编，个人的教学经验文章只收了我一篇，题为《研讨式教学与大学生能力培养》。同年的教育部历史学科教学指导委员会的《委员通讯》也刊登了我的《研讨式教学概述》。2003 年，“‘研讨式五步教学法’的推广与应用研究”被列为全国教育科学“十五”规划重点课题，也是国家社科规划项目的一般课题。课题结项之后，2008 年出版了一部专门著作《走向创新教育——“研讨式五步教学法”的推广与应用研究》。人们在推介研讨式教学改革时，对“研讨式五步教学法”普遍给予高度评价，视为“高校教学方法的创新与突破”，是“本科教学改革的创新之举”，是“一个可资借鉴的成功教学模式”，是“走向创新教育的成功范例”，“无论理论上还是实践上都有推广价值”。

检索学术信息，可以看到，研讨式教学和“研讨式五步教学法”已经成为硕士论文和博士论文的研究对象，研讨式教学在哲学、法学、医学、思想政治理论课以及干部教育、军事教育等领域都被广泛采用。人们把我的研讨式教学和“研讨式五步教学法”与始自德国柏林大学而后流行于西方高校的席明纳教学法相提并论。为了探索和坚持研讨式教学改革，从 1997 年到 2006 年花去了我整整 10 年时间，正所谓“十年磨一剑”。300 多年前，“教育学之父”夸美纽斯写过一本《大教学论》，旨在找到一种方法使教师可以讲的最少而学生可以学的最多。经过 10 多年的艰苦探索和反复实践，我自信找到了这样一种方法。

学术界、教育界的专家学者在他们的研究文章中，大都指出并肯定了研讨式教学对传统教育教学的改革，认为它实现了教育教学如下五个方面的变革：其一是在教学方式上，变“讲授式”为“研讨式”；其二是在教学目标上变“授人以鱼”为“授人以渔”；其三，在教学形式上，变“一言堂”为“群言堂”；其四，在师生关系上，便“主—客”改造关系为“主—主”合作关系；其五，从成绩考核上，变“一张试卷定高下”为依据研讨过程中的实际表现与能力综合评定。这些变革所引起的将是整个现行教育教学的深刻变革，已经逐步产生影响。这些变革就是我一直追求的社会价值。

我们搞史学的人，最重视资料的搜集，我在教学改革过程中也十分重视资料的积累，先后编印了《近代湘籍名人研究备览》，《群言》一、二、三、四、五，《五步教学法的研究与实践》一、二，凡 8 册，100 余万字，为我国高校教学改革提供了一个资料丰富、成效显著、可资参考和研究的个案。我所进行的研讨式教学改革已经成为一段历史，它的成效得失可以成为当代教育史、教学改革史的研究内容，已经并且将继续具有研究价值。

五、感受

为了探索和坚持研讨式教学改革，从 1997 年到 2006 年完成推广应用“研讨式五步教学法”的国家课题研究，花去了我整整 10 年时间，正所谓“十年磨一剑”。从 52 岁到 62 岁，是一个史学工作者最宝贵的年华。正在这最宝贵的 10 年中，我却情不自禁地把相当大的一部分精力花在了创新教学模式上，创造了研讨式教学模式和“研讨式五步教学法”，它在一定程度上影响了我个人研究历史的学术成果，但又使我获得了亲身参与历史创造活动的诸多感受，获得了促进我国高等教育教学改革的现实成就感。这是一个漫长的过程，也是一个充满艰辛、充满希望、充满成功、充满喜悦的过程。回顾这个经历，我有很多切身感受。

感受之一，我国高等教育陈旧落后的教学模式到了应该改革的时候了。我国高等教育成绩巨大，但问题也不少，大学精神缺失和教学方法陈旧就是最突出的问题。教师讲，学生记，一言堂，满堂灌，这种教学虽说可以在有限的时间内尽可能多地传授前人积累起来的某种专门知识，但弊端是明显的，学生的主动性、创造性和个性受到压抑，普遍缺乏创新意识和实践能力。1926 年人民教育家陶行知先生就对当时中国的教育提出了严厉的批评，他说：“我自回国以后，看见国内学校里先生只管教，学生只管受教的情形，就认定有改革之必要，这种情形以大学为最坏。”90多年过去了，我们的大学教育，虽然多次改革，但在教学方法上并无根本改变，至今依然是“先生只管教，学生只管受教”，很不利于大学生健康成长，确有改革的必要。近年来，国际教育改革潮流突出强调学生的主体性和学生的能力培养，强调要学会做人，学会学习，学会生活，学会做事，学会交往等，也很发人深思。我的教学改革意识就是从这里产生出来的。

感受之二，就是从自己做起。中国文化精神要求“反求诸己”，诸事都要自己先做好，才能要求别人。自己作为大学教师，得天下英才而教之，已经是太阳底下最神圣的事业，有责任、有义务把学生教好。我看到大学教育教学的弊端，就打算自己试着改改看。1997年，我担任湖南师范大学历史系人才培养与学科建设研究基地班的教学任务，开了一门“近代湘籍名人研究”的选修课。这个班30个本科生，毕业后大多数要直接进入研究生阶段学习。我利用这个契机，在讲了历史上湖南人才的基本状况及其人文精神之后，列出20多位近代湘籍名人，指导学生各选一个作为自己的研究对象，告诉他们如何查阅资料，要求他们分别做出这些人的研究资料索引，分别写出其主要生平事迹及学术界的研究现状分析，然后逐个走上讲台报告自己的研究结果，并分别约定两个同学作主评人，进行公开评论。这样一改，学生的积极性、主动性被调动起来了。教务处发现后，组织了一次全校性公开课，我的教学改革初步探索受到了大家的好评。

感受之三，认准了的事就不要放弃。公开课之后，《湖南师大报》发表一篇专题报道，题为《教师搭台 学生唱戏——博士生导师郭汉民教授教改小记》。不久，反对的声音出来了，有人说：“教师如果只搭一个台而让学生唱戏，教师还算教师吗?”要不要继续搞下去，我让学生笔谈自己的感受。学生黄强写道：“转瞬间，‘近代湘籍名人研究’的选修课就要结束了，可我们似乎还对其恋恋不舍。记得当初选课时，是抱着略学一二的心理，然而，一个学期下来，我的收获远远超出了当初的设想，我不仅了解了近代湘籍人才群体的概况，而且培养了自己基本的动手能力。”许多学生的笔谈都说这样的教学使他们“获益匪浅”“受益终身”。此时此刻，我进一步明白了，那些反对的意见是习惯势力在作怪。列宁说过，习惯势力是最可怕的势力。我的态度是不动摇，不争论，坚持试验下去。我坚信，真正让学生受益的教学改革，一定会得到学生们的衷心拥护和大力支持。而真正得到学生支持和拥护的教学改革，作为教师，我将不遗余力地坚持进行下去。

感受之四，脚踏实地，坚持实践，是改革成功的关键。教学改革不是说空话、大话和套话可以解决问题的，必须进行扎扎实实的教学实践。从 1998 年起，我不仅在历史系基地班继续教学改革，而且在我的研究生协助下将探索的范围扩大到 1996 级历史教育专业班，从“近代湘籍名人研究”课程扩大到“中国近代思想史”课程，我从教改方案的制定到每一步的实施，都精心组织，一丝不苟，我的研究生们参与学生研讨的组织与指导，作为他们的教育实习。1996 级的教学改革取得成功后，我们又在 1997、1998、1999、2000 级坚持不懈地“种试验田”。因为，凡是符合实际的科学认识，都是可以通过反复试验加以检验的。在种“试验田”的过程中，我充分发挥了自己的学科优势。我们搞历史研究的人特别看重历史资料，特别注重搜集资料，并依据翔实的历史资料去复原历史，引出结论，有一分材料说一分话，成为我们的职业习惯。所以，我特别注意搜集、保存、整理、刊印在教改过程中形成的第一手资料，包括教改方案、学生作业、学生课堂讨论记录、学生评学议教文章、学生调查问卷统计资料及其分析报告，各方面对教改的反映等，并及时加以编印。

感受之五，认真总结实践经验，提升认识水平，是至关重要的一环。及时总结实践经验，将其上升到理性高度。理性认识系统化起来，就会形成理论。1997 年我就把我的教学改革命名为“研讨式教学改革”，把教改活动程序命名为“研讨式五步教学法”。我对积累起来的丰富资料加以审视，加以研究，试图从理论上说明为什么学生会积极参与教学改革的全过程；研讨式教学中的师生关系、生生关系与以往的教学相比发生了哪些变化，这些变化的利弊得失如何；研讨式教学与学生各方面能力的培养有何内在联系；研讨式教学与传统教学模式相比有哪些区别，有哪些特色。研讨式教学改革实践提出的这一系列问题，迫使我拿起笔来从理论加以回答。但是我没有学过教育学、心理学，缺乏这方面的理论素养。为了解答教学改革中提出的许多问题，迫使我去学习和补课。经过一番努力，我撰写并发表了《探索研讨式教学的若干思考》《研讨式教学改革中大学生的心理分析》《研讨式教学与大学生科研能力培养》《研讨式教学与高师生教学能力培养》《书院传统与研讨式教学改革》《研讨式教学与大学生能力培养》《研讨式教学概述》等系列论文，对研讨式教学作了理论探讨。这些文章的发表对于将研讨式教学改革成果推向全国起了一定的作用。

感受之六，要把研讨式教学做好，必须要有一点精神。我 1996 年担任博导，每年指导的博士生、硕士生都有 15 人左右，教学科研任务繁重，早已在超负荷工作，搞教学改革需要大量时间和精力的投入，要不要继续搞教改？不搞教改，多搞科研，没有人会说我不对；一个博导，去搞本科教学和教改，别人还会说你不务正业。放弃研讨式教学改革，全副精力搞自己的学术研究，多发表一些成果，也是名利双收的事。坚持还是放弃？曾是我时常考虑的问题。毛泽东说过，人是要有一点精神的。研讨式教学改革能使我的学生受益终身，如果推广开了，一定可以使莘莘学子受益。于是，将研讨式教学改革做好做大，造福于莘莘学子，就成为我的一个追求，一个梦。62 岁时，我在一本书中写道：要把研讨式教学改革这件事做大做好，必须要有一点精神，没有创新创造的精神，没有实干苦干的精神，没有锲而不舍的精神，没有甘作人梯、乐于奉献的精神，没有真正热爱学生和对待学生必须具有的民主平等精神，是做不成的，至少是做不好的。我崇尚这种精神，对这种精神孜孜以求。而且我坚信，只有这样，人生才有价值，奋斗才有意义。我还写道：“人生不过数十年，我已年过花甲，别无所求，把研讨式教学改革这件于国于民于人于己都有利的事情继续做下去，使‘研讨式五步教学法’得以推广，造福于莘莘学子，就是我不懈的追求。”至于我自己，一直运用“研讨式五步教学法”给本科生上课，直到2012年退休为止。做着，很苦；学生欢迎，很乐。借用一句话，就是苦并乐着。退休之后，我每年捐款1.2万元给湘大，设立“研讨式教学奖”，以助推高校教学改革。《研讨式教学改革文集》出版后，我用全部稿费购买300多本分别赠送给有高等教育学专业的大学图书馆。我和我老伴曾到西安向十几个大学图书馆送书，略尽绵薄，苦并乐着。

研讨模式下本科教学的新气象

郭汉民

本科教学是大学教学的基础，提高大学本科教学质量是全社会的共同要求。如何提高大学本科的教学质量，从各级教育行政部门，到大学的领导和教师，都在思考，都在探索。

我是一个普通的大学教师，从1997年开始，就一直致力于这一探索。1997—2001年我在湖南师范大学历史系基地班专业选修课“近代湘籍名人研究”和历史教育专业班专业选修课“中国近代思想史”两门课程中坚持进行研讨式教学改革，打破了教师一言堂和满堂灌的传统教学模式，把教师主导作用与学生主体作用充分结合起来，指导学生研究问题，而将研究结果与心得进行讨论交流，极大地调动了广大学生的学习积极性和主动性，取得了明显的教学效果，得到了广大学生的热烈支持和拥护。经过多年的教学试验，种过多年的教改试验田，我提出了“研讨式教学”的新概念，创造了“指导选题、独立探索、小组交流、大班讲评、总结提高”这样一个“研讨式五步教学法”，被学界视为“大学教学方法的创新与突破”，视为“本科教学改革的创新之举”，视为“一个成功的教学模式”，视为“一种值得在大学推广的教学方法”。2002—2008年，这一教学模式在湘潭大学多学科的教学实践中得到进一步的验证，并被列为全国教育科学“十五”规划的重点课题“‘研讨式五步教学法’的推广与应用研究”，其结项成果《走向创新教育——“研讨式五步教学法”的推广与应用研究》2008 年由湖南师范大学出版社发行。此后，我本人一直坚持应用这一方法进行本科教学，直到 2012 年退休。退休之后，我曾先后应邀到湖南科技学院、广西财经学院、广西大学、山东师范大学、河北师范大学、苏州大学、南京大学、江苏师范大学、湖南师范大学、湖南大学、湖南财经学院、南华大学、海南大学、桂林电子科技大学、广西师范大学、广西科技大学、南宁师范大学、广西民族大学等高校传播研讨式教学改革经验和“研讨式五步教学法”。2017 年，也就是研讨式教学改革 20 周年之际，我把研讨式教学改革过程中积累的大量第一手资料加以整理，编辑了一部《研讨式教学改革文集》，由湖南教育出版社精装出版发行，我购买了 300 余本，分别赠送各重要大学图书馆。我希望研讨式教学能逐步成为我国高等院校的主要的至少是重要的教学方法，以造福于莘莘学子。

自研讨式教学改革开展以来，学术界专家学者在教育科学杂志和大学学报发表了数十篇文章推介研讨式教学和“研讨式五步教学法”。大家普遍认为，研讨式教学至少在大学教育教学方面开始实现了如下五个方面的重大变革：一是在教学方式上，变“讲授式”为“研讨式”，这是研讨式教学的核心。整个教学过程围绕问题展开，以问题的提出开始，以问题的解决结束，以问题提出与解决的五个进程为步骤，将研究与讨论贯彻于整个教学过程的始终。“指导选题”是教师指导下的研讨；“独立探索”是学生课外的自主研讨；“小组交流”是课内交互式研讨；“大班交流”是课内集中式研讨；“总结提高”是全体同学研讨的升华。二是变“授人以鱼”为“授人以渔”，这是研讨式教学的目的。注重能力的培养与素质的提高，兼顾知识、能力与素质的协调发展，促使学生自学能力、研究能力、写作能力、表达能力及师范素质得到有效提高。三是在教学形式上，变“一言堂”为“群言堂”，不论是课题研究还是评论教改，都要学生广泛参与，发挥学生的积极性和创造性。四是在师生关系上，变“主—客”改造关系为“主—主”合作关系。研讨式教学中的师生是良师与益友并存的关系，教师是主导，学生是主体，教学过程是教师指导和帮助学生自主探索、合作研讨、良性互动的过程，师生关系融洽、温馨、团结、合作，尊师爱生，教学相长。五是在成绩考核上变“一张试卷定高下”为按照研讨过程中的实际表现综合评定，重过程，重激励，促使学生奋发向上。正是由于上述特点，研讨式教学改革过程中，本科教学出现了前所未有的新气象，教学质量获致了众目睽睽之下人们心悦诚服的明显提高。

教育科学界有一种看法认为，教育的创新和创新的教育，需要具备三个条件中的一个，即或者是发现了新的资料，或者是提供了新的事实，或者是提出了新的观点。研讨式教学作为大学本科教学改革的创新之举，姑且不论它提供了翔实可靠的第一手资料，姑且不论它提出了若干新的观点，我的这个报告只想提供研讨式教学改革进程中已经出现的大学本科教学新气象，也就是提供一系列研讨条件下本科教学的“新的事实”，供大家思考和研究，因为这些“新的事实”是传统的“一言堂”和“满堂灌”条件下不可能出现的。我所提供的“新的事实”主要有如下十种。

第一，研讨式教学中广大学生的学习积极性和主动性被充分调动起来了。

研讨式教学根本改变了教师单向传授知识的讲授式，代之以教师指导学生进行研讨和交流的研讨式，其实质是以人为本，以学生的发展为本，为学生打造一个培养能力、发展自我的平台，提供一个经受实际锻炼的机会，从而极大地调动了他们学习的积极性和主动性。学生经过课题研究，把研究心得写成讲稿，在小组或者大班以讲课评课的形式进行讨论交流是这一教学模式的核心环节。湖南师大 1996 级学生李旭文在《走上讲台的前前后后》一文中这样写道：“新学期伊始，‘中国近代思想史’课程走进了我们的学习生活。给我们讲课的是年近花甲的郭汉民教授，他的课讲得十分生动，教态富有动感，语言引人入胜。当得知郭教授将实行‘研讨式五步教学法’，我们两个班的同学都能走上讲台，分组试讲中国近代史上 20 多位著名思想家时，个个兴奋不已。”“个个兴奋不已”六个字说的正是学生们学习积极性和主动性被广泛调动起来的实际情况。反映学生对研讨式教改态度的调查问卷有四个选项：A. 很感兴趣，准备认真去做；B. 感到新奇，准备尝试一下；C. 无所谓，只想应付一下；D. 不想学这门课。统计资料显示，选A、B两项的达到百分之百，选C与D的没有一人。何以会如此呢？学生们的实际感受是什么呢？湖南师大1997级基地班本科生周波在《实话实说话教改》中说："以前对大学学习的认识就是上课记录，考前背背，教改把我们引入了一个知识的殿堂，改变了我们对学习的态度。"湘潭大学1999级党史班本科生彭胜军以《沉闷去无踪 效果更出众》为题评论研讨式教学，他说："从小学、中学到大学，我们所受到的都是一种填鸭式的教育，老师讲，学生听，老师滔滔不绝，学生默默不语，将之比喻为'课前赶鸭子，课间填鸭子，期末烤鸭子，毕业板鸭子'非常形象、生动，似乎受这种教育这么多年，也习惯了，没想到大三时突然开了一门'湘籍名人研究'课，感受与众不同，具体感受只有一个字：'爽！'"一个"爽"字，更可以说明研讨式教学最能够调动本科生的学习积极性、主动性、创造性。

第二，研讨式教学中广大学生的各种实际能力得到了较大的提高，许多人都有"受益终身"之感。

研讨式教学的最大特色是重方法传授、重能力培养，"授人以渔"，给学生提供一个实践的机会和自我完善的空间，其结果必然是学生各方面实际能力得到很好的培养。这也正是广大学生所希望看到的，所以学生们都认为他们是教改的受益者，在学生们的评学议教文章中，"受益匪浅""受益终身""虽苦尤乐""其乐无穷"等词语使用的频率很高。湖南师大1997级基地班本科生钱英说："教学改革最大的受益者是我们学生"，"我感到再不是传统的'一言堂'那样被动地接受知识，而是给予了我们充分的时间、空间去锻炼、发挥自己的能力，并激起了浓厚的兴趣，这样我们才是主动的，我们才是主角"。"我感到要上好这门课真的不那么简单，自己讲课，需要查找资料，准备讲稿，台上那30分钟往往都是课前好几天扎实准备换来的；听别人讲课，也并不轻松，还必须给予评价或围绕某个问题展开讨论，这样说起来，比平时光带支笔带个笔记本来听老师讲课可要累多了，但这种累让我感到充实，我被融入了其中。”“更重要的是学到了研究的方法，经验及基本技能都在不经意间提高了。”还有，“在讲课评课过程中同学们相互取长补短，共同提高，真的使我们受益匪浅。”同一个班的姚丽君说：“我本来没选‘近代湘籍名人研究’这门课，但是这门课本身吸引了我，使我自愿地听这门课，所幸郭老师给了我这次机会，我也能够一试身手，不仅感到受益匪浅，而且其乐无穷。”她在解释何以“其乐无穷”时写道：“说‘其乐无穷’，是因为我感到我发挥了自己的主动性，检测和锻炼了自己的能力，体验到了做学问的精细和一丝不苟的态度，这些都是我所喜欢的。所以从这种做学问的方式中，我体验到了快乐。”湘潭大学2000级本科生谢志文在《以人为本 润物无声》为题的评学议教文章中写道：“从教学改革的实际情况来看，每个学生查阅到的论文和著作有几十篇（部），多的则有上百篇（部），相比以前死啃一本教材和一本课堂笔记，学生的知识量剧增，知识面大为拓宽；学生不再死记硬背老师所传授的知识，而是独立探索，由以前的考试机器逐步向学问生产者转变，由‘学会’向‘会学’转变；学生在学习过程中提出了不少新鲜的学术观点，并且能够言之成理，持之有据，创造力得到释放。”可见，“五步教学法能够在教学过程中有效地培养学生搜集和处理信息的能力、科研能力、语言文字表达能力、分析和解决问题的能力、创新思维的习惯，还有与自己小组组员团结协作的能力，有力地提高了学生的知识拓展、学问生产、专业创新和独立科研能力，因而是提高教学质量的有效举措”。

第三，研讨式教学受到广大学生发自内心的热烈拥护和广泛支持。

研讨式教学的第五步是“总结提高”，要求学生根据自己的切身体验写一篇教改评论，评头品足，说长道短，旨在及时总结经验，改进教学，题目自定，篇幅不限，要求八个字：真实、具体、深刻、生动。即是说，必须谈真实感受，实话实说，决不许讲假话，不讲违心的话；要把切身体会和发自内心的感受写得尽量具体一些，不要空发议论；尽可能运用教育学、心理学知识加以分析，写出深度；语言文字力求生动和优美一些。这些评学议教文章充分表达了广大学生对研讨式教学的热烈支持。1999 年，我把这些文章交给湖南师大历史系研究教学法的马力鹏教授，请他审视。他仔细阅读之后，激动不已，欣然命笔，写了一篇教学研究论文《试论研讨式教学的特色与意义》，发表在中国科技大学《教育与现代化》杂志上。

马教授在文章的开篇写下了如下一段话："研讨式教学是湖南师范大学博士生导师郭汉民教授在本科教学实践中创造出来的一种崭新的教学方法和教学模式，先后在 1995 级基地班和 1996 级基地班与教育专业班中进行了试验，使这些学生大为受益。学生们以饱含激情的笔墨写出了一大批评学议教的文章给予极高的评价。他们写道：'我们非常喜欢郭老师的这次教学改革，它向传统落后的教学方法提出了强有力的挑战，我们获益匪浅。''我们非常积极地参与教改每一步。''从"研讨式五步教学法"中看到了我国教学改革的曙光，相信不久的将来，这种教学模式会在神州大地遍地开花，同时，越来越多的莘莘学子将会沐浴它的光辉。'有的还表达了这种课程要提前开出的愿望，'这种课开得太迟了，都大三了，要是早一点该多好！''真心希望这种教学方法能继续下去，同时带动别的学科教学方法的改革。'像这种满心拥护、支持、赞扬的文字，可说触目皆是。我从教这么多年，还没有亲眼看到一种教学方法在高等学校能如此受到学生发自内心深处的热烈推崇，实在是我国师范高校教学改革园地中的一朵奇葩。这种教学方法使我兴奋不已，特撰此文对其特色和意义加以初步探讨。"马教授引用的材料表明研讨式教学确实受到广大学生的拥护和支持。

2000 年教师节前，我收到 1996 级历史教育专业班毕业生熊乐良发自福建泉港六中的一封信，又收到 1996 级基地班毕业保送到湘大读研的胡峰送给我的一件"礼物"，更可以说明学生们对研讨式教学改革的衷心支持。

熊乐良在班上是一个并不显眼的女孩子，毕业后在福建泉港六中任教，当她在工作中取得进步赢得学生爱戴时，情不自禁地给我写了一封信，信中说：“大学四年我是在稀里糊涂中度过的，许多教授的讲义，我勤快时便记下来，不勤快时，常是复印了别人的讲义以备考试，这些东西给我如今的教学工作带来不了多大的帮助，倒是您那学期思想史教改工作使我获益匪浅。一个不算成功的渔夫，终究要比仅仅拥鱼若干的人多几条自主命运、点击成功的机会。您培养了我渔夫的技能，为我现在的教学开了方便之门。感谢您！我将永远支持您的教改事业！”如果说小熊的信只代表她个人的看法，胡峰的“礼物”——一个软盘则记录着1996级基地班同学毕业一年后在网上反馈的信息。同学们无论参加工作还是读研，都对两年前的教改感受很深，都对自己的收获感到惊喜，都支持将教改进行下去，都希望研讨式教学得到推广。这些学生早已走出了校门，踏上了社会，他们的好评纯然出自内心，反映了学生们的真正心声。

第四，研讨式教学到了“大班讲评”阶段，必然精彩纷呈，可以随时进行规模不等的公开教学，接受观摩。

凡是科学的认识，都是可以经过实践加以验证的。在一定条件下，必然会产生一定的结果。

研讨式教学的五个步骤是环环相扣、循序渐进的。前一步是后一步的必要准备，后一步是前一步的自然延伸，而每一步又各具功能。第一步是课程教学的开始，教师充分发挥主导作用，教师的讲授旨在让学生了解知识的整体，把握课程脉络，在此基础上提出问题，落实任务，授人以渔，明确要求，从而将学生的兴趣和积极性激发起来，为第二步乃至整个教学过程做好思想上、精神上和方法上的准备。第二步是学生个人带着研究任务有目的地进行自学，是他们学习专业知识，培养资料收集和处理能力、创新思维能力和文字表达能力的主要阶段，完成论文或撰写讲稿则为下一步的讨论作了学术上的准备。第三步是师生之间、生生之间互相启发、互相切磋，培养口头表达能力和应变能力、团队精神和学习合作共事的重要阶段。第四步是第三步的自然延伸，第三步中表现突出的学生方可脱颖而出并经过充实提高而走上大班的讲坛。认真做好前三步，第四步必然出彩，必然成功，是胜券在握的。

从1997年到2002年，也就是在研讨式教学探索的五年中，曾进行过四次大规模的公开课，一次有省教育厅高教处领导听课，两次有教育部部派专家听课，都是在大班讲评阶段，都无须特别准备，并且都十分成功。

第一次在1997年12月19日，由湖南师范大学教务处组织全校各院系50多人参加的教学改革观摩课，大家一致认为改革方向正确，非常成功，其所体现出来的教育思想值得各学科效法。《湖南师大报》发表报道《教师搭台 学生唱戏——博士生导师郭汉民教授教改小记》。

第二次是1999年12月1日，湖南师范大学管教学的副校长陪同省教育厅高教处两个处长并教务处全体人员及文学院领导老师莅临课堂听课，这堂临时安排的公开课给大家留下了深刻的印象。不仅薛志刚同学35分钟的课讲得很好，而且同学们的参与也十分活跃，10多位同学争先恐后上台评课，讨论学术，评论教学，课堂气氛异常活跃，充分体现了学生的主体作用。限于时间，同学们的发言被我打断，两位处长表示要多听几位同学发言，我只好临时决定课间不休息，听后处长又亲自点了坐在他前面的一位学生，上台评课也很不错。课后两位处长十分满意，肯定我带了一个好头，说他们听过很多课，老师讲得都很精彩，但学生大都比较被动，“你的教学真正把学生的主动性调动起来了”。不久，省教育厅直接给我下达“研讨式五步教学法的研究与实践”课题，作为“湖南省普通高等教育面向21世纪教学内容和课程体系改革计划”A类立项项目，资助1.5万元。湖南师大校长对我说，你的一堂公开课含金量高啊，换来了一个省级重点项目。

第三次是2001年11月下旬，教育部派出西北大学原校长、著名历史学家张岂之教授为组长的专家组到湖南师范大学，对这个学校的文学与历史两个文科基地进行检查验收，学校通知要听我的课。届时，张岂之先生与浙江大学杨树标教授在校领导陪同下莅临课堂听课。在我的主导下，先由学生杨霞用30分钟时间主讲郭嵩焘的外交思想，条分缕析，侃侃而谈，然后许多同学踊跃上台评课或提出问题，进行讨论，课堂气氛生动活泼。张先生兴致勃勃地当场发表讲话，对这种教学形式、教学效果予以高度评价，并对学生如何进一步深入研究问题提出了中肯的指导意见。事后校长对我说：“专家组对你的课评价很高啊!”我当即表示：“不是我的课讲得好，是我用的方法把学生的积极性和主动性调动起来了。”

第四次，2002 年教育部对湘潭大学进行本科教学质量评估。11 月 25 日上午，评估专家、南开大学历史学院博导马世力教授莅临课堂听课，那时我们正好依次进行大班交流，由向家群同学主讲杨度的思想演变，然后围绕这一主题进行讨论、质疑、答辩，同学们的热烈讨论和争鸣极大地吸引了马教授，他改变了原来下一节要听哲学史课的打算，继续听我的课和学生们的讨论并发表热情洋溢的讲话。当晚他在专题学术报告中还对我的“研讨式五步教学法”和学生们的创新能力大加赞扬。专家组离校不久，2002 年 12 月 20 日《光明日报》头版以《湘大“研讨式五步教学法”受关注》为题发表专题报道。2003 年 3 月 10 日出版的《湘潭大学报》将“郭汉民教授的‘研讨式五步教学法’引起广泛关注”列入“湘潭大学 2002 年度十大新闻”。

上述事实充分说明，研讨式教学毋庸置疑地能够极大地提高本科教学质量。

第五，参与研讨式教学的本科大学生可以走上讲台讲课评课，表现不凡。

前述四次公开教学，其主讲人戴佳、薛志刚、杨霞、向家群都是在研讨式教学中脱颖而出的本科生，评论者也是经历过研讨式教学的本科生。他们身上体现出来的多方面的能力与综合素质都是在短短的一个学期强化训练出来的。如果坚持这种训练，大学生们的收获必将更大、更多、更加可喜。通过一个学期的研讨式教学，学生们全员参与、全程参与、全身心参与，从指导选题、独立探索、小组交流到大班讲评，所有学生在小组交流时都走上了讲台报告自己的研究心得，讲课评课；20% 左右的学生从小组交流中脱颖而出，走上大班讲评的讲坛；50% 以上的学生在大班讲评中走上讲台评课，参与争鸣和讨论。这样经过反复的听课评课，最直接的结果是大学生们表达能力与教学能力的提高。这对于高等师范教育教学来说，具有更大的理论价值和现实意义。

研讨式教学改革是在湖南师范大学开始的。学生独立探索之后，之所以选择讲课评课的形式进行小组交流和大班讲评，则是适应了高等师范教育的现实需要。可以在讨论交流的实践过程中训练学生教学组织技能和语言表达、板书、教态、情绪等教学技能，从而切实提高他们的教学能力。

高等师范教育教学培养的大学生是准备走上教师岗位的人，扎实的专业知识和良好的教学技能是教学能力的两个基点。前者是所谓的“学术性”，后者是所谓的“师范性”，在以往的高等师范教育中，这两个方面的关系相互对立、相互分离，研讨式教学实践表明，学科知识的学习与研究成果通过讲课评课的形式展示出来，促进了师范技能的训练；要求学生必须上台讲课评课，又促进了专业知识的研究与学习。二者相互促进，相得益彰。长期从事教学法研究的马力鹏教授在《试论研讨式教学的特色与意义》一文中指出，研讨式教学改革的成功“对高等院校特别是对高等师范院校将会产生积极的影响”。它打破了在一个世纪中盛行的以教师讲授为主的传统班级授课制，而代之以个人自学为主、学生讨论切磋、学生上台讲课评课三种方式有机结合的教学新形式，实现了师生在教学中的良性互动，“为高等师范院校学术性与师范性紧密结合提供了一个成功的范例”。

第六，从研讨式教学中脱颖而出的本科生和研究生可以走上讲坛举行系列学术讲座，就某个学术问题脱稿讲述，侃侃而谈并当场回答听众的质疑与问题，表现出良好的知识、能力与素质。

讲座在大学是比较普遍的，在讲座上做报告的都是学有专长的专家学者，而大学生们则只是讲座的听众。我在探索研讨式教学的过程中，曾经举办过三次大规模的学生学术讲座周活动，把从研讨式教学中脱颖而出的本科生和协助我指导本科生的研究生推向学术讲座的讲坛。请看如下事实：

2001 年 4 月 9 日—12 日，在湖南师范大学文学院，我组织在研讨式教学中脱颖而出的四位研究生周向阳、张泽洪、胡志方、易劲鸿和四位本科生向子龙、张敏、贺丽娜、刘冰举办了“学生学术讲座周”，分别就严复、谭嗣同、郑观应、魏源、曾国藩、孙中山、王韬等近代著名思想家的生平与思想做专题报告，每人脱稿讲述一个小时左右，一连四个晚上报告大厅座无虚席。这是大学生们与同龄人的学术讲座“第一次亲密接触”，表现出极强的兴趣及见贤思齐的情绪。从激励学生成长的角度，这无疑是大学校园里十分亮丽的一道风景线。《湖南师大报》以《学生搞讲座 教学开生面》为题作了专题报道。文学院、教务处、研究生处等部门为此专门召开了座谈会。

2002 年 11 月湘大迎评期间，我把上半年在研讨式教学中脱颖而出的熊慧、李美玲、敬妮、吴鹤立、向家群、熊巍昱等六位本科生组织起来，开展近代湘籍名人系列学生学术报告，先后讲了曾国藩、郭嵩焘、黄兴、宋教仁、蔡锷、杨度等人的生平与思想，讲课的学生可以做到不念讲稿，侃侃而谈；听讲座的学生非常活跃，认真听讲，并且大胆质疑或者提问，主讲学生现场答辩，讲坛上下，气氛活跃。本科生可以登台做学术报告，并现场进行答辩，其所反映出来的知识程度、能力与综合素质可想而知。正因为如此，学生系列学术讲座结束之后，学校党委宣传部、教务处、校团委、高教研究所、教育教学督导团和哲史学院的专家学者及学生代表数十人举行了“郭汉民教授研讨式五步教学法座谈会”，大家一致认为，本科生的系列学术讲座显示了“研讨式五步教学法”的无穷魅力，它很好地实现了教师主导与学生主体的结合，知识传授与能力培养的结合，课堂教学与教学实践的结合，完成了从“授人以鱼”到“授人以渔”的转变，有利于学生综合素质的提高，值得大力推广。2003 年 4 月 10 日《湘潭大学报》以《让我们的课堂活起来》为题对“研讨式五步教学法”又一次做了专题报道。

在国家课题“‘研讨式五步教学法’的推广与应用研究”全面启动两年之后，2005 年 4 月 18—22 日，我们课题组组织应用“研讨式五步教学法”的哲学、中国古代史、政治与行政管理学、国际关系和思想政治理论课等六门课程中脱颖而出的学生 17 人举办了湘潭大学首届学生学术讲座周，作为提高本科教学质量的有益探索和推广“研讨式五步教学法”的成果展示。一连五个晚上，报告大厅座无虚席，学术气氛异常活跃。尤其值得指出的是，参与研讨式教学改革的来自不同院系不同专业的五位学生，熟练运用多媒体技术，滔滔不绝地讲解思政课程中的相关问题，并当场回答听众提出的问题。从教态、语言到课堂组织，从课件的设计、制作到色彩的搭配与协调，从双向交流到随机应变的能力，都让前来听课的师生和有关领导十分满意，赞不绝口，初步展示了研讨式教学在思政课中的魅力。有几位老师感叹道：“作为一门思政课能让我们的学生如此投入，如此专注，这是从未有过的，也是我们始料未及的。看来，我们的政治理论课还大有文章可做。”

第七，研讨式教学中师生良性互动，形成了良师益友的关系，平等、合作、友好、温馨，尊师爱生，教学相长。

研讨式教学中的师生关系与传统讲授式下的师生关系完全不同，甚至截然相反。师生关系是教育教学过程中最基本的人际关系，也是直接关系到教育教学实际效力的重要方面。在传统的“一言堂”“满堂灌”教学模式中，教师讲、学生记，教师上课来、下课走，师生关系普遍淡漠。而在研讨式教学过程中师生的距离拉近了，师生的接触增多了，教师不仅从知识上指导学生，而且从教学态度、人品德行上影响学生，真正起到了以德树人、教书育人的作用，从而受到广大学生的热烈欢迎和衷心爱戴。学生们评论说，研讨式教学是一种“令人神往”的全新教学模式，不仅获得了可喜的教学效果，而且在大学校园里建立了一种与以往不同的新型师生关系。正如一位同学在评学议教文章中说的那样：“郭老师都从百忙中抽出时间来参加几乎每一个小组的讨论，并认真听课，对所有学生讲的课提出自己的看法和意见，对于讲的好的地方给予表扬，对于讲的不足的地方不是采取以势压人、直接批评的方式，而是循循诱导、谆谆告诫，这种心与心的交流，其最终结果必然促进师生之间情与情的融合。”

人们说，没有爱就没有教育，研讨式教学所体现出来的就是一种人间的大爱。湖南师大1996级基地班本科毕业生莫宏雨2015年写了一篇文章发表在网上，题为《十七年后回望郭氏教改》，文章称，“有爱才有教改”，“教改传递了爱”，“‘五步教学法’中，郭老师是每一步都一对一指导学生及其研究小组的，这最大限度地增加了师生的密切交往，老师的识见、理念和爱，就在这一对一指导中传递和深化。一位大学教授和博导能与一个年级的每个本科生如此密切交往，平等交流，真诚关爱，这本身就是一件稀奇的事，就给了学生更大的信心和力量！潜移默化之中，学生都会把这份特别的爱深藏心底并做一个有爱的人！”湖南师大1996级本科生李旭文在《走上讲台的前前后后》一文中，说到与老师的交往情况及其感受，她写道：“令我感动的是，郭汉民教授在我们每次试讲时总是不厌其烦地听课，评课，全然不顾其间的枯燥与乏味，更令我感动的是，郭老师在百忙中又抽时间给我修改讲稿，耐心地给我讲教学法。在因为如此，我才真正明白了‘为人师’的丰富内涵。12月10日，是我渴望了许久的一天。清早，当我走进教室，郭老师立即关切地问：‘昨天晚上睡得好不好？’当得到肯定答复后，他点点头，高兴地走了。‘酿得百花成蜜后，为谁辛苦为谁甜’——这就是我们的老师！”这篇生动的记载，体现出来的，正是研讨式教学中师生之间的良性互动关系。

第八，学生与学生之间也出现了良性互动的局面，有利于学生的全面发展与健康成长。

现代社会要求人应有良好的心理素质和健康的人格，包括应有较强的主体意识，积极的发展需要，较好的群体意识，乐于交往、善于合作，有坚强的意志力以及勤奋、认真、严谨的工作态度。《大学生心理学》一书提出的健康人格标准是和谐的人际关系，良好的社会适应能力，正确的自我意识，乐观的生活态度和良好的情绪控制能力。良好的心理素质和健康的人格除了受到遗传因素影响外，主要是后天所受到的教育与社会环境的影响以及社会实践的锻炼。青少年时期的良好心理与健康人格需要在长期的教育教学中加以培养。

传统的满堂灌和一言堂教学，存在着重知识传授、轻情感意志培养的弊端，忽视对学生心理素质与健康人格的培养。研讨式教学打破了一言堂，改变了满堂灌，教师成为学生学习的引导者、合作者、帮助者，学生成为自己学习的主人，变“要我学”为“我要学”，变“记录员”为“探索者”，变“考试机器”为“学问生产者”，教师与学生、学生与学生的传统关系都发生了变化，营造了全新的教育教学环境。

实践已经表明，研讨式教学模式在提高学生自学能力、科研能力、教学能力、语言文字表达能力的同时，也能有效地促进学生心理素质和健康人格的培养。

研讨式教学确保学生的主体地位，有助于培养人的主体意识；其循序渐进的五个步骤适应学生积极的发展需要，研讨式教学强化了师生交往和学生之间的交往，小组交流与大班讲评使这种交往制度化、经常化，有利于培养学生的群体意识和积极情绪，讨论、交流、自然而正常的竞争和争鸣，有利于培养学生勤奋的进取精神、严谨的治学态度和坚强的意志力，陶冶学生的心理品质。

《人格心理学》认为，影响人格发展的因素有四种，即遗传、环境、成熟和学习，其中学习是关键因素。有人把大学生比作一艘航行的船，学习是舵，学习的内容以及如何进行学习，就直接关系到船的航向。学生们评论说，在传统教学下，“教授们讲完自己的讲稿，便专攻自己的学术去了。而学生只顾埋头记笔记以应付考试。所以同学与老师之间、同学相互之间，是可以用‘关系冷漠’来形容的。”在这种冷漠的人际环境中，大学生们往往产生孤独感，缺少交往，缺少交流，缺少沟通，精神抑郁，性格孤僻，甚至产生不良情绪，人格障碍，极端自我，极端自私，很难融入群体和社会。解决这些问题，消极的办法是心理干预，心理治疗；积极的办法是更新教育教学环境，实行研讨式教学。

研讨式教学中的小组交流与大班讲评，能有效地促使大学生在师生、生生交往、交流中表现自我，发挥自我，认识自我，完善自我，很好地起到了自我教育的作用。湘潭大学历史系2000级本科生李光辉在教改评论《我看五步教学法》一文中，生动具体地说明了这一点。他写道：“没有交流就碰撞不出思想的火花。要想把自己看清楚是一件很难的事情，而别人中肯的评价对自身的提高无疑是一个实惠的办法。小组交流是一个很有价值的过程，也是一个很有趣味的过程。经过自己艰苦的独立探索之后，自以为看问题很到位，到小组一交流，才知道自己的许多想法很幼稚，很不成熟。为了证明自己的观点，有时跟同学争得面红耳赤，经过这样的辩论，发现自己的许多不足。这时，加上老师的指点，再去修改，补充完善。到下一次小组交流时，同学们获得了牢固的知识，并且有了自己的看法。为了展现研究成果，我们民主推选了我们小组的发言人去与别的小组较量，看哪个小组在大班讲评时更出众。因此我们小组的每个成员都进行了15分钟的脱稿讲演训练。我的普通话不够好，因此我不得不纠正自己的发音。过去，这样的上台机会不多，因此说话吞吞吐吐，胆子也不够大。经过这轮番的训练，我感觉自己进步多了。这一阶段我体会颇多，懂得了‘他山之石可以攻玉’的道理，明白了协作精神的重要，增进了对同学的了解，看到了自己的不足，找到了差距，也知道了自己今后的奋斗方向。”湖南师大1996级本科生李旭文回顾自己被推举到大班交流之后是如何与同学加强交流的。她写道：“为了上好公开课，小组组长黄旭东一次又一次组织本组同学给我评课，交流思想，挑毛病，找不足。这样，稿子修改了三遍，原来的讲稿可以说是‘面目全非’，内容更丰富，数量更多，稿子更长，同时任务也更重了。在其后的三次试讲中，为了使课讲得更生动，我又向1995级的学长取经。”她又谈到与老师的交往及其获得的教益与感受。接着她回顾了大班讲评的过程：“当我走下讲台时，台下是一片热烈的掌声。喜悦与激动充斥了我的心，掌声中，我懂得了许多……我不能说我跨出了伟大，但我能大声对自己讲：你战胜了自己！”

事实充分说明，通过研讨式教学，学生们培养了团队精神，也有助于他们认识自我，提高自信，克服自满，自我完善。在提升智力因素的同时，更有利于非智力因素，诸如兴趣、意志、情感、毅力、欲求乃至人际交往等方面的培养，对于一个人的全面发展和追求成功来说，这是更为重要的。这是我们所追求的理想的教育，以理想教育实现教育理想，即培养全面发展的人，是我们必须进一步努力争取实现的目标。

第九，研讨式教学形成了一套适应素质教育和人的全面发展的新的评价机制，变“一张试卷定高下”为依据研讨过程中的实际表现综合评价。

研讨式教学改革以来，每个班级在完成教学任务之后，都不进行以评定成绩为目的的期末考试，而是按照在全部研讨过程中完成的任务情况加以评定。能够按照要求检索文献、编制研究资料索引的记 20 分；按照要求独立完成 4000 字左右讲稿的记 40 分；按要求上台讲课的记 20 分；评课发言每人次记 5 分，最多不超过 20 分。

学生的检索文献与编制索引、独立完成讲稿、上台讲课评课，都要求学生切实去做，去实践。也正是在实践中学生们的自学能力、思维能力、写作能力、教学能力、文字和语言表达能力、科研与创新能力等得到了培养和提高。所以，按照学生在研讨过程中的具体表现综合考察，既与研讨式教学重能力培养的宗旨相一致，也与学生的实际情况相符合。

每期教学结束后，都进行问卷调查，其中有一个是“研讨式教学不搞以成绩评定为目的的期终考试，而以学生在每个阶段中完成学习任务的情况计算成绩，你认为这样的做法如何?”答案有三个选项：A.“很好，完全符合学生的实际水平”；B.“较好，基本符合学生的实际水平”；C.“不好，不利于学生系统掌握知识”。统计资料表明，从 1996 级到 2003 级八个班选 A 和 B 的分别为 80%、88.89%、100%、90%、100%、92%、100%、97.3%。

研讨式教学的评价机制早已引起学界的关注，李年终在 2003 年第 3 期《湖南师范大学社会科学学报》发表《论研讨式教学的评价模式》，认为重视对学生能力的培养与考核、重视学生学习过程的评价、重视学生的自我评价和同学之间的相互评价是研讨式教学评价模式的三个特点。宋银桂、许峰从研讨式教学的人本理念出发，揭示了新的评价机制的评价内容从对学生的认知评价扩展为对学生全面综合的评价；学生在评价过程中由被动等待评价转向主动参与评价；评价从关注结果转向重视过程，把评价贯穿到课程学习的全过程，使评价能够触动学生的内心深处，使评价产生教育意义，把学生评价过程转变成为教育和指导过程，变成不断促进学生发展的重要手段。由此可见，人的因素始终被放在第一位，人本理念的评价目标“不求人人成功，但求人人进步”在研讨式教学评价机制中凸显出来。

第十，研讨式教学打破教师个人“一言堂”，建构起了师生合作共事、民主平等的“群言堂”。

1999 年 6 月我将研讨式教学改革的成果汇编成册，封面题词“群言”，就集中反映我所进行的教学改革旨在打破一言堂实行群言堂。不论是课题研究，还是评论教改，都不要教师一个人说了算，都要学生广泛参与，都要尊重学生的主体地位，都要发挥学生的积极性和创造精神，因为归根结底，教师的教只是为了学生的学，是为了提高学生的能力与素质，是为了学生的全面发展。到 2001 年《群言》一共刊印了五期。

在师生真诚合作的群言堂中，一门课程的教学，既有教师的导论课，又有全部学生的小组交流，还有相当一部分学生的大班讲评，教师在教学过程中一直坚持听课评课，发挥主导作用。教师与学生平等相处、平等交流、真诚合作，在“研讨式五步教学法”的制度安排中，学生拥有课题选择权、独立研究权、讲课评课权和教学效果的评价权，以及对教学改革的评论权。

为了落实学生对教学效果的评价权，尽可能获得学生对教学效果的真实、具体的反馈信息，在“总结提高”阶段采取两项措施。一是每个学生写一篇评学议教文章，评头品足，实话实说。二是问卷调查。调查问卷有 60 个问题，180 多个选项，全面系统了解学生在研讨式教学全过程中的有关情况，由研讨小组组长统计，数字要求精确到小数点后两位。并由研讨小组组长推出一个代表写出一份《问卷调查分析报告》，对研讨式教学改革的成败利弊、是非得失独立作出评价与判断。为了保持资料的原貌，上述文章、数据和分析报告在刊印时除对错别字加以修改外，其余均不改动。这也是对学生表达意见的一种尊重态度。

打破教师自己的一言堂，建构师生平等合作的群言堂，其结果是营造了一种全新的教育教学环境，教师乐教，学生乐学，教师真受爱戴，学生真正受益，尊师爱生，教学相长。本科教学的这样一派新气象，使我们有理由相信，研讨式教学必将逐步成为我国高等教育最有希望的教学形式。

研讨式教学改革与教育科学之关系

郭汉民

一

研讨式教学改革是我近20年来用心努力做、坚持做的一件事，也是我自信做得比较扎实、比较认真、比较可靠的一件事，实际效果可以经得起实践检验、众人检验、历史检验的一件事。从某种意义上也可以说，我这一生所做的值得回味的、最有价值的，就是研讨式教学改革，开创了一个“研讨式教学”模式和“研讨式五步教学法”。

300多年前，“教育学之父”夸美纽斯写了一本《大教学论》，其目的是要“寻找一种教学的方法，使得教员因此可以少教，但是，学生可以多学；使得学校因此可以减少喧嚣、麻烦和无益的劳动，多具闲暇、快乐和坚实的进步”。夸美纽斯开始寻找的教师可以少教、学生可以多学的教学方法，我自信已经找到了，这就是“研讨式教学”。

研讨式教学及“研讨式五步教学法”自1999年问世以来，一直被学界视为“一个可资借鉴的成功教学模式”，视为“大学本科教学改革的创新之举”，视为“一个值得在大学推广的教学方法”，视为可以与源自德国柏林大学而后流行于西方发达国家的seminar教学法相提并论。而我自己从本科到研究生，都是学历史的，1980 年代开始一直从事中国近现代史的教学与研究工作，过去完全没有读过教育学、心理学，是教育学专业的门外汉。

是教改实践促使我对教育科学发生兴趣，促使我与教育科学界的专家学者发生联系、发生交往并建立友谊。

1997 年是研讨式教改的初步探索时期，1998 年扩大试验，1999 年公之于世，2000—2002 年研讨式教学模式趋于成熟，2003—2008 年集中研究五步教学法的推广与应用问题，2009 年直到 2012 年，我自己坚持采用研讨式教学直到退休。退休至今，坚持不懈宣传、推广，前前后后整整 20 年。我与教育学界的联系一直没有间断，一直在加强，使我大为受益。

回顾研讨式教学改革的全过程，我深感搞好研讨式教学改革，离不开马克思主义哲学作为它的理论基础，也离不开教育科学作为它的基础理论，离不开教育科学工作者的帮助和指导。

二

1997 年 9 月，我开始了研讨式教学改革的探索，那时我相信教育科学的一些主要观点，诸如要发挥学生在教学中的主体地位，要注重学生的能力培养，倡导素质教育，以及对“应试教育”“填鸭式”“满堂灌”的批判等。我以基地班教学为契机，从自己的教学开始，打破“填鸭式”和“满堂灌”，尝试一种新的方法。我知道大方向不会错，但效果如何，自己也没有把握。

我在湖南师范大学 1995 级历史基地班的专业选修课“近代湘籍名人研究”开始这种尝试。这个班是教育部批准的文史哲基础学科人才培养与科学研究基地，全班 30 人，他们不是普通师范生，他们之中相当一部分将直接进入研究生阶段学习。为了培养他们的科研意识与科研能力，我在系统讲解近代湘籍名人的状况、人才蔚起原因和近代湖南人文精神之后，改变了原计划逐一讲解的做法，列出魏源、曾国藩、左宗棠、胡林翼、郭嵩焘、曾纪泽、刘坤一、熊希龄、谭嗣同、唐才常、王先谦、叶德辉、黄兴、宋教仁、陈天华、蔡锷、杨度、刘揆一、刘道一、禹之谟、谭人凤、蒋翊武、刘复基、焦达峰等24人，要求学生自选其中一人作为研究对象，并在一个月的时间内写出一篇4000字左右的文章，内容应包括该历史人物的生平简介、主要思想或历史贡献，并概述学术界的研究状况，做一份“×××研究论文资料索引”，然后逐个走上讲台，就自己的研究成果讲一节课，时间不少于30分钟。

对于这些历史人物，学生大多知之不多，甚至从未涉及，既要自己做研究，还要写、要讲，困难自然很大，极其富有挑战性。鉴于他们从未独立进行过研究，也不知道如何找到相关的资料，我着重告知他们检索文献的方法和途径，要求他们自己动手去做，不懂的地方再随时问我。

明确各自的任务之后，学生们利用这门课的上课时间和其他自学时间，纷纷到学校图书馆和系里的资料室找资料，努力做好自己的研究工作。一个月后，学生分别上台讲课，我则坐在下面认真听课，组织学生提出问题，发表意见，然后我逐个对学生的讲解进行点评，有错的加以纠正，不足的提出补充。由学生上台讲课，还要规范地加以板书，对于一个本科生来说，也是“大姑娘坐轿——头一回”。他们的语言表达能力、板书、胆量与普通话水平，参差不齐，有的人讲课很受大家欢迎，有的则相形见绌。但不论如何，对于每个学生个人而言，经过这一系列实践锻炼，他的知识、能力和素质肯定会有较大提高。正是坚信这一点，我坚持听完每一个学生的讲课，并给予详细点评。

我的教学改革做法，首先得到了高等教育学博士雷鸣强的关注和支持，他当时担任湖南师范大学教务处副处长，他于1997年12月19日组织各学院领导和教师代表50多人观摩我的课，并主持评课会议。这堂课的内容是讨论近代湖南两种类型的著名爱国者左宗棠和陈天华，分别由戴佳、龚洁两位学生讲述，然后就“如何评价左宗棠”和“陈天华蹈海原因与评价”两个问题展开讨论，学生积极参与，发言热烈，几于争先恐后，最后由我对左宗棠、陈天华及学生们的讨论作出概括与总结。评课会上，大家一致认为，我的教改研究课思路正确，方向对头，非常成功，所体现出来的教育思想各学科各门课程均可借鉴。雷博士强调，教改课的主要成功之处是素质教育和教师主导、学生主体两个作用都得到了充分体现。这是从教育学的高度所做出的评价，对我极富启示意义。

三

1998 年我把研讨式教学改革从 1995 级基地班扩大到 1996 级基地班和教育专业班。

教改实验的主要进展包括三重、五步、三标准、两反馈。

三重就是指导思想上重方法传授，重能力培养，重学生主体作用的发挥。

五步即将一门课程分为循序渐进、前后衔接、步步深入的五个步骤，指导选题—独立探索—小组交流—大班讲评—总结提高。

衡量教学改革成效的三条标准：一是要看学生的学习积极性和主动性是否真正被广泛调动起来了；二是要看学生的实际能力是否真正提高了或者有较大提高；三是要看绝大多数学生是否真正支持和拥护这种改革。

两反馈是取得教学效果的两种反馈措施。一是评学议教，二是问卷调查。

雷鸣强领导的湖南师大教务处及时总结经验，在教务处办的《教学之窗》当年第 5 期，大力宣传《郭汉民教授教改成果显著，五步研讨式教学法值得推广》，认为五步研讨式教学改革不仅有利于激发学生学习研究的兴趣，而且由于保证了相当一部分学生上台讲课、评课的机会，从而强化了学生表达能力、独立思考能力和教学能力的培养，更重要的是，因为它注意“授人以鱼”，更重视“授人以渔”，而让学生终身受益，受到学生一致好评。

扩大教学试验成功之后，我组织学生将教学成果汇编成《群言》第一、第二辑，请学校管教学的副校长写前言。这篇前言发表在 1999 年第 6 期《湖南师范大学学报》上。

这篇文章是高等教育学博士雷鸣强教授起草的，文章首次提出了研讨式教学的四大特点，后为人们广泛认同和采用。这四大特点是：在教学方式上，变

“讲授式”为“研讨式”；在教学目标上，变“授人以鱼”为“授人以渔”；在教学形式上，变“一言堂”为“群言堂”；在师生关系上，变“主—客”改造关系为“主—主”合作关系。文章认为，“郭汉民教授的五步研讨式教学不仅为高等师范院校的教学提供了一个可资借鉴的成功教学模式，而且为高等师范院校的教学改革提供了多层面的启示”。

在研讨式教学改革早期试验阶段，我还得到湖南师大教育学院涂光辉教授、郑和钧教授等专家学者的帮助和指导。我只要见到他们，就虚心求教，获得他们的支持与指导。为了正确总结实践经验，我把他们的教育学著作找来，如饥似渴地阅读，吸收。

1999 年暑假期间，我一连写了五篇研究教改的文章，并陆续得以公开发表。其中一篇《研讨式教学与大学生科研能力培养》被中国人民大学复印报刊资料《高等教育》全文转载；一篇《研讨式教学与大学生能力培养》收入教育部委托李文海先生主编的《迈向新世纪的人文教育》一书，该书是全国文科基地教学经验汇编，个人文章只有我这一篇。

2003 年是研讨式教学改革的第七年，我以丰富翔实的教改成果和前期研究申报了国家教育科学“十五”规划课题“‘研讨式五步教学法’的推广与应用研究”，我不敢指望它会成功。因为大家都知道的原因，我只是一位史学工作者，与教育界的专家学者联系甚少，既无关系可以攀缘，又要通过无数的评审程序。

全国教育科学规划课题分为国家和教育部两个级别六大类，即国家重点课题、国家一般课题、国家青年基金课题、教育部重点课题、教育部青年专项课题、教育部规划课题。其批准号分别是 A、B、C、D、E、F，前三类课题纳入国家社会科学基金项目。这些课题要经过匿名初评，再经会议评审，由学科组成员无记名投票，票数超过三分之二的申报课题方能获准立项。列入国家社会科学规划中的立项课题，还需要经过全国教育科学规划领导小组投票决定，需要有三分之二以上领导小组成员出席投票方为有效，出席成员超过三分之二票数方为通过。没有想到，我居然能够从众多的申报者中脱颖而出，立为B类国家一般课题，可谓万幸、万万幸。不用说，这必须得到众多教育界专家学者评委的支持，否则是不可能的。这表明他们出以公心，客观公正，我对他们表示真诚的感谢。

国家课题获批之后，湖南师大教育学院的黄中益教授给予了我极大的支持，他带领他的团队参与“研讨式五步教学法”的理论研究，从哲学、生理学、心理学、人才学、教育学、社会学六个维度进行了跨学科的综合研究，探索“研讨式五步教学法”的价值应然性、价值多元性及其穿越性。这使“研讨式五步教学法”的推广应用研究具有了更强的学术性和科学性。

还有，许多教育专业杂志，诸如《现代教育研究》《教育与现代化》《教育探索》《湖南教育学院学报》《湖北教育学院学报》《湖南师范大学教育科学学报》等，都发表了多篇研究研讨式教学的文章，其中《湖南师范大学教育科学学报》和《现代教育研究》还开设过“研讨式教学研究”专栏，这是对研讨式教学改革的极大支持。

2006年底，我和课题组完成了国家教育科学规划重点课题研究，顺利通过结项，2008年这一研究成果由湖南师范大学出版社出版发行，名为《走向创新教育——“研讨式五步教学法”的推广与应用研究》。可以说，我的这个国家课题是在教育学界专家学者的帮助下完成的，是与教育学界专家学者密切合作才得以完成的。

国家课题的结项成果出版之后，我自己在本科和研究生教学过程中，一直坚持采用五步教学法，直到2012年退休。

四

退休之后，我继续得到教育学界专家学者的帮助，心存感念，不能不说。

2013年我和老伴到了南宁，算是有缘，在广西财经学院我的学生芮红磊那里遇到高等教育学泰斗潘懋元先生的再传弟子孙存昌博士，他也是河南人，我们很快熟悉起来，并成为忘年之交。我向他请教，并向他了解高等教育学界他熟悉的专家学者。关于这段经历，孙博士后来在一篇文章的结语部分作了比较具体的记载和颇带情感的表达。原文照录如下：

“2013 年，因一个偶然的私人聚会认识了郭汉民教授。当他得知我是学习高等教育学的时候，就像谦虚的学生一样询问我有关教学的问题，并和善地介绍他数年来在教学过程中的做法，这就是后来我知道的‘研讨式五步教学法’。与这样一位如此谦和的长者躬身交流，使我顿时觉得惊慌失措，羞愧难当。通过交谈，我对他的学术水平、教学态度、人格魅力等更加敬佩和折服。在他的学识和人格修为的感召下，我对他更加敬重，而郭老师对我也关爱有加。在以后的交往中，他如同一位友善的长者和老师一样关心我，并把他的著作和研究的第一手文献资料托付给我，使得我在研究教学改革中的问题上有了最为珍贵的素材。郭教授还很谦虚地向我要了高等教育学研究领域专家教授的地址，把他的大作《走向创新教育》寄给他们，请他们把关，并希望得到对‘研讨式五步教学法’的中肯的意见。此后，高等教育学领域的潘懋元教授、刘海锋教授、周川教授、胡建华教授、张应强教授、张亚群教授等对郭汉民教授的研究成果给予了肯定，指出其所做的工作是‘高等教育领域的真正实验，研究成果很有特色，能够致力于大学教学研究，并表现出非常谦逊的学术态度，令人敬佩’。郭汉民教授不仅在历史学学科领域造诣深厚，成果丰富，还能够跨学科地融合高等教育学的学术范式，通过自身多年的教学实践，探讨教学改革的方法，提升教学质量，提高学生能力水平，这无论从学术视角衡量，还是从个人人格观察，都值得大学教师们学习和敬仰。”

2015 年 11 月 14 日，是我一生最值得欣慰的日子。这一天，湘潭大学召开规模盛大、规格颇高的“郭汉民《文集》出版暨从教 45 周年座谈会”，来自全国著名高校和科研院所的专家学者 120 多人参加会议。其中教授和博士生导师有六七十人。既有白发苍苍的老专家，也有年富力强的中青年学者，可谓“群贤毕至，少长咸集”。80 多岁的教育心理学教授郑和钧先生和高等教育学博士雷鸣强教授、孙存昌副教授都在座谈会上发表了热情洋溢的讲话。

雷博士已经担任湖南省社会主义学院院长，他在讲话中把自己说成是我的“粉丝”，他回顾了我们之间“因为大学教学改革有过的一段非常难忘的人生交集”，他把自己的发言概括为五句话，即“参加一场温馨厚重、意味深长的学界聚会；回顾一段令人难忘的教改佳话；推介一个可资借鉴的成功教学模式；学习一位值得学习的优秀教师典范；争做一位向汉民老师学习的、‘五步教学法’的推广者和实践者”。他认为：“‘五步教学法’揭示了大学以上教育方式的一般规律，不仅适用于历史学科教学，也适用于其他学科教学，不仅适用于大学的教学，也适用于成人教育乃至中小学教学。此中包含了‘自主、合作、探究、创新’四大当代教育新理念，且是这四大新理念的具体化、操作化。郭汉民老师功莫大焉！”

孙存昌博士专门为这次座谈会提交了长篇论文，题为《高校教学质量保障之路：教学方法的创新——论郭汉民“研讨式五步教学法”与教学质量之蕴意》，凡 1.3 万字，文章论述了“研讨式五步教学法”的结构、创新与提升教学质量的机制，认为，“研讨式五步教学法”丰富了课程内容，激发了学习主动性，突出了过程性评价，提供了教改范例，有助于突破当前中国高校教学质量提升的瓶颈。

雷博士、孙博士的发言和文章都刊登在刘建平教授主编的《群贤评说口似碑——郭汉民〈文集〉出版暨从教 45 周年座谈会言论辑》中，该书 2016 年 12 月由湘潭大学出版社精装出版发行。孙博士还专门写了一篇《深受教益如沐春风》的文章，述说我们之间的深厚友谊，重申并发挥潘懋元先生关于“研讨式五步教学法”是“高等教育领域的真正实验”的观点，指出这是“我们作为高等教育学学者最想看到的教育实践与改革，因为我们所进行的理论研究和引导，需要像郭老师这样的一线课堂教学提供实践的验证。郭老师的教学方法的改革使得高等教育学的研究有了基础，有了土壤，有了活灵活现的素材。从我们学科的角度来看，郭老师的五步教学法一定会在我国高等教育领域中间得到更多的认可和实行。”他表示自己就是“这种教学方法的践行者”。

顺便说明一下，前述雷博士的发言，也发表在《群贤评说口似碑》一书中。这本书的出版使我获得了不预之誉，同时也受到极大的鼓舞与鞭策。因为不少教育界和史学界的专家学者都肯定和支持我所进行的研讨式教学改革，都赞扬我坚持研讨式教学，诚心诚意教书育人体现了“大学精神之回归”。全书36万多字，谈论研讨式教学改革的几乎占了五分之一篇幅。这说明研讨式教学改革成为座谈会的热点话题之一。白发苍苍的教育学老教授郑和钧先生参加全天的会议不愿意提前离开，他甚至认为，“要办好大学，就要有郭汉民式的教育家”。我认为自己没有资格戴上“教育家”这样的帽子，但我从中也确实受到了鼓舞和激励。孙存昌博士、雷鸣强博士和郑和钧老先生的上述言论，不无溢美之处，但这些发自由衷的话，却揭示了史学工作者和高等教育学工作者之间纯真的友谊，道出了人与人之间良性互动的状态是多么的美好，也印证了走向创新教育过程中史学工作者和教育学工作者的合作共进是可以期待的。

五

2017年我把研讨式教学改革过程中所积累起来的第一手资料加以整理，编成一部《研讨式教学改革文集》，由湖南教育出版社当年9月精装出版。湘潭大学历史系中国史学科提供资助。这是我自1997年以来坚持不懈地进行本科和研究生教学改革的产物，是10多年间我从湖南师大到湘潭大学持续开展研讨式教学改革的真实记录。我以为，它的价值既可以为一线热心教学改革的教师提供参考，也可以为教育科学研究者提供一个具体而翔实的个案，以供他们研究。

本书出版之后，我用全部稿费买了300余册，赠送给一些大学图书馆，特别是有教育学专业和有高等教育学专业的大学图书馆。为了这个目的，我曾冒昧地给57个大学图书馆馆长写信，还动员了全国各地的学生和朋友为我帮忙。例如，我通过学生赠书给雷鸣强博士和他所在的湖南省社会主义学院图书馆；我与孙存昌博士联系，从出版社直接发给他20本书，请他分别赠送给南宁市的大学图书馆和他所熟悉的高等教育学领域的专家学者。

2018 年 6 月底我和老伴专程去西安，分送存放在学生家里的一批书。我发信息给孙存昌博士，告诉他，我和余老师专门去西安，用一个多星期的时间把书分别赠送给西北大学、西北政法大学、西北工业大学、陕西师范大学、陕西科技大学、西安交通大学、西安理工大学、西安工业大学、西安工程大学、西安科技大学、西安建筑科技大学、西安电子科技大学、长安大学、西京大学和火箭军工程大学等十几个大学图书馆。我们两个人坐公交车，几乎跑了半个西安，虽然累，但心里很高兴。在河北师范大学，我向历史文化学院赠送了这本书，并应邀与学院教师做了一场讲座。

8 月中旬，我给孙博士打电话，说明我和余老师准备 9 月中旬以后去江苏旅游，如有机会可以向他熟悉的专家学者交流请教。孙博士非常高兴，主动提出要与有关先生联系。我希望在这些高等教育学的大雅之堂认真请教、研讨，看看研讨式教学对我国高校是否有必要，是否应当成为我国高校最重要的教学方法之一。由于孙博士的帮助和联系，我得以来到高等教育学的大雅之堂，不是班门弄斧，而是“班门问斧”。我不知道，教育界大都不主张的、大学生们大都十分反感的“一言堂”“满堂灌”为什么至今还那么普遍存在，牢不可破？许多高校的领导和老师都知道研讨式教学是高校教学方法的创新，为什么不能认真推广？研讨式教学究竟该不该、能不能、会不会成为我国高校重要的或者主要的教学形式？该不该，是一个价值判断问题、教育理想问题、学术问题；能不能，则是一个高等教育教学方法深化改革的问题、现实问题，与顶层设计相关的问题；会不会，也是一个逐步深化高校教学改革的问题，有待未来了解、观察的问题。如果该而不能，原因何在？我们作为“得天下英才而教之”的大学教师，如何尽自己的社会责任？

研讨式教学，确实可以使莘莘学子受益，但是，教师的投入要多得多，对教师的要求也要高得多，我们的教育主管部门没有与此相适应的激励机制，恐怕是很难推广的。我希望得到专家学者们的教诲。

研讨式教学与师范生教学能力培养

郭汉民

一、教学能力及其培养途径

教学能力是一种特殊能力，是教师应用某种专门知识、教学理论、教学规则、教学技能，去完成教学任务、促进学生学习与发展的一种能力。

它包括几层意思：一是，非解决一般问题的一般能力，如记忆力、观察力、注意力、想象力，而是从事于教书育人专门活动的特殊能力。现代认知心理学的研究表明，能力是个体的心理特征，是能胜任某种工作或完成某种任务的主观条件。这种条件主要来源于先天遗传的素质，但也不是一成不变的，可以通过后天的学习和锻炼加以提高，具有通过训练完成某种任务的可能性，即能力倾向。可见，形成能力有赖于学习与实践，通过某种专业知识的学习和特别技能的训练，可以形成特殊能力。

二是，教学能力的主体是教师或准教师，即接受师范教育、准备走上教师岗位的人。

三是，教师或准教师必须为了完成教学任务而学习和应用教育理论、教育规则、教学技能和某种专门知识、理论、规则等。

概括起来，教师和准教师的教学能力作为一种特殊能力具有两个主要方面，或者说两个支点，一是专门知识，二是教学技能。前者可以通过听讲、观看等学习来获取；后者则必须通过训练、实习等实践活动来培养。

研究表明，教学活动是极为复杂而又具有创造性的活动，教学技能作为教学能力的重要支点，是一种复杂的高级技能。大体上可以分为两类八目：

一类是智慧技能（内隐性），包括：

（1）教学设计技能；

（2）教材（资料）处理技能；

（3）教学组织技能；

（4）教学评价与反思技能。

一类是动作技能（外显性），包括：

（5）语言表达技能；

（6）板书书写技能；

（7）体态、姿势、手势；

（8）情绪，如表情、眼神。

为了培养师范生即准教师的教学能力，通常的做法一般包括两个方面：一是通过开设教育学、心理学等理论课程，相关专业课程、普通话课程、三笔字课程等以打好基础；二是通过模拟课堂和教育实习，在实践中训练教学技能。前一个是所谓的学术性，后一个是所谓的师范性。这两个方面的关系，孰重孰轻，一直是高等师范院校很纠结的问题。能不能把专业课程与师范技能有机结合起来，相互促进，是一个具有重大现实意义与实践价值的课题。

二、研讨式教学培养教学能力的实践价值

研讨式教学是将研究和讨论贯穿于教学的全过程，并置于一门课程的中心环节的一种教学形式。教师指导学生研究问题，学生研究的成果与心得通过讲课评课的形式展示出来。这是一种全新的教学模式，被学界视为“一个可资借鉴的成功教学模式”。其基本内涵包括指导思想上的三个注重、具体操作的

五个步骤、检验成效的三个标准、体现效果的两项措施、评估教学质量的三个维度。

指导思想上的三个注重：

1. 注重方法传授；

2. 注重能力培养；

3. 注重学生主体作用的发挥。

具体操作上的五个步骤：

1. “指导选题”，是教师讲清全课程的脉络和线索，提出一系列问题，指导学生选取其中的一个作为研讨课题，并告之以研究的基本方法；

2. “独立探索”，是学生自己带着课题，去检索文献、阅读资料、撰写讲稿；

3. “小组交流”，是以研讨小组为单位，交流个人独立研究的心得，开展讨论；

4. “大班讲评”，是各组推出的优秀者在全班以讲课的形式汇报研究成果与心得，师生共同讲课评课；

5. “总结提高”，是通过学生撰写评学议教文章，将学生的感性认识提高一步。

为了培养学生的教学技能，小组交流与大班讲评统统采取讲课评课的形式。

经历过五步研讨式教学的湖南师大1996级本科生刘满秀在《创造性的教学方法》中写道：“回顾以前十几年的学习生涯，我确实认认真真地当了十几年学生，进入大学之后，任何老师都强调作为一名师范生要注意培养自己的素质，当我们这些准教师不知咋办时，郭汉民教授赐给我们一个良机，他以独特的‘研讨式五步教学法’对我们这一学科进行教学改革，使我们人人都有了切身体会。

“郭老师第一堂课就给我们介绍了‘中国近代思想史’的主要内容、特色，让学生粗略了解了它的脉络，然后讲了教改方法并给每个学生分配任务，同时教大家如何查找索引、查阅资料等，接着每个学生都到图书馆查索引、查资料、撰写讲稿，小组讨论每个人都必须上台讲课。之后推选代表到大班讲课，小组成员参加评课。最后是总结提高，评学议教。

“纵观这次教改，我们看到，它完全改变了‘教师在上面讲，学生在下面听’的传统教学模式，充分体现了当教师要注重教学方法和能力培养，在增强教师主导作用的同时，更注重学生的主体作用，从而进一步提高学生学习积极性和思维的创造性，以及表达能力、动手能力、胆量等，体现了‘教’与‘学’的有机结合，为学生将来走上讲坛打下了良好的基础。

“郭教授的教改课已接近尾声，我们每个人都赞同这一改革。

“最后，我最想说的一句话是：‘当教师真好，也真难！’”

结合专业课程强化师范生的教学技能训练，在教学过程中实行科研与教学的密切结合，相互促进，实现高等师范教育学术性与师范性的有机结合、有机统一是研讨式教学的突出特征。

通过一个学期、一门课程的研讨式教学，广大师范生的教学能力获致极大的、切实的提高。

请大家听听 1996 级本科生的切身感受。请大家一边听，一边想，考虑如下几个问题：

经历了“研讨式五步教学法”的大学生们是如何看待这种教学方法的？

他们为什么欢迎和支持研讨式教学？

五个步骤中的哪几步最有利于教学能力的培养？

你们自己对研讨式教学、对五步教学法持什么态度？支持，怀疑，还是反对？

1996 级丁三伏在《我看“五步教学法”》中写道：“这种新的教学方法充分体现了学生作为学习的主体，老师作为引路人这一教学实质。

“为了上好课，每个学生都充分发挥了他们的学习热情和积极性，上图书馆查资料，整理思考，再写成文章，修改再修改，每个同学都将自己摆在教师这一位置，要上讲台讲课，所以态度也极为认真负责。

“就讲课的艺术和技巧来说，这种新的教学方法让同学们提前实习，让同学们了解到自身的不足，或普通话或板书，故有意识地加以改进。

“就教改的整个效果而言，比起以往的老师台上讲，学生们台下记，知其然不知其所以然来说，进了一大步。由于是同学们自己备课，对内容的了解比较清楚透彻，何况还有同学们‘挑刺’。

“郭教授的‘五步教学法’费尽了心思，将自己放在了学生的位置上，开辟了教学上一个全新的天地。”

1996 级刘文龙的《“研讨式教学”值得推广》写道：“我国传统的老师单方面讲授、学生被动接受知识的教学方法，有人将其概括为‘课前赶鸭子’‘课堂填鸭子’‘期末烤鸭子’‘毕业变成板鸭子’。这种说法虽然过激，因为传统教学方法毕竟对传授基础知识还是起了很大作用的，但也已经暴露出它的严重弊端，显然已经落后于时代潮流，造成了老师教和学生学的严重脱节，满堂灌和学生理解消化甚微形成了鲜明反差，学生的学习主动性很难调动起来，必须进行改革。

“郭汉民老师在给我们开设‘中国近代思想史’这门课时，大胆采用‘研讨式五步教学法’，向传统落后的教学模式提出了强有力的挑战，我们获益匪浅，深深感受到‘研讨式五步教学法’对提高大学生素质的重要性。

“首先，它给我们带来的最大的好处是‘授之以渔’，即告诉我们如何学习，如何去做学问，如何搞研究，教我们如何去查资料，如何去写论文，这样我们就掌握了如何去做学问这把金钥匙，我们的学习目的也就明确了，再没有以前那种茫然的感觉。

“其次，这种教学方法能够培养我们各方面的能力，而这些能力对于我们今后的工作又是相当重要的。通过到图书馆去查找资料，我们学会了查找的方法，熟悉了与我们专业有关的许多重要参考书，这能帮助我们今后少走弯路。

在写论文的过程中，我们锻炼了如何构思，如何处理资料，如何组织材料，如何表述等文字表达能力。最重要的，当我们小组讨论时，人人上讲台当了一回教师，更是锻炼了我们的语言表达能力、板书能力，促使我们关心自己的教态。这一点，我们大家都深有体会，看似简单的教学，等我们一上讲台就‘洋相百出’，这是我们始料不及的，这对我们触动很大。在传统教学中，我们根本就没有出‘洋相’的机会，因而这方面的能力根本没有触动，可以说是一片空白。

“再次，这种教学法能够把学生的学习兴趣充分调动起来，学生可以充分发挥自己的主观能动性投入学习，通过自己劳动所获得的知识理解就更深刻，想忘都很难，教学效果明显提高了。而且由于学生的主体作用和老师的主导作用都得到了发挥，课堂气氛十分活跃，师生之间的交流大大增多，师生之间的关系就更加融洽。相比传统的教学法，老师一个人站在讲台上不停地讲，一下课就离开了教室，师生之间交流不多，总有一层隔膜。

“总而言之，‘研讨式五步教学法’是一种具有相当活力的教学方法，它能根本改变传统教学中那种死气沉沉的局面，是一种值得认真推广的教学方法。”

1996 级历史教育班池大军《授人以鱼更要授人以渔》写道：“我非常喜欢郭老师的课以及他的‘研讨式五步教学法’，郭老师渊博的学识、平易近人的态度让人倍感敬佩与亲切，而‘五步教学法’则让被‘填鸭式’灌得昏沉麻木的我们顿感耳目一新。

“这种教学方式，以平等的精神来对待学生，师生融为一体，气氛融洽，我们得到的不仅是‘鱼’，更重要的是我们初步学会了‘渔’。最基本的是让我们学会了如何写论文以及如何走上讲台。最大的优点是它激发、体现了大学生的自主精神。

“首先说讲稿的撰写。我们学会了利用图书馆这座知识宝库。例如查索引、年鉴、资料，了解写文章的格式，知道注明所引书目。而这一切，是我以前所不知道和不了解的。郭老师特别强调写讲稿论文要注明引文来自何处，不要剽窃别人成果据为己有，做学问要严谨，让人从敬意中感受到一种人格的力量，有时会影响我们对人生的态度。

“写讲稿，从初稿、小组讨论、修改到再讨论、定稿，看到一叠整齐的稿纸，竟由最初的嫌烦转而喜悦，有了一种成就感。因为无论好与否，都是自己一步步亲手做来的。

“再说上课，这给了我们一个很好的锻炼机会。站在讲台上，短短 30 分钟的试讲，或许从容或许紧张，但无论如何我们都想呈现出最好的，考虑板书是否工整，声音是否洪亮，教态是否自然。没有人会嘲笑你，而我们正好可以观摩他人，对比自己，取长补短。兴趣激发着我们的热情，既长知识，又锻炼能力；鱼、渔兼得，不亦乐乎！

“试讲中我最佩服的是刘爱晖同学，教态落落大方，平和自然，听起来是一种享受。我觉得作为老师，上课就应该有这种艺术的美感，声音清亮，口齿清楚，沉静自如应是最基本素质。

“这种教学方法应该大力推广，授予‘鱼’，且授予‘渔’。大一就可以选一门课运用这种方法，大三可以将这种课程增加。将这种平等研讨的精神，学生自主的精神融入学生思维，这是一种极为有益的引导。”

1996 级廖勇智《教改评议》写道：“这一学期我们的‘中国近代思想史’是郭汉民博导教的，一时心情大为振奋。更意想不到的是郭教授的教改，引起的不只是我个人极大的兴趣，而且是两个班的同学的极大的学习与参与热情。

“用一个字来概括郭教授的教改，就是一个‘好’字。

“怎么好法呢？我的感受是，教改改变了教师唱主角的传统，反过来让学生唱主角。教改要求每一位学生亲自查资料，写文章，并以小组讨论的形式让每一位同学都必须走上讲台，这无疑给了同学们一次施展才华的机会。面对同学上课，克服自己的胆怯心理，为大四的教育实习做了一次‘革命演习’。

“另外，教改从每个小组中挑出几个讲课讲得好的同学在两个班上进行公开试教，让同学们领略他们的口才、激情和思想，又让同学们上台评课，彼此相互切磋，有利于共同进步。

“因此我觉得，郭教授的教改搞得好，在当今的教育界，首倡尊重人性和以发展人性为目标，令人拍案叫好!”

1996级胡韵娥《教改小议》写道：“第一次上课，郭老师是带着满脸的汗水匆匆地走进来的，然而那北方人特有的豪爽与热情却给人一片灿烂的心情天空。接下来，便得知了他的教改计划，顿时来了一种新奇感。

“第一步是定人选，凭着那份乡情，我毫不犹豫地选了陈天华。平时不大喜欢上图书馆的我，也被迫天天跑图书馆。首先是查索引，可我从来没有查过。经过自己的努力，我慢慢地学会了怎样去查索引，查资料，怎样去筛选资料。通过这些程序，我对陈天华的知识也掌握了不少。

“试讲那天，我真的有点跃跃欲试。平时，我很怯场，这次提供了一个上讲台的机会，我得好好抓住，好好珍惜。踏上讲台，心在怦怦地跳，脚也有点发软，心在给自己加油：‘稳住!’平时，我也确实以为，做个教师很容易，觉得自己口才过得去，可是真正操作起来，才发现真有点困难。教改正好有利于我们锻炼当教师的各方面的素质。

“教改是新东西，相信不断完善将取得更大成功!”

1996级历史教育班罗上忠在《我的体会与思考》中写道：“‘研讨式五步教学法’与以往的填鸭式教学相比，体现在一个‘新’字和一个‘好’字上。

“研讨式的‘新’，就是师生共同上课，本科生与研究生共聚一堂。郭老师在前面引路，提出了近代时期主要思想家，放手让学生大干一番：查索引、查资料、写讲稿，学生上台讲课评课，相对于教师单方面讲授的填鸭式新多了。

“研讨式的‘好’就是‘授之以渔’，让学生自己发挥，自己讲评。它能很好地培养自己的能力，特别是科研能力和师范能力。教育班大部分学生以后要当老师，师范能力是必不可少的。研讨式教学就让我们得到了很好的锻炼。

“当老师必须搞科研，查索引、找资料可以说让我大开眼界，增添了学习的兴趣。

“研讨式教学法值得推广，它使我们感受到学习的快乐，提高了我们的能力与素质，为我们以后当好老师打下了坚实的基础。”

1996 级田燕兵《研讨式教学值得推广》写道：“郭老师的‘中国近代思想史’大胆采用‘研讨式五步教学法’，变‘一言堂’为‘群言堂’，活跃了气氛，提高了大家的学习兴趣。

“过去的‘填鸭式’教学，忽视了学生的主体地位，有人把其概括为‘课前赶鸭子，课堂填鸭子，期末烤（考）鸭子，毕业时变成板鸭子’。这样，不利于学生的能力培养，素质教育的号召流于空谈。

“五步法，第一步老师上示范课，考虑了教师的引导作用；第二步学生自己查资料写文章，提高了学生的写作能力；第三步小组讨论，人人上讲台，培养了大家的师范技能；第四步推选代表在全班上课，增强了大家的自信心、自尊心。第五步写教改评议，总结提高，有利于教学法进一步完善。

“实行这种办法，教师投入的时间并没有减少，学生参与的时间明显增加，但此小斑点无伤育人的大德，大家都对此新事物‘乐此不疲’。

“总之，它就像一面镜子照亮了我们师范生的不足。

“研讨式教学使师生关系更加融洽，是现代先进的教育学理论的产物，是变应试教育为素质教育的必然要求。”

三、研讨式教学中的科学研究入门训练

结合专业课程强化师范生的教学技能训练，在教学过程中实行科研与教学的密切结合，相互促进，实现高等师范教育学术性与师范性的有机结合、有机统一是研讨式教学的突出特征，也是对教师职业技能训练途径的一种有益的新探索。上的是专业课，最重要的一步是学生在教师指导下独立探索，对学生进行学术研究的初步训练。

研讨式教学对师范生教学能力，特别是教学技能的培养效果十分明显，可以说毋庸置疑。但是千万不可轻视科研活动的极端重要性，不可轻视指导学生进行初步的学术研究的极端重要性。

因为研讨式教学强调研讨，研究和讨论，先研而后讨，研究之后再讨论交流。没有初步的学术研究，没有研究的成果和心得，就讨论不起来，即使为活跃学习气氛组织讨论，也往往流于形式，没有什么实际效果。

大学大学，就是研究学问的地方。高三过后考来读大学的学生，是要来学习研究学问、学会研究学问的，使自己逐步懂得研究方法，培养研究兴趣，掌握研究思维，形成研究习惯，不是到大学之后来读高四、高五、高六的。

我 2018 年在湘潭大学马克思主义学院讲学时，提出一个命题，叫“无研讨不大学”，什么意思呢？教师指导学生研究问题，师生共同研究学问，是大学的本质属性，研讨式教学是最适合大学的一种教学方法。

如果只有教师搞研究，如果教师教学一味实施讲授式、填鸭式、满堂灌，如果没有对学生进行科学研究的初步训练，还有资格叫大学吗？不管那个学校规模有多大，名头有多高，无研讨不大学，大学必须重视研讨。

广西以米粉著称，我在广西各地看到米粉店都有“无米粉不广西”的广告词；清华大学长期以来强调体育，声称“无体育不清华”；去年在湘大，一位体育教师告诉我“无体育不清华”，我于是脱口而出“无研讨不大学”。不久，我就把它作为讲座的题目。

前面我们看到学生的评论，他们在为自己的教学能力培养成效欢呼时，同时肯定和庆幸自己在学会科研方面的收获。

例如，“首先说讲稿的撰写。我们学会了利用图书馆这座知识宝库。例如查索引、年鉴、资料，了解写文章的格式，知道注明所引书目。而这一切，是我以前所不知道和不了解的。郭老师特别强调写讲稿论文要注明引文来自何处，不要剽窃别人成果据为己有，做学问要严谨，让人从敬意中感受到一种人格的力量，有时会影响我们对人生的态度。”

再如，“它给我们带来的最大的好处是‘授之以渔’，即告诉我们如何学习，如何去做学问，如何搞研究，教我们如何去查资料，如何去写论文，这样我们就掌握了如何去做学问这把金钥匙，我们的学习目的也就明确了，再没有以前那种茫然的感觉。……这种教学方法能够培养我们各方面的能力……。通过到图书馆去查找资料，我们学会了查找的方法，熟悉了与我们专业有关的许多重要参考书，这能帮助我们今后少走弯路。在写论文的过程中，我们锻炼了如何构思，如何处理资料，如何组织材料，如何表述等文字表达能力。”

这样的实例不胜枚举。它说明，在学生的心目中，学习科学研究的方法，找到一把打开知识宝库的金钥匙，是多么的重要，是多么地令人欢欣鼓舞！

这里提到的查索引、查资料、写文章、写讲稿、学术规范和利用图书馆进行学术研究等，都是五步教学法第一、二步教师传授研究方法、授人以渔，然后学生在独立探索阶段要实际操作并可以逐步掌握的。

这些都是科学研究的初步的入门的训练，这种训练对于大学生来说实在是太需要了，太重要了。这些都是一个大学生最值得学习的东西，是最可宝贵的真本事。前面提到的第一类教学技能，即智慧技能全靠这个真本事支撑。我不知道你们怎么想、怎么看，我很想知道你们怎么想、怎么看！

下面，我想讲两个具体的个案，看看一个普通的大学本科生在一个学期内是如何成功地走上讲台的。请大家帮助她们总结经验，借以加深自己的理解。也请你们说说自己的感受。

1996级何丽《我走上讲台的前前后后》：

“终于踏上了这方讲台，十几个日日夜夜的努力，成败在此一举！

“踏上讲台，成就感和悲壮感交织在一起。擦完黑板，摊开讲稿，终于要面对那数十双熟悉而此刻则似乎陌生的眼睛，原以为自己会怯场，谁知一开口，讲稿上的词句便源源而出，有些竟出乎自己的意料，讲罢下台，且不管掌声是稀拉还是热烈，先在心中对自己说：‘成功！’

“在研讨式五步教学的独立探索阶段，心中多少有些不乐意：又要查索引，又要找资料，多麻烦！但事情总要做完，于是便两遍、三遍地往图书馆跑。这一跑倒跑出了几分乐趣来，当一则资料遍寻不到最后却在心急如焚之际在书架的角落中发现时，那种欢喜若狂的感觉是平常难以想象的，因而也便懂得了老师们做学问的艰辛。况且这才是做学问的第一步。及至讲稿初稿完成，心里也已很有些满足感了，于是满怀自信地拿到小组中试讲，谁知小组同学纷纷评论，说生平太多且杂，而重要思想部分则过于简单，而且讲课无法脱稿等。听完后心里一凉：原来还差得远哩！只好把讲稿拿回来修改，第二次小组讨论再拿去讲，仍不够好，再改，再讲。

"这时，大班讲评已经开始了。各组精英纷纷登台亮相，这才发现：原来班上人才济济，有的口若悬河，慷慨激昂；有的从容不迫，有条有理；教师风范，可见一斑。当然，也有一些同学的水平'一般'，但可以看出，每个同学都付出了辛勤劳动，尽了最大努力来上好这一堂课。反观自己，讲稿仍不熟悉，不免惭愧！

"从此，晚上无课之时，便以寝室为假想课堂，进行一遍遍的练习，这讲课可不仅仅是备备课，上台讲讲便行，其间大有文章。比如在上课的时候，你要将时间安排得合理，如何在规定时间内把课讲得既完整又生动，这是最重要的。又如上课中，应在什么样的情况下使用手势和语气词？是否应在讲台和课桌间走动，以免教态过于死板？这些都不得不考虑，必须在练习时不断揣摩。也正是在这种不断揣摩的过程中，自己学到了一些东西，对于教师这一职业也有了更深的认识。这多日的努力，正是为了讲台上那短短的半小时。然而并不完全是这样，种种的辛苦，一方面是为了完成学习任务，另一方面自己也接触了一些新东西，掌握了许多知识。比如索引，以前只是在中学语文教材上了解到，这次终于有机会自己实际操作，同时也学到了一些有关备课的知识，更重要的是，对于自己的能力有了新的评价。

"可以说，郭老师的研讨式教学改革迈出了虽艰辛却可贵的一步！"

1996 级李旭文《走上讲台的前前后后》：

“新学期伊始，‘中国近代思想史’课程走进了我们的学习生活。给我们讲课的是年近花甲的郭汉民教授，他的课讲得十分生动，教态富有动感，语言引人入胜。当得知郭教授将实行‘研讨式五步教学法’，我们两个班的同学都能走上讲台，分组试讲中国近代史上20多位著名思想家时，个个兴奋不已。

“我选的人物是严复。当时对严复的了解，仅仅限于他翻译过《天演论》《法意》等著作，其他便一无所知。为了上讲台能有充分的材料，我多次上图书馆，将严复的生平、主要思想以及后人对他的评价等一一摘抄、归类，然后花了几天时间将之整理成稿，并熟诵。

“第一次试讲，面对的是本组同学熟悉而又热切的眼光和研究生老师专注的眼神，不免紧绷了神经。我平静了心态，迅速投入到讲课之中。终于，我被推选出来上公开课。此时，我既高兴，又清楚肩上的分量。

“为了上好公开课，小组组长黄旭东一次又一次组织本组同学给我评课，交流思想，挑毛病，找不足。这样，稿子修改了三遍，原来的讲稿可以说是‘面目全非’，内容更丰富，数量更多，稿子更长，同时任务也更重了。在其后的三次试讲中，为了使课讲得更生动，我又向1995级的学长取经。令我感动的是，郭汉民教授在我们每次试讲时总是不厌其烦地听课，评课，全然不顾其间的枯燥与乏味，更令我感动的是，郭老师在百忙中又抽时间给我修改讲稿，耐心地给我讲教学法。在因为如此，我才真正明白了‘为人师’的丰富内涵。

“12月10日，是我渴望了许久的一天。清早，当我走进教室，郭老师立即关切地问：‘昨天晚上睡得好不好?’当得到肯定答复后，他点点头，高兴地走了。‘酿得百花成蜜后，为谁辛苦为谁甜’——这就是我们的老师!

“走上讲台，面对的是朝夕相处的同学、年轻的研究生老师、诲人不倦的郭老师和院系领导，我的心跳又不免加速，脸在发烧，手足无措。但是，“战胜自我”这一念头给了我莫大的勇气，我将眼光投向台下，得到的更是热切的目光与鼓励。刹那间，我不再畏惧。‘大家知道，今年是戊戌维新百年纪念，也是《天演论》出版百年纪念……’一段开场白后，我恢复了自信，说话也流畅了。切入正题，先讲生平，再讲代表作、主要思想，最后评价，穿插板书。讲完之后同学上台评论，与我交流，整个教学过程浑然一体。当我走下讲台时，台下是一片热烈的掌声。喜悦与激动充斥了我的心，掌声中，我懂得了许多：“不经历风雨，怎能见彩虹，没有人能随随便便成功。”

“虽然我的讲课不能算是很成功，但我却深深感到：唯有潜心付出，才能收获真诚。这是我第一次真正走上讲台，也是朝今后的教学生涯跨出的勇敢的第一步。我不能说我跨出了伟大，但我能大声对自己讲：你战胜了自己！”

与她们两个同班的姚卉写道：“课程前前后后我投入了许多的努力，非常积极主动地参与教改每一步的全过程。特别是自己查资料、写讲稿的那一阵子，我一有空就往图书馆钻，一坐就是两个小时，一直查查翻翻，可我才找到了些书目索引而已。我这才体会到做学问坐冷板凳的滋味，是那样的痛苦。真的，图书馆要下班了，我走出来，全身上下不舒服，特别感觉颈痛，屁股最痛，唉，真是难死了。——你们觉得好笑吗？这可是真的。可是，我也是第一次体味到探讨学问的乐趣。虽然先前不怎么适应，但是后来越查资料越是想知道得更多，到底学术界对邹容的评价如何，是民族英雄还是种族偏见主义者，是革命宣传家还是革命实干家？到底邹容什么时候去的日本，邹容《革命军》的思想渊源从哪里来的？很多的疑问随着资料的增多涌入脑际。我想找到第一手资料，而不是仅仅看到别人的著作来描绘‘邹容的样子’。看来做学问可要认真，要全面了解人物、事件的全貌，借鉴他人的成果，作出自己的判断，给人一个公正的评价，以启迪后来者。我想做学问的意义就在于此吧。

“我最终写成了《邹容及其革命思想》一文，这都是我自己整理出来、经过认真思考觉得是有价值的资料，实际上我知道这篇文章只有三年级小学生的水平。我想说的是，做学问确实不易，不可急功近利。

“最后一点，便是‘研讨式五步教学法’获得了同学们的大力赞扬，我也拍案叫好。

“这门课即将结束，我思考的全部都是：我太浅薄，我要读书。

“还有，此法在中学教学能行否？我可是要当中学教师的啊，我以后试一下。”

大家看看，何丽和李旭文两位1996级同学是怎样成功走上讲台的？她们的科研与教学是什么关系？从她们身上，你感悟到什么东西？课程将要结束时，体会到学问乐趣的姚卉为什么喊出“我要读书”？她还有什么想法？

我们可以再看看1998级肖英的《教改小感》。她写道：

“自从进入师大，我就定位在教师这个行业内，幻想自己能站在讲台上挥洒自如。但时间过了大半，我们却还是天天在听课做笔记，总是老师讲，我们听，偶尔有课堂讨论，也讨论不出个所以然来。一想到将来的定位，心里就毛毛的。我能堂堂正正站在讲台上吗？我有这个能力吗？

“郭老师的教改给了我印证的机会。当他说明教改计划时，我毫不犹豫地选了这门课。接下来就是天天跑图书馆，查索引、查资料，苦战一个月，终于写出了大学三年来第一篇真正意义上的论文，也生平第一次站在了讲台上，面对老师和同学。这是一堂并不怎么成功的课，但对于梦想走上讲台并且终于走上讲台的我来说，却是一个伟大的胜利。我看到了自己多方面的不足，重要的是只要认真改进，我可以自信地站在讲台上，也可以自豪地承认，我将是一个教师，教书育人的人。

“这次教改对于我们每一个参与教改的学生来说，都应该是一个很大的成功。因为，有了第一次上讲台的经验，就有了信心，对自我的信心。事实证明，在我们小组内，第二次讲课时，每个人都讲得比第一次好，把课堂给学生，才是教改要走的路。”

事实充分表明，研讨式教学把学生从单纯听讲和记笔记的被动接受者，变成主动探索者，教师指导学生研究问题、探索新知占有十分重要的地位。这个过程对于教师来说，是结合专业教学，按照做学问的路径对学生进行训练的过程；对于学生来说，就是结合专业课的学习初步接受科研训练的过程。这个过程的一面是科研，另一面是教学，你中有我，我中有你，互相结合，密不可分。

正是这种结合，调动了广大学生学习的积极性和主动性。他们积极参与，认真实践，其结果必然是有利于培养学生的多种能力，包括做学问的初步意识与能力，同时也培养了学生的教学能力，使教学技能在讨论交流研究心得的过程中自然得以提高。

以上所说，都是在一个学期、一门课程的研讨式教学中取得的成效与经验。学生选修之后获得 3 个学分，太少了，至少要增加两个学分，因为学生为学好这门课付出大量的时间和精力。教师也要付出很多时间和精力，虽然为了学生的全面发展也是值得的，但在现行学校管理特别是分配制度条件下，又显得付出多而受益少。故而人不乐为，研讨式教学大家都知道好，但推广极其不容易。

地方普通本科院校如何实现转型发展，如何培养实用性人才?

大学本科四年八个学期，一个专业要开多少门课，要修多少学分，需要多少教师?

能不能决策思政课、历史专业或者某某专业推行研讨式教学，在这个专业中选择 3 ~ 5 门课采用五步法，作为学生必修课，作为重点保证课程，增加学时，增加学分，增加教师的工作量，增加教学经费投入。

其他一些课程，可以适当压缩课时与学分，特别是因人设课的课程，可以改为学术讲座的形式计算学分和报酬。

如是，从大一开始，大二大三，都实行研讨式教学，都采用小班授课，采用五步教学法，并与毕业论文相衔接，一定可以极大地促进学生知识、能力与素质的协调发展，促进学生的全面发展与健康成长，成为高素质、强能力的应用型人才，其中考研的学生，也可以有更好的发展前景。

经过 3 ~4 年的努力，认认真真、扎扎实实，应当可以创造出教书育人、立德树人的优秀教学成果，应当可以提供丰富的可复制的教学经验。

研讨式教学的现实意义与实践价值

郭汉民

2003 年是我进行研讨式教学改革的第七年，我申报的“‘研讨式五步教学法’的推广与应用研究”课题，被列入全国教育科学“十五”规划重点项目，同时也成为全国社会科学“十五”规划的国家一般项目。批号为 BIA030031，比教育部重点课题还要高出两个档次。这就等于说，以国家立项的形式充分肯定了“研讨式五步教学法”的意义和价值。

经过 2004、2005、2006 三年多在湘潭大学五个学院、四个学科的“中国古代史”“现代西方哲学”“中国政治思想史”“当代国际关系史”和全校思想政治理论课“毛泽东思想概论”“邓小平理论与‘三个代表’重要思想概论”等六门课程中进行推广应用研究，取得了很好的成效，并分别提供了具体而翔实的教学试验报告。

2006 年全国教育科学规划办组织鉴定专家组通过了结项。结项成果 2008 年由湖南师范大学出版社出版发行，题为《走向创新教育——“研讨式五步教学法”的推广与应用研究》。结项鉴定认为：

“研讨式五步教学法把一门课程分为前后递进的五个环节，将指导学生研究和讨论交流置于中心环节，将课堂教学、科学研究、讨论交流有机结合起来，成功地改变了传统的注入式教学方法，探索出一种重方法传授、重能力培养、重学生主体性发挥的全新教学模式，符合高等教育改革的发展方向，有重要的示范作用和推广应用价值。经过近十年的探索，不仅得到学生们的广泛欢迎，而且产生了较大的社会反响，是在长期的教学实践中产生出来的教育教学创新成果。研究其推广与应用，对于推动高校教学改革，全面提升学生素质，具有重要的现实意义和实践价值。”

这个鉴定意见肯定了“研讨式五步教学法”是“符合高等教育改革发展方向”的“全新教学模式”，有“重要的示范作用和推广应用价值”，“研究其推广与应用，对于推动高校教学改革，全面提升学生素质，具有重要的现实意义和实践价值”。

五步教学法是从属于研讨式教学的。研讨式教学是“符合高等教育改革发展方向”的“全新教学模式”，要弄清楚它的全新之处及其成效，需要了解研讨式教学的概念及其内涵。包括如下五个基本问题：指导思想上的三个注重和五大理念；教学过程中的五个步骤；评价教改成效的三条标准和两项措施；看待教学效果的三个维度和衡量教学质量的三个方面；基本经验是要正确处理教育教学中的师生关系、知识传授与能力培养的关系和教学与科研这三个关系。下面我会谈到相关问题。

为了说明研讨式教学的现实意义和实践价值，我先展示一下研讨式教学的出色效果，讲一个“一堂公开课换来一个省级教改课题”的故事，一个真实的个案。

1999 年 11 月 30 日我接到湖南师大教务处的通知，说第二天省教委高教处的领导要来听课，要我准备一下。我说刚好明天一二节有课，教改已进行到第四步，正在进行“大班讲评”，不用特别准备，原汁原味给他们品尝好了。12 月 1 日上午，学校副校长陈钧教授陪同高教处杨处长和熊处长以及学校教务处、文学院领导老师莅临课堂听课。

这一节课首先由 1996 级本科生薛志刚同学用 35 分钟时间主讲“严复及其主要思想”，他讲得很成功，条理清晰，内容充实，还作了比较规范的板书。

更与通常人们所见的课堂不同的是，同学们的参与异常活跃，10 多位同学争先恐后上台评课，研讨学术，评论教学，学生们的主体作用得到了充分发挥。快要下课了，限于时间，有的同学的发言只好被我打断，但熊处长仍然兴致勃勃，表示要多听几位同学发言，听后他还特意点了坐在他前边的一位同学，那位据说平时不爱讲话的同学上台评课也很不错。课后两位处长十分满意，请我吃饭，肯定我“带了一个好头”。熊处长说，他们听过很多课，“老师的讲课都很精彩，时间把握得也很准确，这边最后一句话讲完，那边下课铃声响了，但学生大都比较被动，你的教学真正把学生的主动性调动起来了”。他们认为这种教学方法值得推广，并建议我也采用一些现代手段，还说应给学这门课的学生增加一点学分。我对领导同志深入课堂听课及切合实际的评价表示感谢，同时希望他们在教改课题立项方面予以支持。不久，“湖南省普通高等教育面向 21 世纪教学内容和课程体系改革计划”中，给我立了一个 A 类项目：“研讨式五步教学法的研究与实践”，资助经费 1.5 万元。这类项目同一批全省只有 10 个。后来，湖南师大一位副校长笑着对我说：“你的那堂公开课换来一个重点课题，含金量真高啊!”这么高的含金量正好说明“研讨式五步教学法”的效果显著。

这个故事涉及两种不同的教学模式、两种不同的公开课：一种是讲授式，一种是研讨式。前者教师讲得很精彩，学生比较被动，课堂秩序很好，时间把握精准。后者是在大班讲评阶段进行的，无须特别准备，原汁原味，教师讲得少，讲课评课的主要是学生，课堂气氛十分活跃。请大家考虑一下，如何看待这两种不同的公开课和两种不同的效果?

从研讨式教学中脱颖而出的本科生和研究生不仅可以充当大型公开课的主力军，而且可以面对广大听众脱稿作一个多小时的学术报告。

2001 年 4 月 9—12 日在湖南师大举办了首次学生学术报告周，一连四个晚上，由四位研究生、四位本科生作学术报告。他们在报告中分别向大家讲述了中国近代史上著名思想家严复、魏源、谭嗣同、郑观应、曾国藩、孙中山等的生平与思想，吸引了大批学生前来听讲，报告厅里座无虚席。学生们说："这是本科生与学术讲座的第一次亲密接触。"《湖南师大报》以《学生搞讲座 教学开生面》为题作了报道。师大教务处、研究生处、文学院专门召开座谈会。这次活动初步展示了"研讨式五步教学法"的教学效果和无穷魅力。

为什么"研讨式五步教学法"会有这样的教学效果呢？研讨式教学相对于传统讲授式教学来说，是一种全新的教学模式。它不是如何上好一节课的方法，而是如何上好一门课程的方法。即在一门课程中，教师发挥主导作用，指导学生研究问题，而将研究的结果与心得以讲课评课的形式展示出来，进行讨论交流，完成教学任务。

请大家再考虑一下，这只是一个学期一门课程，学生的知识、能力和素质就可以达到如此的水平，如果在大学四年中，多开几门这样的课程，对于学生的发展与成长又会如何呢？

下面我讲一下研讨式教学的指导思想上的三个注重与五大理念：

三个注重：

1. 重方法传授；

2. 重能力培养；

3. 重学生主体作用的发挥。

五大理念：

1. 确保学生在教学活动中的主体地位，让学生成为自己学习的主人；

2. 能力比知识更重要，研讨式教学改革的唯一宗旨是在实践中培养学生实际能力；

3. 授人以鱼不如授人以渔，在教学活动中突出研究方法的传授和科研意识、科研能力的培养；

4. 建构群言堂，建立平等、合作、和谐、温馨的师生关系；

5. 建立重视过程、重在激励的评价体系。

具体操作上的五个步骤：

1. 指导选题；

2. 独立探索；

3. 小组交流；

4. 大班讲评；

5. 总结提高。

第一步，教师简明扼要地讲清全课程的基本线索、主要观点，然后提出一系列问题，要求学生选择其中一个作为自己的研讨课题，在一个月左右的时间内写出一篇4000字左右的文章，然后逐个上台脱稿报告自己的研究心得，并规范地加以板书。这些问题对于学生来说，是陌生的，或者知之甚少，而要走上讲台作报告，更是前所未有，具有极大的挑战性，容易激发他们的学习兴趣。教师必须告诉他们如何着手研究这些问题，如何去查找论文资料索引，如何运用搜集来的资料对相关课题进行分析，了解其研究的前沿情况，并选取有价值的论文题目，重在教授研究问题的方法，“授之以渔”，并讲清学术规范与具体要求。还从上一个年级选一位参加过教学改革的学生上一节示范课，展示自己的研究成果。然后进入独立探索。在第一步中，教师要给思想、给课题、给方法、给时间。然后进入学生独立探索阶段。

上述五个步骤互相联系，环环相扣，是一个循序渐进的过程，一个逐步深入的过程，前一步是后一步的必要准备，后一步是前一步的自然延伸，而每一个步骤又各有其功能。

第一步是课程教学活动的开始，教师充分发挥主导作用，教师的讲授旨在让学生了解知识的整体，把握课程的脉络，以此为基础，提出问题，落实任务，授之以渔，从而将学生的兴趣和积极性激发起来，为第二步乃至整个教学过程做好思想上、精神上和方法上的准备。

第二步是学生带着研究任务有目的地进行自学，是学生吸取专门知识、培养信息搜集能力、资料处理能力、创新思维能力和文字表达能力的主要阶段，完成论文或撰写讲稿则为下一步的讨论和交流做了学术上的准备。

第三步是师生之间、生生之间互相启发，切磋学问，培养表达能力、应变能力、团队精神和学习合作共事的主要阶段。

第四步是第三步的自然延伸，是在较大范围内对第三步的加深。在凸显学生主体地位的同时，进一步体现教师的主导作用。

第五步是对全课程教学的总结，每个学生根据自己的切身体会，写一篇小文章“评学议教”，对研讨式教学改革的利弊得失进行评论，题目自定，篇幅不限，只要求真实、具体，力求生动、深刻。也就是要求学生实话实说，评头品足，最好运用教育学、心理学的知识和理论分析问题，目的是听取学生意见，改进教学。同时让学生进行自评和互评，这有助于学生认识和完善自我，有助于提高学生对事物的评价能力，也有助于学生树立改革观念，这对他们将来走上工作岗位也会有所启示。

接下来讲检验教学效果的三个标准和两项措施。

为了真正实现三个注重的指导思想，我提出了检验教学改革效果的三个标准：

一是要看学生学习的积极性、主动性是不是真正调动起来了；

二是要看学生多方面的实际能力是不是有较大提高或有所提高；

三是要看绝大多数学生是否真正拥护和支持教学改革。

为了获得真实的反馈信息，在第五步总结提高阶段，采取两项措施：

1. 评学议教；

2. 问卷调查。

要求学生在课程结束后一两周内自主撰写评学议教文章，根据切身感受，说明自己对研讨式教学改革的看法。实话实说，不要讲假话、空话、套话和违心的话，力求分析深刻一些，文笔生动一些。把评学议教的权利完全交给学生，题目自定，篇幅不限，大多数学生的感受都十分真切，有的学生写的评论文章长达二三千字，颇有深度。湘潭大学2000级谢志文的文章《以人为本 润物无声——浅议“五步教学法”》就是如此。这既有利于培养学生的写作能力和评价能力，也有助于搜集教学反馈信息，以便改进教学，使新的教学模式更加完善。这类评学议教文章前后收到500多篇，内容丰富多彩，发人深思。让学生回顾、反思、自我评论，又评论教师、评论教改、评论同学、评论是非得失，这本身就是一个很好的自我教育过程。

评学议教文章是署名的，虽然不作为计算成绩的依据，但学生出于对老师的敬爱或者惧怕，溢美之词恐难避免。为了获取更加真实的信息和更加具体的教学反馈资料，每次教改课程结束，都进行无记名的问卷调查。问卷设计60个问题，180多个选项，系统地调查了解研讨式教学改革全过程中学生们的态度、参与情况、自我感觉以及各自的认识与要求。调查问卷由学生自主回答，由学生研讨组长加以统计，计算到小数点后两位。然后由学生代表作出问卷分析报告。

由学生独立作出的前后七篇调查问卷分析报告，虽然所用语言不同，但基本结论都是教改成功，效果明显，学生欢迎，推广这种方法也是历届学生的共同要求。1996级的报告说：“从上课伊始到课程结束，一直得到广大同学的密切配合和大力支持，学生的学习积极性高涨，教改成果显著。”1997级报告结尾写道：“研讨式教学因其实用和符合学生特点而充满迷人的魅力。”2000级的报告进一步指出：“研讨式教学改革完全符合当代大学生的心声和愿望，是一条正确的教改之路，它的春风必将吹遍大江南北，一路高歌前进！”

研讨式教学由于得到广大学生的热情支持和积极参与，进行顺利，成效突出，只要认认真真做好前三步，到第四步一定出彩，可以随时接受人们观摩、听课、批评、指导。但是，还没有到第四步，就接到了有人听课的通知，怎么办？请看下一个事例。

2001年11月下旬，教育部派出西北大学原校长、著名历史学家张岂之教授为组长的专家组到湖南师大，对这个学校的文学、历史两个文科基地进行检查验收，学校通知要听我的课。当时我已向学校提出请求调往湘潭大学的报告，我把这次公开课看成是站好“最后一班岗”，愉快地接受了任务。此时五步教学只进行到第三步，正在“小组交流”，换一句话说，还没有到瓜熟蒂落的程度。若是到了12月中上旬，随时听课都无须准备。既然部派专家的听课时间已定，我们只能加快各组交流的进程，然后选出表现突出的学生作大班讲评。届时张岂之先生和浙江大学杨树标教授在学校领导陪同下莅临课堂听课。在我的主导下，先由本科生杨霞同学用30分钟时间主讲“郭嵩焘的外交思想”，条分缕析，侃侃而谈。然后许多同学争先恐后地上台评课，或提出问题，进行讨论，课堂气氛生动活泼。张先生兴致勃勃地当场发表谈话，对这种教学形式和教学效果予以高度评价。事后师大校长见到我说：“专家组对你的课评价很高啊!”我当即表示：“其实不是我讲课讲得好，而是我采用的方法调动了学生的积极性。”

可见，研讨式教学改革成功的奥秘就在于不要把大学生当成灌输知识的容器，而把他们当成学习的主人，当成教学活动的主体，给大学生们搭建发展自我、展示自我、完善自我的平台。如是，大学生学习的积极性、主动性和创造性得以发挥，蕴藏在学生身上的巨大潜能便可以得以释放。“研讨式五步教学法”，如果认真地而不是敷衍地做到了第四步，到大班讲评阶段，一定出彩，一定可以随时接受人们观摩。正是有这种必胜的把握，2002年我到湘潭大学可以为学校评估增光，一堂公开课登上《光明日报》头版。

2002年下半年，教育部对湘潭大学进行首次本科教育质量评估。6月间，我参加了湘潭大学“迎评促建”动员大会，当时我刚到湘潭大学工作，很想为学校“保良争优”的目标出一把力。当我得知评估专家11月中旬进校，就要求学院下半年给我增开一门“近代湘籍名人研究”课程。因为按照“研讨式五步教学法”组织教学，从8月下旬开学，到11月中下旬正好进行到第四步“大班讲评”，必然瓜熟蒂落，水到渠成，专家们若要来听课，肯定见效。11月下旬教育部评估专家组进校，25日上午评估专家、南开大学历史学院马世力教授到课堂听课。我得到的通知是听第一节课，马先生因故未来，我们按照原计划研讨“陈天华的爱国思想”。第二节课他来了，我们继续进行大班交流，先由向家群同学主讲“杨度的君主立宪思想”，然后围绕这一题目进行讨论、质疑、答辩，同学们的热情讨论和热烈争鸣极大地吸引了马教授，他临时改变了第三节听哲学史课的打算，继续听我的课和学生们的讨论，并发表热情洋溢的讲话。当天晚上他在专题学术报告中，还对我的“研讨式五步教学法”和学生们的创新能力大加赞扬。教育部专家的好评无疑为学校增添了光彩，这也正是我所预期的。专家组离开学校不久，2002 年 12 月 20 日《光明日报》头版以《湘大“研讨式五步教学法”受关注》为题做了专题报道。2003 年《湘潭大学报》还将“郭汉民教授的‘研讨式五步教学法’引起广泛关注”列为“湘潭大学 2002 年度十大新闻”之一。

迎评期间我在湘大还组织研讨式教改中脱颖而出的六位本科生举办湘籍名人研究学生系列学术讲座，引起巨大反响。在国家课题“‘研讨式五步教学法’的推广与应用研究”全面启动两年之后，2005 年 4 月 18—22 日，我们课题组组织应用“研讨式五步教学法”的哲学、历史学、政治与行政管理学、国际关系等学科和思想政治理论课等六门课程中脱颖而出的学生 17 人举办了湘潭大学首届学生学术讲座周，作为提高本科教学质量的有益探索和推广“研讨式五步教学法”的成果展示。一连五个晚上，报告大厅座无虚席，学术气氛异常活跃。尤其值得指出的是，参与研讨式教学改革的来自不同院系不同专业的五位学生，熟练运用多媒体技术，滔滔不绝地讲解思政课程中的相关问题，并当场回答听众提出的问题。从教态、语言到课堂组织，从课件的设计、制作到色彩的搭配与协调，从双向交流到随机应变的能力，都让前来听课的师生和有关领导十分满意，赞不绝口，初步展示了研讨式教学在思政课中的魅力。

12 月 24 日下午，由校团委、哲史学院联合主办的“郭汉民教授‘研讨式五步教学法’座谈会”在留学生楼隆重召开，相关领导和部分学生代表参加了会议。与会代表对“五步教学法”给予了高度评价，并提出了宝贵意见。教务处负责人认为，“五步教学法让学生终身受益”。

综上所述，我们完全有理由说，研讨式教学是大学本科教学改革的创新之举，是一个可资借鉴的成功教学模式，是当代大学一种理想的教育教学形式。通过这种理想的教育可以更好地实现教育的理想，促进学生的全面发展和健康成长。

研讨式教学的出色成效不仅体现在上述那些本科生通过一个学期、一门课程的学习可以走上讲台讲课评课、可以充当大型公开课的主力军、可以走上讲坛开讲座，这些都是属于显性成效、显性效果，概括一句话，就是能明显促进大学生知识、能力与素质的协调发展。

此外，还有两个方面隐形的成效也是十分重要的。一是能促进大学生心理与人格的健康发展，二是能促进师生关系的和谐与友善。实行研讨式教学，这两个效果也是必然会产生出来的。

师生关系是教育教学过程中最基本的人际关系，也是直接关系到教育教学实际效力的重要方面。学生们评论说，在传统教学下，“教授们讲完自己的讲稿，便专攻自己的学术去了。而学生只顾埋头记笔记以应付考试。所以同学与老师之间、同学相互之间，是可以用‘关系冷漠’来形容的。”在这种冷漠的人际环境中，大学生们往往产生孤独感，缺少交往，缺少交流，缺少沟通，精神抑郁，性格孤僻，甚至产生不良情绪，人格障碍，极端自我，极端自私，很难融入群体和社会。解决这些问题，消极的办法是心理干预，心理治疗；积极的办法是更新教育教学环境，实行研讨式教学。

研讨式教学打破了一言堂，改变了满堂灌，教师成导演，学生成演员，教师成为学生学习的引导者、合作者、帮助者，学生成为自己学习的主人，变“要我学”为“我要学”，变“记录员”为“探索者”，变“考试机器”为“学问生产者”，教师与学生、学生与学生的传统关系都发生了变化，营造了全新的教育教学环境。师生的距离拉近了，师生的接触增多了，教师不仅从知识上指导学生，而且从教学态度、人品德行上影响学生，真正起到了以德树人、教书育人的作用，从而受到广大学生的热烈欢迎和衷心爱戴。

我要向大家特别报告，凡是坚持采用“研讨式五步教学法”的老师，都感受到学生的尊敬和爱戴，心中都会有一股暖流通过，都会产生教书育人的成就感。湘潭大学马克思主义学院的李雅兴教授、李益顺副教授和历史系的周益老师都是我的学生，也都是研讨式教学的忠实传人。两位李老师都是学生们最崇敬的人，近两年分别获得省级教学成果一等奖和国家教学成果二等奖，超过了老师，青出于蓝而胜于蓝。

我这里着重要说一说发生在周益身上的故事。

我的研讨式教学改革是1997年从湖南师大历史基地班开始的。湘潭人周益当时就是基地班刚刚二十出头的本科生，2001年研究生毕业到湘大历史系任教，2004年参加国家课题“‘研讨式五步教学法’的推广与应用研究”课题组，承担在专业基础课“中国古代史”教学中运用“研讨式五步教学法”的任务。他选择三国人物作为组织学生研讨的对象，受到学生的热烈欢迎。他在研究报告的结语中写道：“我是‘研讨式五步教学法’的第一批受益者，也是从那时起，我开始对历史研究和教师工作产生了浓厚的兴趣，并从此走上了这条道路。可以毫不夸张地说，正是由于‘研讨式五步教学法’的熏陶，才让我真正地了解并研究历史，才让我感觉到人类灵魂工程师的伟大。登上高校讲台后，我又有幸加入了课题组，得以在我所讲授的课程中推广应用‘研讨式五步教学法’。作为曾经的受益者、现在的实施者，我感慨良多，由衷地感受到这种教学方法的神奇和伟大，感到推广这种教学方法十分必要。具体到我这门课程‘中国古代史’，在教学试验中，绝大多数学生是持欢迎和肯定态度的，效果也是十分明显的。但我仍然感觉到有一些不足。我只选择了三国时期，因此学生无法在所有课程中都感受到这种教学法的魅力。如何把‘研讨式五步教学法’更好地贯彻到专业基础课中，这应是我以后努力研究的方向。多媒体教学应用于‘五步教学法’是创新，但如何结合得更好，还需研究。这也增强了我继续教改实验的信心。结题并不意味着结束，我们要更大深度和广度推广应用‘研讨式五步教学法’，让这股教改春风吹遍华夏大地！”周益同志是“研讨式五步教学法”的受益者、实施者，也一个坚定的探索者。我之所以不厌其烦地读他的结语，乃是因为这段结语，成了一段遗言。天不假年，肝癌夺去了他不到37岁的生命。

我还要向大家报告，由于周益同志从担任大学教师起，一心扑在教学上，关爱学生，认真负责，深得学生爱戴。在湘雅住院期间，一批又一批学生从湘潭到长沙看望他，最远的学生从沈阳、深圳赶回长沙陪护他，而当他的遗体运回湘潭途经湘大东门的时候，他教过的学生一传十、十传百，集结了100多人，齐刷刷地跪在地上，哭送自己的老师。当我听到这一消息时，我真的震惊了。有谁能告诉我，这究竟说明了什么？这令人震惊的一幕，究竟包含着什么深刻的做人道理？周益在当今的大学，只是一位讲师，一位青年教师，一个没有权力、没有地位、没有资源的人，然而，他却是一个高尚的人，一个纯粹的人，一个认真负责教书育人的人，一个大有利于学生的人，也是深受学生爱戴的人。我请求大家给我一分钟的时间，向周益同志默哀！

实践已经表明，研讨式教学模式在提高学生自学能力、科研能力、教学能力、语言文字表达能力的同时，也能有效地促进学生心理素质和健康人格的培养。研讨式教学确保学生的主体地位，有助于培养人的主体意识；研讨式教学循序渐进的五个步骤适应学生积极的发展需要，研讨式教学强化了师生交往和学生与学生的交往，小组交流与大班讲评使这种交往制度化、经常化，有利于培养学生的群体意识和积极情绪，讨论、交流、自然而正常地竞争和争鸣，有利于培养学生勤奋的进取精神、严谨的治学态度和坚强的意志力，陶冶学生的心理品质，也能有效地在大学生的师生、生生交往中很好地起到自我教育的作用。事实充分说明，通过研讨式教学，学生们培养了团队精神，也有助于他们认识自我，提高自信，克服自满，自我完善。在提升智力因素的同时，更有利于非智力因素，诸如兴趣、意志、情感、毅力、欲求乃至人际交往等方面的培养，对于一个人的全面发展和追求成功来说，这是更为重要的。这是我们所孜孜以求的理想的教育，以理想的教育去实现教育的理想，即培养全面发展的人，是我们必须进一步努力争取实现的目标。

湘潭大学历史系2000级本科生李光辉在教改评论《我看五步教学法》一文中说：“没有交流就碰撞不出思想的火花。要想把自己看清楚是一件很难的事情，而别人中肯的评价对自身的提高无疑是一个实惠的办法。小组交流是一个很有价值的过程，也是一个很有趣味的过程。经过自己艰苦的独立探索之后，自以为看问题很到位，到小组一交流，才知道自己的许多想法很幼稚，很不成熟。为了证明自己的观点，有时跟同学争得面红耳赤，经过这样的辩论，发现自己的许多不足。这时，加上老师的指点，再去修改，补充完善。到下一次小组交流时，同学们获得了牢固的知识，并且有了自己的看法。为了展现研究成果，我们民主推选了我们小组的发言人去与别的小组较量，看哪个小组在大班讲评时更出众。因此我们小组的每个成员都进行了15分钟的脱稿讲演训练。我的普通话不够好，因此我不得不纠正自己的发音。过去，这样的上台机会不多，因此说话吞吞吐吐，胆子也不够大。经过这轮番的训练，我感觉自己进步多了。这一阶段我体会颇多，懂得了‘他山之石可以攻玉’的道理，明白了协作精神的重要，增进了对同学的了解，看到了自己的不足，找到了差距，也知道了自己今后的奋斗方向。”湖南师大1996级本科生李旭文回顾自己被推举到大班交流之后是如何与同学加强交流的。她写道：“为了上好公开课，小组组长黄旭东一次又一次组织本组同学给我评课，交流思想，挑毛病，找不足。这样，稿子修改了三遍，原来的讲稿可以说是‘面目全非’，内容更丰富，数量更多，稿子更长，同时任务也更重了。在其后的三次试讲中，为了使课讲得更生动，我又向1995级的学长取经。”她又谈到与老师的交往及其获得的教益与感受。接着她回顾了大班讲评的过程：“当我走下讲台时，台下是一片热烈的掌声。喜悦与激动充斥了我的心，掌声中，我懂得了许多……我不能说我跨出了伟大，但我能大声对自己讲：你战胜了自己！”

自1999年以来，对“研讨式教学”和“研讨式五步教学法”的价值，学术界、教育界许多专家学者进行了研究，肯定了研讨式教学对传统教育教学的改革，认为它实现了教育教学如下五个方面的变革：

其一，是在教学方式上，变“讲授式”为“研讨式”；

其二，是在教学目标上变“授人以鱼”为“授人以渔”；

其三，在教学形式上，变“一言堂”为“群言堂”；

其四，在师生关系上，便“主—客”改造关系为“主—主”合作关系；

其五，从成绩考核上，变“一张试卷定高下”为依据研讨过程中的实际表现与能力综合评定。

这些变革所引起的将是整个现行教育教学的深刻变革，已经并正在逐步产生影响。这些变革就是我一直追求的社会价值。400 年前，英国哲学家培根开始把教育学作为一门独立的学科看待。300 多年前，教育学之父夸美纽斯出版《大教学论》，旨在“寻求一种教学的方法，使得教员因此可以少教，但是学生可以多学”。此后几乎所有的教育学著作，都会讨论教学的方法。曾经提到过的教学方法共有十种：一是讲授法，二是谈话法，三是演示法，四是实验法，五是练习法，六是参观法，七是实习作业法，八是读书指导法，九是研究法，十是讨论法。其中，研究法是指教师指导学生研究问题，获取知识和发展能力的一种教学方法；讨论法，教师指导学生围绕某个中心问题展开讨论、互相启发的一种教学方法。研讨式教学则是将研究法和讨论法有机结合起来，创造出来的第十一种教学方法。它的价值毋庸置疑。价值在本质上是一个历史范畴，只有将它与历史上曾经存在的东西加以比较，才能凸显其价值。今天，可以说，300 多年前夸美纽斯要寻找的教师可以少教、学生可以多学的教学方法，我找到了，那就是研讨式教学。

有不少高等教育学专家学者还认为，我所创造的研讨式教学是我国“高等教育领域的真正实验”，“揭示了大学以上教育方式的一般规律”，包括了“自主、探究、合作、创新”四大当代教育新理念，并且做成了一个具有操作性、可行性的教学模式，具有广泛的应用价值，“功莫大焉”。

我打破自己的一言堂，实行研讨式教学，建构起师生平等合作的群言堂。

在这个群言堂中，一门课程的教学，既有教师的导论课，更有学生的独立探索，又有全部学生的小组交流，还有相当一部分学生的大班讲评，教师在教学过程中一直坚持听课评课，发挥主导作用。教师与学生平等相处、平等交流、真诚合作，在五步教学法的制度安排中，学生拥有课题选择权、独立研究权、讲课评课权和教学效果的评价权，以及对教学改革的评论权。其结果是营造了一种全新的教育教学环境，教师乐教，学生乐学，教师真受爱戴，学生真正受益，尊师爱生，教学相长。大学本科教学的这样一派新气象，使我们有理由相信，研讨式教学必将逐步成为我国高等教育最有希望的教学形式。从某种意义上说，就如同“无体育不清华”“无米粉不广西”一样，完全可以说：“无研讨不大学。”没有师生共同研讨学术，就不称其为大学。有了师生共同研讨学术，才是名副其实的大学。

下编

部分调查问卷分析报告辑录*

一、陆文捷《关于研讨式教学改革的调查》

1998 年下学期，历史系 1996 级教育班研讨式教学改革即将结束时，我们开展了一次有关这次教改的调研活动，共发出调查问卷 67 份，收回有效问卷 63 份，收回率为 94.03%。调查结束后，我们对问卷答案进行了认真的整理和分析。

（一）调查结果表明，研讨式教学从上课伊始到课程结束，自始至终得到广大同学的密切配合和大力支持，学生的学习积极性高涨，教改成效显著。

首先，教改充分发挥了学生的主观能动性，激发了学生学习和研究历史的兴趣。在被调查的 63 份有效问卷中，有 60 人（占 95.24%）去图书馆参考咨询室查阅过论文索引，58 人（占 92.06%）去图书馆过刊室查阅过有关论文。讲课完成后，61 人（占 96.83%）对讲稿做过认真修改，57 人（占 90.48%）积极参加小组讨论，从不无故缺席。而在小组讲课之前，41 人（占 68.08%）自觉进行试讲，尤其是在大班讲评阶段，57 人（占 90.48%）对上课同学的课

* 本篇辑录了三篇对湖南师范大学历史系 1996、1997 级学生所作的调查问卷的分析报告。分析报告的执笔人陆文捷、王化平为该系 1996 级本科生，黄雁是 1997 级本科生。

从学术上或教学法上做过评课发言。

其次，教改培养了学生多方面的基本能力。调查发现，所有同学都认为教改有助于自己各种能力的提高。有92.06%的学生（58人）认为，这种方法可以提高自己的表达能力和教学能力；77.78%的学生（49人）认为可以提高自己的自学能力；65.48%的学生（41人）认为可以提高自己的思维能力。另外，认为可以提高自己的应变能力、科研能力、创新能力的分别为42.86%（27人）、38.10%（24人）、28.57%（18人）。

研讨式教学不搞以评定成绩为目的的期终考试，而以学生在每个阶段中完成学习任务的情况计算成绩，50.86%的同学（32人）认为很好，完全符合学生的实际水平，39.69%的同学（25人）认为较好，基本符合学生的实际水平，两项合计占90.55%，这说明教改采用的评估成绩的方式得到了学生们的普遍认同。

（二）从教改的各个阶段来看，统计资料显示：

独立探索阶段，即检索文献、阅读资料、撰写讲稿，55人（占87.30%）认为虽然辛苦，却大有收获，还是值得的。

小组交流阶段，感觉自己的教学能力诸如普通话、板书、教态、语言表达能力等方面提高较大的17.46%（11人），有所提高的占68.25%（43人），所有同学均认为自己有所提高。

大班讲评阶段半数同学感到自己有明显进步。

教改结束之后，与教改之前相比，80.95%（51人）的同学对史学研究有兴趣或开始产生兴趣；68.25%（43人）的同学了解了查找论文索引的重要性，其余同学也开始了解其重要性。对于是否注意培养自己的教学能力，所有同学都表示注意或开始注意。对于研究某个问题是否懂得从何处入手，只有7.94%（5人）还不懂，92%以上都已经懂得或开始懂得。

（三）教改的顺利进行离不开任课老师和担任助教的研究生的辛勤劳动。

调查问卷结果显示，39.68%的同学（25人）认为指导小组交流的研究生老师认真负责，指导具体，点评到位；46.03%的同学（29人）认为他们比较负责，点评比较好，指导比较具体；对研究生所做的阶段综述98.41%的同学很感兴趣或较感兴趣，只有一个人不感兴趣。

对任课老师的敬业精神，同学们都为之感动。调查结果表明，84.10%的同学（53人）说老师听过其在小组的讲课，所有同学均表示老师指导过自己那个小组的讨论，其中46人（占73.02%）还认为是多次指导。

（四）关于研讨式教学的整体评价。

认为它对于掌握基础知识有促进作用的占73.01%（46人）；所有同学均认为，与通常的教学相比，对于提高学生能力与素质有好处，其中36人（占57.14%）认为确有很大好处；88.89%（56人）的同学认为研讨式教学对于提高学生能力与素质是必不可少的。

在研讨式教学的五个环节中，认为对提高学生能力与素质必不可少的有：指导选题28人，占44.44%；独立探索56人，占88.89%；小组交流39人，占61.90%；大班讲评33人，占52.38%；总结提高25人，占39.68%。

学生们从切身感受中认同研讨式教学的特点是：坚持和加强教师在教学过程中的主导作用，37人，占58.37%；调动了学生的积极性和主动性，发挥学生的主体作用，41人，占65.08%；教与学在互动中实现有机结合，36人，占57.14%；实现教学与研究相结合，对学生进行做学问的初步训练，39人，占61.90%；加强了师生交流，密切了师生关系以及教学全过程都是为了提高学生的能力与素质均为35人，均占55.56%。

研讨式教学是成功的，也深受同学们的喜爱。在各种教学方法中，最欢迎研讨式教学的有58人，占92.06%，其次为教师主讲辅之以多次课堂讨论32人，占55.56%。由此可见，研讨式教学与其他教学形式相比受欢迎的程度。而对本学期的研讨式教学改革，98.41%的同学（62人）认为值得推广，其中30.16%的同学（19人）认为效果显著，值得大力推广。这反映了广大同学对研讨式教学的普遍认同和对深化教学改革的殷切期盼。

二、王化平《有关“研讨式教学改革调查问卷”的分析报告》

（一）研讨式教学法及其他

研讨式教学法首先是由文学院历史系郭汉民教授提出，具体操作过程分为五步（略）。研讨式教学改变了传统的教学模式，在发挥教师主导作用的同时，强调学生的积极性和主动性，把知识传授、能力培养和素质养成融为一体，是一种全新的教学模式。其目的就是试图克服传统教学模式的痼疾，实现教学目标的转移，充分调动学生的主观能动性。1997 年下半年，郭教授首先在 1995 级基地班进行教改实验，还举行过一次全校公开性教改研究观摩课，众多的专家教授莅临指导，大家给予郭教授的辛勤劳动和同学们的表现较高评价，经过完善，郭教授在 1996 级基地班和教育班又进行了教改实验，以期在更大的范围加以求证。

（二）调查情况分析

此次调查采用问卷调查方式，在期终时进行。我们 1996 级基地班共发出问卷 20 份，收回有效问卷 20 份。

1. 无声的较量

郭教授提出的研讨式教学法可以说是对传统教学模式的一次挑战，这是一场无声无息的较量。最终谁胜谁负，孰优孰劣，只能由教学的唯一对象——学生来评判，他们的发言是最有力的证明。学生是这场较量的唯一裁判。

在回答“最欢迎何种教学方法”时，无一人选择注入式（老师讲，学生记，亦即传统教学模式），80% 的同学选择了研讨式教学法，同时还有 75% 的同学选择提问式（教师在讲课前或讲课中提出几个问题，引起学生思考），50% 的同学选择老师主讲，辅之以多次课堂讨论的方式。这几种与注入式相比，有一个共同特点，即学生处于被动地位的时候少了，学生的发言权多了，师生之间交流多了，师生互动的可能性大了。大家都不选择注入式，归根结底就是它不能满足学生的需求。“教”与“学”之间的关系有一点类似厂家与顾客的关系，产品是好是坏，取决于顾客欢不欢迎它；“教”不能提供学生所需要的“产品”，学生自然不欢迎它。因此，“教”应极力满足“学”的需求，“教”要面向“学”。调查表明，在日常生活中85%的同学有培养自己教学能力的愿望，90%的同学表示自己进入大学两年来没有这种机会，当老师说出准备实施研讨式教学时，70%的同学认为自己“很感兴趣，准备认真去做”。所有这一切，至少说明两个问题：一是传统教学模式不能满足学生需要；二是学生希望有新的教学模式出现。经过一个学期的尝试，同学们普遍认为，研讨式教学优于传统教学，研讨式教学法是“好产品”。

2. 学生所做所感

调查数据表明，85%的同学认为研讨式教学有利于教学能力的提高，80%的同学认为有利于提高自己的表达能力，90%的同学认为有利于自学能力的提高。期末时，50%的同学开始懂得研究某个问题该如何入手，50%的同学说自己已经懂得了这个问题，而且有一部分原来对史学不感兴趣的同学竟然开始产生了研究的兴趣。

同学们之所以这样认为，是因为他们积极参与，做了很多工作，多次查找论文索引，多次查阅有关论文，多次修改讲稿，多次主动试讲，多次讨论发言。这些工作使学生的能力提高了，所以95%的同学认为“虽然辛苦，却大有收获，还是值得的”。

郭教授当初担心研讨式教学可能不利于学生掌握基础知识，可是调查表明，他的担心是多余的。同学们几乎一致认为研讨式教学“不妨碍”基础知识的掌握。这个出乎郭老师意料的效果一部分得益于他精心安排的导论课和几次讨论，另外可能与“近代湘籍名人研究”课程内容有关。我们在大二已经学完中国通史，对近代史已经有了系统了解，对湘籍名人的时代背景并不生疏，有了这两个因素，产生良好效果是自然的。

80%的同学认为研讨式教学对于提高学生的能力与素质是“必不可少的”，最好安排在三年级。

（三）结语

此次调查表明，郭老师的研讨式教学改革是一次成功的尝试，它打破了高校教学模式单一的沉闷局面，符合当前教改的大趋势。研讨式教学对提高学生的综合能力确有很大的作用，是值得在高年级推行的。研讨式教学法的独到之处是值得广大教学工作者借鉴的。

三、黄雁《关于“五步研讨式教学改革”的调查》

1999 年下学期，五步研讨式教学改革在历史系 1997 级教育班进行了新一轮的推行。为了将教改成果客观、准确、清晰地呈现出来，我们在教改前和教学结束后对参与教改的学生进行了两次问卷调查，分别收回 38 份、30 份。我们对调查所得的信息进行分析、归纳，得出如下认识。

（一）两次调查所得的信息反映出五步研讨式教学改革使学生原来的消极学习态度和想学而苦于不知怎么学的心情为积极主动的学风和大胆探索精神所取代，教改又走出了坚实的一步。

教改推崇的独立探索精神激发了学生学习和研究历史的兴趣，学生得到了发挥主观能动性的空间。从调查情况来看，在独立探索阶段，有 30 人（100%）去图书馆参考咨询室查阅过论文索引，29 人（96.6%）去图书馆过刊室查阅过有关论文。讲稿初步完成以后，16 人（占 53.33%）对讲稿做过两次以上的认真修改，22 人（占 73.33%）积极参加了小组交流，从不无故缺席。在小组讲课之前，21 人（占 69.93%）自觉进行试讲，尤其在大班讲评阶段，23 人（占 76.67%）走上讲台对同学讲课从内容到形式进行了认真的评析，发表自己的看法。

教改本着培养学生各方面能力的宗旨，取得了很好的效果。调查信息表明，所有的同学都认为五步研讨式教学对自己各种能力的培养很有效，76.66% 的学生（23 人）认为它可以提高自己的表达能力和教学能力，80% 的学生（24 人）认为可以提高自己的自学能力，56.66% 的学生（17 人）认为可以提高自己的思维能力。此外，认为有利于提高自己的应变能力、科研能力、创新能力的分别占 46.66%（14 人）、46.66%（14 人）、36.66%（11 人）。

五步研讨式教学以学生在每个阶段完成任务的情况综合评定学习成绩，这一做法受到学生赞同。40% 的学生（12 人）认为这项改革很好，完全符合学生的实际情况；50% 的学生（15 人）认为较好，基本符合学生的实际水平。如将二者合并，则会占总数的 90%，27 人。

（二）研讨式教学将教学过程分为紧密相连的五个阶段，既让学生自主学习，又发挥老师的主导作用，调查反映出这样的情况。46.66% 的学生（14 人）认为指导选题阶段，老师的导论课和落实任务，教改方法对提高学生能力与素质是必不可少的；90% 的学生（27 人）认为独立探索阶段，学生检索文献、阅读资料、撰写讲稿在提高学生能力与素质方面很有必要，有 26 人认为这个阶段的工作虽然辛苦，却大有收获，还是值得的；此外，小组交流、大班讲评和总结提高这三个阶段在提高学生能力和素质方面必要性的认可率分别达到 43.33%、76.66%、70%，分别为 13 人、23 人和 21 人。教改结束后的数据与教改前的数据比较，对史学研究感兴趣的学生由 55.53% 升至 69.9%，懂得查索引重要性的学生由 42% 升至 93.3%；86.67% 的学生已开始懂得研究某个问题从何处入手。

（三）五步研讨式教学既强调独立探索精神，又注重发扬团结合作、互学互助的学风。学生之间互学互助提高了学习效率，加强了学习气氛。调查信息显示，33.33%（10 人）在讲课之前征求过同学意见，66.66% 的学生（20 人）主动邀请同学指导自己的试讲。学生互相评论成为主要学习形式。96.6% 的同学对同学在小组内讲课评课感兴趣，听同学大班讲课评课很有兴趣和较有兴趣的占学生人数的 93%。

（四）调查信息反映出，有半数以上的学生认为传统的教师单向传授知识的方法效果差，应该改革。76.66% 的学生认为研讨式教学对于掌握基础知识有促进作用；96.66% 的学生认为教改对提高学生能力与素质确有好处，十分必要。

学生从真实感受出发对教改目标的实现程度进行了评估。73.33% 的学生认为教师不搞一言堂，却坚持和加强了在教学中的主导作用；70% 的学生认为学生的学习积极性和主动性真正被调动起来了；63.33% 的学生认为教改加强了师生之间的交流，密切了师生关系；教改旨在培养学生的多种能力与综合素质，认为这样的目标已经实现和基本实现的学生占 66.66%。

教改的成效是显著的，有目共睹的。73.33% 的学生表示欢迎研讨式教学法，83.33% 的学生认为这一教改值得推广。更让人高兴的是，有 20 个学生，占 66.66%，在平时的谈论中把研讨式教学改革的活动介绍给外班、外系甚至外校的同学，得到了广泛的关注，研讨式教学因其实用和符合学生特点而充满迷人的魅力。

学生评学议教文章览要*

自1997年9月开始，我在湖南师范大学历史系1995级文科基地班开始进行研讨式教学改革探索，旨在培养学生的科研意识与科研能力，获得学生的热烈欢迎和广泛支持。

1998年我把研讨式教学改革探索扩大到历史教育专业班，亦受到广大学生的热烈欢迎和大力支持。从这一年起，我先后在湖南师范大学和湘潭大学两个大学的历史系推行“研讨式五步教学法”，在湖南师大历史系的1996级、1997级、1998级的基地班和教育专业班和湘潭大学历史系1999级、2000级党史和历史专业班扎扎实实地“种试验田”，均获得成功，受到学生的广泛好评和高度赞扬。

学生们心目中的研讨式教学改革和“五步教学法”，在他们期末撰写的评学议教文章中都有生动的体现。这些文章分别刊载在各个年级教改成果汇编《近代湘籍名人研究备要》，《群言》一、二、三、四、五和《五步教学法的研究与实践》一、二之中。

---

* 本篇是郭汉民教授从湖南师范大学历史系1995—1999级本科生和湘潭大学历史系、中共党史系1999、2000级本科生的评学议教文章中辑录的。

这些文章都是在“五步研讨式教学”的最后一步，即“总结提高”阶段写成的。教改计划要求“每个学生根据切身体会写一篇教改评议，说长道短，评头品足，提建议，谈看法，题目自选，篇幅不限”，旨在及时总结经验，以便发扬成绩，纠正失误，改进教学工作，使研讨式教学模式不断完善。在撰写这些文章之前，我曾向学生提出四点要求：一是真实，要谈真实感受，实话实说，绝不要讲假话，不要讲违心的话；二是具体，要力求把切身体会和发自内心的感受写得尽量具体一些，避免空发议论；三是力求深刻，即要求运用教育学、心理学的理论知识加以分析；四是语言文字要尽量优美和生动一些。为了保持原有面貌，尊重学生个人的意见，这些文章在刊印时除错别字外均未改动。

为了更好地了解广大学生对研讨式教学改革和“五步教学法”的真实感受、具体看法、真挚情感和强烈愿望，最近，我反复通读了这些文章，并将其摘要整理。整理的原则依然是尊重学生的发言权，尊重学生的个人意见，依照“真实、具体、深刻、生动”的要求，尽量保持评学议教文章的原貌、原意和原来的观点与看法。

湖南师范大学历史系 1995 级

湖南师大 1995 级基地班黄强《学习小结》写道：

“转瞬间，‘近代湘籍名人研究’的选修课就要结束了，可我们似乎还对其恋恋不舍。记得当初选课时，是抱着略学一二的心理，然而，一个学期下来，我的收获远远超出了当初的设想，我不仅了解了近代湘籍人才群体的概况，而且培养了自己基本的动手能力。

“当然，这一切都来源于郭汉民教授别出心裁的教学改革。郭教授站在开拓专业知识、提高学生素质的高度，一改以前填鸭式、满堂灌的教学方法，让学生自己动手负责讲解一个人物。这样，同学们分头完成一个人物，无疑调动了广大同学的学习积极性和创造性。同学们辛辛苦苦去图书馆查资料，阅读第一手文献，作了大量读书笔记和摘要，然后自编讲稿，自己试讲，最后自己登台正式讲解。从中，我们收获很多。一方面，通过查阅资料，我们初步熟悉了科研事项，写十多页的讲稿，也锻炼了思维能力和写作能力。另一方面，通过登台亮相，我们的胆子变大了，口头表达能力有了明显提高。更重要的是，这样的课堂教学，学生和老师能积极地进行面对面交流，开拓了同学们的思维，打破了过去课堂上沉闷的局面，创造了一个活跃的气氛。

“此外，这种教学把点与面很好地结合起来。同学们既了解整个近代湘籍名人的情况，同时，对自己所讲的人物格外清楚，了如指掌。

“这样的教学方式应该推广开去，也只有这样的教学能更好地培育出人才。

“在此，我们衷心感谢我们敬爱的郭汉民博导，没有他就没有现在教学方式的改革，就没有我们现在素质的提高！”

黄强说“近代湘籍名人研究”课程就要结束时“我们还对其恋恋不舍”，这种感受不仅仅是他个人所独有的。后来被保送到上海某高校读研究生的钱英说“教学改革最大的受益者是我们学生”，点出了问题的实质。

1995 级基地班钱英《学习小结》写道：“教学改革最大的受益者是我们学生，我在郭汉民老师所授的‘湘籍名人研究’这门课的学习过程中，深深地体会到了这一点。这门课采取学生讲课、老师评课的新形式，使我们感到了不再是传统的一言堂那样被动地接受知识，而是给予了我们充分的时间和空间去锻炼、发挥自己的能力，并激起了浓厚的兴趣，这样我们才是主动的，我们才是主角。

“我感到要上好这堂课真的不那么简单。自己讲课需要查找资料，准备讲稿，台上那 30 分钟往往都是课前好多天的扎实准备换来的。听别人讲课，也并不轻松，还必须给予评价或围绕某个问题展开讨论。这样说起来，比平时光带支笔带个笔记本来听老师讲课可要累多了，但这种累让我感到充实，我融入了其中。

“有了这种好的学习气氛和感觉，我不仅仅对所学知识（20 多名湘籍名人的生平、思想及研究状况）有了十分具体深刻的印象，更重要的是，学习研究的方法、经验及基本技能都在不经意间提高了。比如我从前总因不会质疑、不知从何处入手写论文而感到困惑，而上这门课，从写到讲到听到辩都必须亲自实践，不论是人物的微观事件还是宏观评价都必须认真思考，并且在互讲互评过程中取长补短，共同提高，真的使我提高不少，受益匪浅。

“真心希望这种教学改革能够得到推广。”

黄强和钱英的感受还可以从1995级基地班姚丽君同学那里得到证实。

姚丽君最初没有选我的课，当她从同学那里得知我的课非同寻常时，主动上门请求我给她一个学习和锻炼的机会。

她在自己的《学习小结》中写道：“首先我要说的是，我本来没选‘近代湘籍名人研究’这门课，但是这门课本身吸引了我，使我自愿地听这门课，所幸郭老师给了我这次机会，我也能够一试身手，不仅感到受益匪浅，而且其乐无穷。

“说‘受益匪浅’，是因为我感到我在研究杨度的过程中，查阅、翻看、掌握了很多关于杨度的资料，对他的生平、主要活动都了如指掌，对于史学界评价杨度的争论也知晓一二。若是光由老师讲，我恐怕对杨度的印象是浮光掠影，过目就忘。

“说‘其乐无穷’，是因为我感到我发挥了自己的主动性，检测和锻炼了自己的能力，体验到了做学问的精细和一丝不苟的态度，这些都是我所喜欢的。所以从这种做学问的方式中，我体验到了快乐。

“我认为，‘近代湘籍名人研究’课这种教学方式，令我神往。开始没选，我后悔；后来加入，我有幸。”

同一个班的刘蔚写的《学习小结》是这样的：

“这学期，有幸选修了郭老师的‘湘籍名人研究’这一门课，我觉得自己有以下几方面的收获：

“一、通过听课，我了解了近代史上一些与湘籍名人活动有关的问题，这对加深我对近代史基础知识的了解起了直接的促进作用。

“二、我在搜集郭嵩焘资料的过程中，对他与李鸿章外交观比较，以及他与厘金制度的关系问题产生了研究兴趣。

“三、在与郭老师的一些交往中，我深受其严谨的治学态度和平易近人的为人作风的影响，体会很深，不仅要学老师做学问，还要学老师做人。

“四、平生第一次上台讲课，很受锻炼，全班同学也都有这方面较深的感触。”

1995 级基地班女生戴佳是这个班表现比较突出的一个，曾在全校性教改研究课上作为学生代表担任讲课任务，受到大家好评。她的《学习小结》写了 1000 多字，既有感性体验，又有理性分析，还有进一步教改的建议。全文如下：

“本学期‘湘籍名人研究’课程，作为一个教改实验课，突破‘教师讲、学生听’的单向传授的传统教学方法，在老师‘主导’的同时，让学生走上讲台，充分发挥‘主体’作用，取得了良好的成效。在该课程中，我不仅自己先后讲课三次，且认真听了 20 多位同学的讲课，觉得这次教改有以下优点：

“1. 贯穿爱国主义思想教育。近代湘籍名人构成了中国近代史上一个令人瞩目的群体，其精神思想核心——‘经世、爱国、务实、奋斗’值得每一位中国人继承与发扬。在这门课程中，这些重要人物被一一展现，纵使其中不乏过失者，而爱国与奋斗的主旋律却深入同学心中，课堂成为进行爱国主义教育的很好的场所。

“2. 课外准备是课堂教学的延伸，增大了课堂容量。以往的课，学生仅限于在课堂两个小时内被动地获得有限知识，而现在自己要上台讲课，就必须花多倍的时间去查阅资料，尽可能全面准确地把握所讲人物。就我个人经验而言，台上讲 30 分钟，而‘台下’却花了近一个月的时间，由于接触到较多的史料，也大大增加了知识量。

“3. 培养了学生做学术研究的初步能力。在查阅资料过程中，我们翻阅了报刊资料索引、历史学年鉴及各类专著、论文，这使我们掌握了做研究的首要步骤。进而了解学术界对历史人物的研究状况，比较各家之言，提出自己的见解，并与老师同学交流，这都有助于为今后的研究打好基础。

“4. 提高了学生的教学能力。在‘教’方面，学生要组织讲稿（要求逻辑严密，条理清楚），还要注意教态、板书设计等，对于师范技能培养很有帮助。在‘学’的方面，学生不仅学习了知识，还参与评课，有助于知识的深入及独立思考。

“5. 增进了师生之间的交流。曾经有人形容大学的老师‘来去匆匆’，很少有与学生交流的机会。现在，学生要提前将讲稿让老师批阅，一遍不行甚至还要修改几遍，学生与老师之间不再疏远了。当然，这样做老师的确很辛苦。

“一门课程的初步改革能够得到以上效果，应该说，相对于以前的教学方法来说是一个巨大的进步，但由于它只是一项教改实验，必然存在有待改善之处。主要是：

“1. 学生的关注面狭窄。每一位同学讲一个湘籍名人，再评一位同学的讲课，容易使学生对其他历史人物的关注不够。

“2. 学生缺乏课堂组织能力的锻炼。学生虽然走上讲台，但并未像老师一样组织教学，如组织课堂讨论、适当提问等。只管一个人在台上讲，容易造成课堂气氛沉闷。

“3. 学生缺乏对一个历史人物的个人见解。多客观讲述，少个人见解，不利于培养学生的独立思维。

“以上几点不足之处都只是问题的细小方面，并不影响此次教改在大方向上的成效。感谢郭老师为此做出的辛勤工作，并祝愿下一轮教改有更大的突破，获得更大的成功。”

当我读到学生们的这些感受时，我的心灵受到震撼，它表明，凡是真正有利于学生的教改，一定会得到学生的拥护和支持；而真正得到广大学生拥护和支持的教改，作为教师，我将不遗余力地坚持进行下去。

湖南师范大学历史系1996级

湖南师大1996级刘英《教改评议》说：

“这次教改我觉得对自己有很大的促进作用，它使我能够在老师指导下学习如何系统地查阅文献资料，培养了学习的主动性，使自己成为‘学’的主体。

“总的说来，这种教学方式较适应于大学教育，符合大学教育培养学生自学能力的宗旨，提高了学生的科研能力、表达能力、教学能力等各方面的能力，十分值得推广。”

1996级丁三伏《我看“五步教学法”》写道：

“这种新的教学方法充分体现了学生作为学习的主体，老师作为引路人这一教学实质。

“为了上好课，每个学生都充分发挥了他们的学习热情和积极性，上图书馆查资料，整理思考，再写成文章，修改再修改，每个同学都将自己摆在教师这一位置，要上讲台讲课，所以态度也极为认真负责。

“就讲课的艺术和技巧来说，这种新的教学方法让同学们提前实习，让同学们了解到自身的不足，或普通话或板书，故有意识地加以改进。

“就教改的整个效果而言，比起以往的老师台上讲，学生们台下记，知其然不知其所以然来说，进了一大步。由于是同学们自己备课，对内容的了解比较清楚透彻，何况还有同学们‘挑刺’。

“郭教授的‘五步教学法’费尽了心思，将自己放在了学生的位置上，开辟了教学上一个全新的天地。”

1996级刘文龙《“研讨式教学”值得推广》写道：

“我国传统的老师单方面讲授、学生被动接受知识的教学方法，有人将其概括为‘课前赶鸭子’‘课堂填鸭子’‘期末烤鸭子’‘毕业变成板鸭子’。这种说法虽然过激，因为传统教学方法毕竟对传授基础知识还是起了很大作用的，但也已经暴露出它的严重弊端，显然已经落后于时代潮流，造成了老师教和学生学的严重脱节，满堂灌和学生理解消化甚微形成了鲜明反差，学生的学习主动性很难调动起来，必须进行改革。

“郭汉民老师在给我们开设‘中国近代思想史’这门课时，大胆采用‘研讨式五步教学法’，向传统落后的教学模式提出了强有力的挑战，我们获益匪浅，深深感受到‘研讨式五步教学法’对提高大学生素质的重要性。

“首先，它给我们带来的最大的好处是‘授之以渔’，即告诉我们如何学习，如何去做学问，如何搞研究，教我们如何去查资料，如何去写论文，这样我们就掌握了如何去做学问这把金钥匙，我们的学习目的也就明确了，再没有以前那种茫然的感觉。

“其次，这种教学方法能够培养我们各方面的能力，而这些能力对于我们今后的工作又是相当重要的。通过到图书馆去查找资料，我们学会了查找的方法，熟悉了与我们专业有关的许多重要参考书，这能帮助我们今后少走弯路。在写论文的过程中，我们锻炼了如何构思，如何处理资料，如何组织材料，如何表述等文字表达能力。最重要的，当我们小组讨论时，人人上讲台当了一回教师，更是锻炼了我们的语言表达能力、板书能力，促使我们关心自己的教态。这一点，我们大家都深有体会，看似简单的教学，等我们一上讲台就‘洋相百出’，这是我们始料不及的，这对我们触动很大。在传统教学中，我们根本就没有出‘洋相’的机会，因而这方面的能力根本没有触动，可以说是一片空白。

“再次，这种教学法能够把学生的学习兴趣充分调动起来，学生可以充分发挥自己的主观能动性投入学习，通过自己劳动所获得的知识理解就更深刻，想忘都很难，教学效果明显提高了。而且由于学生的主体作用和老师的主导作用都得到了发挥，课堂气氛十分活跃，师生之间的交流大大增多，师生之间的关系就更加融洽。相比传统的教学法，老师一个人站在讲台上不停地讲，一下课就离开了教室，师生之间交流不多，总有一层隔膜。

“总而言之，‘研讨式五步教学法’是一种具有相当活力的教学方法，它能根本改变传统教学中那种死气沉沉的局面，是一种值得认真推广的教学方法。”

1996级李旭文《走上讲台的前前后后》写道：

“新学期伊始，‘中国近代思想史’课程走进了我们的学习生活。给我们讲课的是年近花甲的郭汉民教授，他的课讲得十分生动，教态富有动感，语言引人入胜。当得知郭教授将实行‘研讨式五步教学法’，我们两个班的同学都能走上讲台，分组试讲中国近代史上20多位著名思想家时，个个兴奋不已。

“我选的人物是严复。当时对严复的了解，仅仅限于他翻译过《天演论》《法意》等著作，其他便一无所知。为了上讲台能有充分的材料，我多次上图书馆，将严复的生平、主要思想以及后人对他的评价等一一摘抄、归类，然后花了几天时间将之整理成稿，并熟诵。

“第一次试讲，面对的是本组同学熟悉而又热切的眼光和研究生老师专注的眼神，不免紧绷了神经。我平静了心态，迅速投入到讲课之中。终于，我被推选出来上公开课。此时，我既高兴，又清楚肩上的分量。

“为了上好公开课，小组组长黄旭东一次又一次组织本组同学给我评课，交流思想，挑毛病，找不足。这样，稿子修改了三遍，原来的讲稿可以说是‘面目全非’，内容更丰富，数量更多，稿子更长，同时任务也更重了。在其后的三次试讲中，为了使课讲得更生动，我又向1995级的学长取经。令我感动的是，郭汉民教授在我们每次试讲时总是不厌其烦地听课，评课，全然不顾其间的枯燥与乏味，更令我感动的是，郭老师在百忙中又抽时间给我修改讲稿，耐心地给我讲教学法。正因为如此，我才真正明白了‘为人师’的丰富内涵。

“12月10日，是我渴望了许久的一天。清早，当我走进教室，郭老师立即关切地问：‘昨天晚上睡得好不好？’当得到肯定答复后，他点点头，高兴地走了。‘酿得百花成蜜后，为谁辛苦为谁甜’——这就是我们的老师！

“走上讲台，面对的是朝夕相处的同学、年轻的研究生老师、诲人不倦的郭老师和院系领导，我的心跳又不免加速，脸在发烧，手足无措。但是，‘战胜自我’这一念头给了我莫大的勇气，我将眼光投向台下，得到的更是热切的目光与鼓励。刹那间，我不再畏惧。‘大家知道，今年是戊戌维新百年纪念，也是《天演论》出版百年纪念……’一段开场白后，我恢复了自信，说话也流畅了。切入正题，先讲生平，再讲代表作、主要思想，最后评价，穿插板书。讲完之后同学上台评论，与我交流，整个教学过程浑然一体。当我走下讲台时，台下是一片热烈的掌声。喜悦与激动充斥了我的心，掌声中，我懂得了许多：‘不经历风雨，怎能见彩虹，没有人能随随便便成功。’

“虽然我的讲课不能算是很成功，但我却深深感到：唯有潜心付出，才能收获真诚。这是我第一次真正走上讲台，也是朝今后的教学生涯跨出的勇敢的第一步。我不能说我跨出了伟大，但我能大声对自己讲：你战胜了自己！”

1996 级何丽《我走上讲台的前前后后》写道：

“终于踏上了这方讲台，十几个日日夜夜的努力，成败在此一举！

“踏上讲台，成就感和悲壮感交织在一起。擦完黑板，摊开讲稿，终于要面对那数十双熟悉而此刻则似乎陌生的眼睛，原以为自己会怯场，谁知一开口，讲稿上的词句便源源而出，有些竟出乎自己的意料，讲罢下台，且不管掌声是稀拉还是热烈，先在心中对自己说：‘成功！’

“在研讨式五步教学的独立探索阶段，心中多少有些不乐意：又要查索引，又要找资料，多麻烦！但事情总要做完，于是便两遍、三遍地往图书馆跑。这一跑倒跑出了几分乐趣来，当一则资料遍寻不到最后却在心急如焚之际在书架的角落中发现时，那种欢喜若狂的感觉是平常难以想象的，因而也便懂得了老师们做学问的艰辛。况且这才是做学问的第一步。及至讲稿初稿完成，心里也已很有些满足感了，于是满怀自信地拿到小组中试讲，谁知小组同学纷纷评论，说生平太多且杂，而重要思想部分则过于简单，而且讲课无法脱稿等。听完后心里一凉：原来还差得远哩！只好把讲稿拿回来修改，第二次小组讨论再拿去讲，仍不够好，再改，再讲。

“这时，大班讲评已经开始了。各组精英纷纷登台亮相，这才发现：原来班上人才济济，有的口若悬河，慷慨激昂；有的从容不迫，有条有理。教师风范可见一斑。当然，也有一些同学的水平‘一般’，但可以看出，每个同学都付出了辛勤劳动，尽了最大努力来上好这一堂课。反观自己，讲稿仍不熟悉，不免惭愧！

“从此，晚上无课之时，便以寝室为假想课堂，进行一遍遍的练习，这讲课可不仅仅是备备课，上台讲讲便行，其间大有文章。比如在上课的时候，你要将时间安排得合理，如何在规定时间内把课讲得既完整又生动，这是最重要的。又如上课中，应在什么样的情况下使用手势和语气词？是否应在讲台和课桌间走动，以免教态过于死板？这些都不得不考虑，必须在练习时不断揣摩。也正是在这种不断揣摩的过程中，自己学到了一些东西，对于教师这一职业也有了更深的认识。这多日的努力，正是为了讲台上那短短的半小时。然而并不完全是这样，种种的辛苦，一方面是为了完成学习任务，另一方面自己也接触了一些新东西，掌握了许多知识。比如索引，以前只是在中学语文教材上了解到，这次终于有机会自己实际操作，同时也学到了一些有关备课的知识，更重要的是，对于自己的能力有了新的评价。

“可以说，郭老师的研讨式教学改革迈出了虽艰辛却可贵的一步！”

1996 级历史教育班池大军《授人以鱼更要授人以渔》写道：

“我非常喜欢郭老师的课以及他的‘研讨式五步教学法’，郭老师渊博的学识、平易近人的态度让人倍感敬佩与亲切，而‘五步教学法’则让被‘填鸭式’灌得昏沉麻木的我们顿感耳目一新。

“这种教学方式，以平等的精神来对待学生，师生融为一体，气氛融洽，我们得到的不仅是‘鱼’，更重要的是我们初步学会了‘渔’。最基本的是让我们学会了如何写论文以及如何走上讲台。最大的优点是它激发、体现了大学生的自主精神。

“首先说讲稿的撰写。我们学会了利用图书馆这座知识宝库。例如查索引、年鉴、资料，了解写文章的格式，知道注明所引书目。而这一些，是我以前所不知道和不了解的。郭老师特别强调写讲稿论文要注明引文来自何处，不要剽窃别人成果据为己有，做学问要严谨，让人从敬意中感受到一种人格的力量，有时会影响我们对人生的态度。

“写讲稿，从初稿、小组讨论、修改到再讨论、定稿，看到一叠整齐的稿纸，竟由最初的嫌烦转而喜悦，有了一种成就感。因为无论好与否，都是自己一步步亲手做来的。

“再说上课，这给了我们一个很好的锻炼机会。站在讲台上，短短30分钟的试讲，或许从容或许紧张，但无论如何我们都想呈现出最好的，考虑板书是否工整，声音是否洪亮，教态是否自然。没有人会嘲笑你，而我们正好可以观摩他人，对比自己，取长补短。兴趣激发着我们的热情，既长知识，又锻炼能力；鱼、渔兼得，不亦乐乎！

“试讲中我最佩服的是刘爱晖同学，教态落落大方，平和自然，听起来是一种享受。我觉得作为老师，上课就应该有这种艺术的美感，声音清亮，口齿清楚，沉静自如应是最基本的素质。

“这种教学方法应该大力推广，授予‘鱼’，且授予‘渔’。大一就可以选一门课运用这种方法，大三可以将这种课程增加。将这种平等研讨的精神，学生自主的精神融入学生思维，这是一种极为有益的引导。”

1996级石光辉《体会“研讨式教学法”》写道：

“‘研讨式五步教学法’是一种全新的教学方式，它改变了传统的‘满堂灌’的教学形式，把学生学习的积极性、主动性充分调动起来，它以培养学生多方面的能力为目的，并将其贯穿于教学过程的每个步骤。

“具体说来，它有以下特点：

“一是坚持了教师的主导作用，更注重于学生的主体作用。老师通过上好导论课，使学生了解到此课程的程序与结构，然后放手让学生去查找资料，撰写讲稿，学生变被动接受为主动探索。

“二是培养能力与思想教育相结合，老师注意‘授人以鱼’，但更注重的是‘授人以渔’。学生在撰写讲稿过程中，不断查找资料，修改润色，并且得到老师的适时指导，这既锻炼了学生的能力，又密切了师生联系。这门课程所选的中国近代思想家颇具代表性，他们的思想对近代中国社会产生了很大影响。学生通过亲自撰写讲稿，上台讲课，切身体会到其思想内涵，在不知不觉中受到了一次深刻的爱国主义教育。”

1996级廖勇智《教改评议》写道：

“这一学期我们的‘中国近代思想史’是郭汉民博导教的，一时心情大为振奋。更意想不到的是郭教授的教改，引起的不只是我个人极大的兴趣，而且是两个班的同学的极大的学习与参与热情。

“用一个字来概括郭教授的教改，就是一个‘好’字。

“怎么好法呢？我的感受是，教改改变了教师唱主角的传统，反过来让学生唱主角。教改要求每一位学生亲自查资料，写文章，并以小组讨论的形式让每一位同学都必须走上讲台，这无疑给了同学们一次施展才华的机会。面对同学上课，克服自己的胆怯心理，为大四的教育实习做了一次‘革命演习’。

“另外，教改从每个小组中挑出几个讲课讲得好的同学在两个班上进行公开试教，让同学们领略他们的口才、激情和思想，又让同学们上台评课，彼此相互切磋，有利于共同进步。

“因此我觉得，郭教授的教改搞得好，在当今的教育界，首倡尊重人性和以发展人性为目标，令人拍案叫好！”

1996级封金坤《“授人以鱼”与“授人以渔”》写道：

“‘授人以鱼’与‘授人以渔’是两种传授知识的方法。大家都知道，‘授人以鱼’即单纯地向学生灌输知识，而让学生接受并加以巩固，到考试时又全部搬出来放在纸上，考完后就在大脑中消失得无影无踪。这种方法是当前的主要教学法，也是教育改革的对象之一。而在选修‘中国近代思想史’后，才知道‘授人以渔’才是教学改革的目标。

“首先在上课之前必须有讲稿，要写讲稿必须去查资料，查索引，一切都要自己动手。讲稿写好之后，要在各小组试讲，这就是关键，讲课的好坏主要在于自己的发挥，然后通过小组成员的评议指出优缺点，便于以后更好地教学，讲得好的再到大班上课时讲授。这种方法，老师给我们的是‘渔’而不只是‘鱼’，有了捕鱼的方法就不愁没有鱼了。

“在教育改革的今天，这种探索的确有其发展前途，尤其是对于我们在教育实习前没有上过讲台的人来说，更是一种锻炼自己的好方法。”

1996级刘宇《研讨式教学评议》写道：

“最近几年，随着教育改革的逐步深入，我校广大教师在实践中创建了一批新型的教学活动模式。其中，历史系郭汉民老师建构的‘研讨式教学法’独具匠心，颇有特色，这一教学模式对于推动我校教学改革，正在发挥着越来越大的作用。

“我认为，‘研讨式教学’的主要优点在于：

“首先，学生在查资料、写论文、试讲和评课中，形成了一定的兴奋感和自信心，从而提高了学习的动机水平；

“其次，通过查资料、写小论文，使学生初步掌握了发现的方法，培养了解决问题的能力和创新精神；

“再次，学生要上讲台讲课，先前已经把知识系统化、结构化，所以能更好地理解、掌握所学内容，也能更好地应用所学知识；

“最后，学生在讲课中也培养了师范技能。

“它的局限性在于它过于突出学生的主体作用，分五步走的程序使学生耗费的学习时间和精力较多。

“应该指出的是，师范大学是培养教师的摇篮，‘研讨式教学’模式一改往日的‘满堂灌’，让学生发挥主观能动性，走上讲台讲课、评课，无疑受到广大学生的欢迎。

“我们希望广大老师能从郭老师这一思路中得到启示，把我们从‘满堂灌’的压抑中解放出来。”

1996级廖冬生《“授人以鱼”与“授人以渔”》写道：

“古人云：‘授人以鱼不如授人以渔’，我认为，此话很有道理。

“授人以鱼，得鱼的数量是有限的，仅可受用一时；而授人以渔，得鱼的数量却是无限的，可以受用一生。可见，方法比纯物质更重要。

“同样，在教书育人当中，此理也甚合适。教给学生纯知识，倒不如教给学生学习知识的方法。特别是在大学教育中，此理就尤显得重要。

“作为大学生，一般都掌握了一定数量的知识和学习技能，具有一定程度的文化水平，对于纯知识大多能够脱离老师自行消化，而对于做学问的方法，特别是对于学术探讨和研究，就显得捉襟见肘，力不从心了。这时，就需要老师的教导与指引。

“针对目前大学生听课兴趣衰退的现状，大学教学改革势在必行。最近，郭老师推出的研讨式教学法无疑是顺应了这一要求。

“总之，我觉得大学历史教学，应注重在传授学生分析历史之方法，重在讲授有关历史的新观点、新理论，重在介绍历史与现实的结合，历史对现实的警示与指导，而以历史事实的传授为辅。说来说去，还是那句古人之言：‘授人以鱼不如授人以渔’。”

1996级胡韵娥《教改小议》写道：

“第一次上课，郭老师是带着满脸的汗水匆匆地走进来的，然而那北方人特有的豪爽与热情却给人一片灿烂的心情天空。接下来，便得知了他的教改计划，顿时来了一种新奇感。

“第一步是定人选，凭着那份乡情，我毫不犹豫地选了陈天华。平时不大喜欢上图书馆的我，也被迫天天跑图书馆。首先是查索引，可我从来没有查过。经过自己的努力，我慢慢地学会了怎样去查索引，查资料，怎样去筛选资料。通过这些程序，我对陈天华的知识也掌握了不少。

“试讲那天，我真的有点跃跃欲试。平时，我很怯场，这次提供了一个上讲台的机会，我得好好抓住，好好珍惜。踏上讲台，心在怦怦地跳，脚也有点发软，心在给自己加油：‘稳住!’平时，我也确实以为，做个教师很容易，觉得自己口才过得去，可是真正操作起来，才发现真有点困难。教改正好有利于我们锻炼当教师的各方面的素质。

“教改是新东西，相信不断完善将取得更大成功!”

1996 级肖芳莉在《我的体会和思考》中写道：

“这个学期由于学习‘中国近代思想史’这门课程，我和全班同学一起尝试了一种全新的教学方法：‘研讨式五步教学法’。通过将近一个学期的亲身参与以及其间的耳闻目睹，我有一些比较深刻的体会。

“这种教学方法的第一步是由郭老师给我们上导论课，他为我们讲解了龚自珍、魏源等人的思想，使我们了解了全课程的基本脉络，得到具体研究任务后，就开始了第二步，我们自己动手查找索引、查找资料，撰写讲稿，这是至关重要的、并需要付出艰辛劳动的一步。

“9 月下旬到 10 月末，我多次到图书馆文献检索室、过刊室及藏书楼查找资料，通过这一步骤，我懂得了如何利用图书馆整理出自己需要的东西。在这段时间，同学们互相鼓励、互相督促，表现出极高的兴致。修修补补中，我们的讲稿写出来了。

“接下来就是走上讲台，进行小组交流。交流中，每个同学都必须走上讲台讲课，而由全组成员听课评课，并由研究生助教指导。第一次上台讲课，尽管有所准备，还是免不了紧张，但经历了第一次后，就发现了自己需要改进的地方，对胆量也是一次锻炼。

“听完小组每个同学讲课后，到了第四步，由各小组推选的代表在班上讲课，师生共同听课评课。许多同学的讲课评课都是很精彩的。尽管不够老练，有待进一步提高，但他们的表现无疑是令人称赞的。与他们相比，我有许多需要改进的地方，学到了许多东西，许多知识，了解了中国近代思想的演变与发展。最后一步要做的是总结提高，也就是我现在做的，根据自己的切身体会写一篇评学议教文章。

“在这一系列过程中，我体会最深的就是这种全新的教学方法对学生能力的培养。通过学生自己动手、动口，学到的不只是书本上的知识，更锻炼了我们的表达能力、独立思考能力和教学能力及学习的方法，令人终身受益。

“但是，公正地说，这种课比其他课所占的时间多出许多，无疑增加了学生的负担。总的说来，这些缺点已被其优点所掩盖，通过一个学期的学习，我感觉获益甚多。”

1996级陆皓楠《“五步教学法”随想》说他“喜欢有思想”，毫不犹豫地选修了“中国近代思想史”，而且选择蔡元培作为自己的研究对象：

“得知这门课采用‘研讨式五步教学法’，更是高兴。由于时间和其他因素，在五步法过程中，我做得不是很好。但令人高兴的是，我们已经迈出了第一步。

“‘大学几年，我干了些什么？会干些什么？还将怎么干？’以往我经常问自己。坐在教室里，一堂课下来，我的思绪不知飞到哪里去了，或者就那么干坐着，只是听，没有表达。笔记太多，来不及记下，也懒得记。‘五步教学法’似乎就免去记笔记之苦，一切都是自己做主，这种感觉挺好：跑图书馆、查阅资料、撰写提纲、编写讲稿、练习试讲、登台亮相。一切都在行动中。师生关系也变得融洽，因为大家有了更多的交流。

“正如那个老故事：你有一个思想，我也有一个思想，互相交流，就有两个思想。这不仅是量的增加。我们是‘思想的巨人，也是行动的巨人’。

“也更加理解老师上好一堂课的不容易，深切地感到原来上课也是一种艺术，正如生活一样。好的课总会给人一种享受，因为那是和谐、自然，更是一种美。

“历史上有那么多有争议的人物或事物，可以拿到教室里让同学们进行自由式的辩论或者进行沙龙形式的交流。也许，我们并不是每个人都将搞历史研究，但学术自由研究的风气应该非常浓厚，我们的口才表达、文字组织、思维意识以及一些非智力因素应该得到提高。这样，我们的素质和能力训练还能不进步吗?”

1996级欧霞《我的感受与建议》写道：

“在长期习惯于传统的教师单方面讲授、学生被动接受知识的教学方法下学习之后，接触到郭老师的‘研讨式五步教学法’，使我有一种很清新的感觉。依此教学法学习了一个学期后，也确实感到自己学习到了不少知识，而且并不只限于书本上的知识，还有其他方面的知识。

“十多年的学校生活几乎都是在教师惯用的填鸭式教学下完成的。这使我也几乎已经习惯了那种被动的学习，很少主动积极地去学习，尤其是如历史这类我并不感兴趣的课程。最初听郭老师介绍‘研讨式五步教学法’时，只是觉得很新鲜，也诱发了我的一些兴趣。但逐渐郭老师身上那种特有的源源不断往外溢着的激情也感染了我们每一位同学，使我们很快都有跃跃欲试的冲动。这使我们的‘五步教学法’的实施有了一个良好的开端。

“通过老师上导论课，我们基本上了解了全课程的脉络，知道应该怎样去检索资料，这使我们中许多同学第一次了解了通过找索引、查资料这一途径。虽说检索、阅读资料，并整理成稿，需要花费不少课余时间，但这一系列过程在无形中锻炼了我们的动手和动脑能力，通过分析，阅读思考，也使我们对自己需要研究的人物有了更深的了解，使我们摆脱了以往那种只记死答案而不思考问题的旧的学习模式。如此，学到的知识也不再像过去那样在考试过后便还给老师了，而是真正变成自己消化吸收的东西。

“对于我们师范院校的学生而言，讲台将是我们一生工作的舞台。授课能力对一名教师而言是极为重要的。通过上台讲课，既锻炼了一个人的胆量，也锻炼了语言表达能力。通过听别的同学讲课，可以从他们身上学习好的方面以提高自身的讲课水平。总之，此教学法不但培养了学生的动手能力，也锻炼了学生的书面和口头的语言组织和表达能力，充分发挥了学生的主体作用。当然，其间老师也必须充分发挥其主导作用才能使整个过程顺利而又有成效地发展下去，可以说对学生、对教师都是一种锻炼。

“就我的亲身体验而言，我觉得小组交流过程的重点应该放在讲课之后的讨论，小组代表的讲课不要过分注重外部表现，应该注重课程内容的质量。至于讲课能力非一时可以提高，需要自己注意长期锻炼才能实现的。重点还是在于通过自己检索、阅读资料、撰写讲稿、上台讲课评课这一套完整的程序，让自己充分、透彻地掌握知识，不可本末倒置。

“当然，这只是我个人的建议，希望‘研讨式五步教学法’能更加完善，更加科学，在实施过程中更加有成效。”

1996级历史教育班罗上忠在《我的体会与思考》中写道：

“‘研讨式五步教学法’与以往的填鸭式教学相比，体现在一个‘新’字和一个‘好’字上。

“研讨式的‘新’，就是师生共同上课，本科生与研究生共聚一堂。郭老师在前面引路，提出了近代时期主要思想家，放手让学生大干一番：查索引、查资料、写讲稿，学生上台讲课评课，相对于教师单方面讲授的填鸭式新多了。

“研讨式的‘好’就是‘授之以渔’，让学生自己发挥，自己讲评。它能很好地培养自己的能力，特别是科研能力和师范能力。教育班大部分学生以后要当老师，师范能力是必不可少的。研讨式教学就让我们得到了很好的锻炼。

“当老师必须搞科研，查索引、找资料可以说让我大开眼界，增添了学习的兴趣。

“研讨式教学法值得推广，它使我们感受到学习的快乐，提高了我们的能力与素质，为我们以后当好老师打下了坚实的基础。”

1996级杨翠英《评一种全新的教学方法》写道：

“这学期我选修了‘中国近代思想史’，通过一个学期的学习，我觉得受益匪浅。学到了许多以前从未学到过的东西，对中国近代一些思想家也颇有一些了解，尤其是郭老师的‘研讨式五步教学法’，我非常喜欢。我想，这可以说是一次比较成功的教学改革。尤其是对于我们这些师范院校的大学生来说，更有许多可取之处，使我认识了将来作为一名人民教师应该具有的素质。

“学了这门课，我感触颇深。

“首先，我选择孙中山作为自己的研究对象，在郭老师指导下，我学会了查索引、查目录、查资料，懂得了怎样利用图书馆，懂得了怎样写论文，初步懂得了怎样做学问，这是我以前从未学到过的。当然，这门课所花的时间比别的科目要多得多，因为自己写论文，三番五次跑图书馆，占去了大量的时间，使我深深懂得做学问的艰辛。使我明白了，无论是做学问，还是做别的什么事，都需要一步一个脚印，踏踏实实地做。我想，这是我终身受用的东西。

“其次，就教学方法来说，郭老师的‘研讨式五步教学法’是一种全新的教学方法，它改变了以前那种教师单方面讲授、学生被动接受知识的‘填鸭式’教学方法，充分发挥了学生的积极性和主动性，也充分体现了大学生的自主性，尤其是对于师范院校来说，多开设这样的课，采用这样的教学方法，是很好的。它可以使每个学生都得到锻炼机会，为将来的教育实习打下基础。

“我非常喜欢郭老师严谨治学的态度，更喜欢他的‘五步教学法’，希望这种教学方法能够得到继续发扬和推广。”

1996级杨昌云《研讨式教学刍议》写道：

“研讨式教学是我所接触到的一种全新的教学，其中学生的参与度提高了，增强了对该学科的兴趣，拓展了学生的思维和视野，极大地增强了学生的学习能力和思维能力，为将来走上工作岗位奠定了基础。

“但是由于其他各门功课仍然是填鸭式教学，多少影响研讨式教学的进行，同时由于难度大，时间少，功课紧张，研讨式教学的实际效果离我所想象的相去甚远。

“研讨式教学中老师和学生扮演的角色与通常的教学过程中所扮演的角色不同。研讨式教学中，老师只是原则的制定者和调控者，具体执行者是学生。

这样，远比传统教学过程中的学生有更大的自主性、参与性、兴趣性，能够促进学生自觉主动地学习，更好地完成学习目标，达到较好的效果，老师亦能从思维和方法上指导学生学习，学生的能力有相当的提高，学生的思维得到了锻炼，促进学生个体独立分析问题、解决问题的能力，个人素质与传统教学相比有更大的发展。

“通过这个学期的学习，我自感在素质教育和能力训练方面有了一定的进步。以前听老师讲课讲授某一事件的来龙去脉时，因为只是被动地接受，来不及或者根本没有消化吸收，听过之后，只是有点感觉而已，即使考试前强化复习，也只是一种短时记忆，考完之后，差不多忘得一干二净，没有学到什么真东西。在研讨式教学中，由于自己积极参与，同时从多种角度探讨某一观点和看法，加深了对事物的认识程度，更深刻、更具体。在学习过程中，我们自己动手，查资料，找论文，写论文，多多少少体现了参与的意识和主动性，使我们个人动手能力有了大的提高，这或许是我从中得到的最大收获吧。”

1996级唐四红《图书馆在“研讨式教学”中的地位与作用》写道：

“通过这次教改，我觉得自己学到了许多东西，特别是学会如何更好地利用图书馆，而在此之前，对于怎样利用索引查阅研究成果，我可以说是束手无策。

“图书馆提供了丰富的资料，为学生敞开了多方面的知识，便于学生把以前的认识上升到理论高度，进一步形成较为成熟的观念体系。在这次教改中，我在主动和被动双重推动力下，逐渐学会了利用索引、利用图书馆，驱散了对事物的朦胧感，逐渐在认识中从深度和高度上都达到了理想的境地，而且也增强了逻辑分析能力，我对这一点是很满意的。

“据我所知，一般的同学在大四写毕业论文时才会涉及索引的使用，浪费了三年可以利用图书馆这座宝库的黄金时间，所以我觉得尽早学会使用索引，查阅学术论文，丰富学术知识，对做一位合格的大学生尤为重要。这一点可以说是我的亲身体验。”

1996级肖良《我的体会与思考》写道：

“本学期，郭教授的‘研讨式五步教学法’给我留下来深刻印象。我认为，‘五步教学法’是一种较原来的教学方法更好的教学形式，充分调动了教师的主导性和我们的主体性，锻炼了我们的能力。

“研讨式教学是在教师示范下，指导学生学习的一种新的教学形式。这五步由师生在20周左右的时间内完成。老师是一个舵手，适时给我们指导方向，修正我们在学习过程中的缺点，老师无疑要花费更多的时间和精力来指导，我们也要花更多的时间来学习。但是，这样恰恰能够融洽师生关系，师生的主动性与积极性是在交流中调动起来的，完全不像那种‘上完课，老师走人，学生叹气’的形式。

“研讨式教学法一出台，室友都有一种共同的感觉：‘这种课开得太迟了，要是早一点该多好!’确实，在这种教学方法下，提高了我们的表达能力，提高了大家说、写与动手能力，在讲课与评课中，我们比原来更积极、更认真。

“尽管研讨式教学已经取得了很大成效，可是根据我和同学们的感受，觉得还可以有更好的时间安排法。就是指导选题只要两周，独立探索只要三周，其他时间全由小组交流、大班讲评和总结提高来分配，重点在讲评，这种安排可能更适合我们这些受过‘填鸭式教学’苦头的人。

“真心希望，能够迅速完善与推广这种教学方法，使大学成为一个真正锻炼能力的舞台。”

1996级张雪峰《研讨式教改的心得体会》写道：

“史学是集中华民族几千年的文化底蕴于一体的综合性学科，但在经济大潮的冲击下而陷入低谷，正如一位著名学者所说，史学正在成为‘死学’。可是历史学本身需要与时代步伐同步，同时必然与教育改革同步。郭老师的‘研讨式教学改革’，‘授人以渔’而不仅仅是‘授人以鱼’，使听惯了枯燥无味的历史课的学生开阔了视野，更新了观念，从而收到了比较好的效果，赢得了广大学生的好评，无疑是对传统教学体制的一个突破。

“弹指一挥间，新世纪的钟声又将敲响，任重而道远的新世纪的接班人和建设者，把什么样的精神风貌带入21世纪，直接关系到中国的前途和命运。

“通过一个学期的教学改革，我深深感触的有以下几点：

“第一，增强了学生对历史学习的兴趣，为以后的研究奠定了基础。在此之前，学历史的兴趣普遍不高，有的唉声叹气，怨天尤人，认为是时代与自己过不去，除应付考试外很少去钻研历史，把历史研究视为畏途。通过教改，学生积极主动地查阅资料，修改论文，都觉得有所收获。

“第二，促使学生角色的转变。从小学、中学乃至大学，学生一直是被动的知识接受者，而这次却将自己所学的东西传授给同学，为未来走向社会打下了基础。

“第三，提高了自身素质，在讨论交流中取长补短。

“当然，作为学生有些人的积极性和主动性发挥还不够。”

1996级凌群《“五步教学法”小议》写道：

“或许那种传统的灌输式教学方式已使人厌倦，所以每当上课时给人的感觉总是枯燥和乏味。历史的灵气被这一传统的方式打消得干干净净。学生根本接触不到一些新的观点。但是，郭老师的教学改革却给我们一个自己接触新知识、新观点，自己思考历史问题的机会。

“五步教学法的优点是不言而喻的。

“首先，它要求我们进图书馆查阅、思考资料，这样我们就可以更好地利用图书馆有目的地进行学习。

“其次，它可以培养我们动手的能力。要写一篇好的文章，需要我们细致思考问题，并且把相关资料组织成文，同时注意从这些资料中引出自己的观点，而不只是罗列资料。

“另外，小组交流和大班讲评，我们能发现这些观点的不足之处，接受别人的看法，改进自己的观点，就这点而言，这种教学法是非常好的。

“最后，也是最重要的一点是，这种教学方法可以培养我们讲课的能力，我们可以较早地掌握一些教学方法和表达形式，初步地把学、写、教三者结合起来，提高本身的教学能力。

“总之，五步教学法有利于激发学习兴趣，学生能够把图书馆当作获取知识的宝库，学会合理利用图书馆为学习服务，真正主动地去探讨问题，而不是被动地接受一些‘成品’。虽然五步教学法也有自身的一些不足之处，我想如果能够把这种方法与传统方法结合起来，扬长避短，就一定可以产生极好的教学效果。”

1996 级刘丽丽《变被动接受为主动求索》写道：

“郭老师的‘研讨式五步教学法’的实施是值得肯定和积极推广的。

“首先，它突出了学生的主体地位，调动了学生的积极性和主动性，改变了学生被动接受知识的教学方法。在这种新的教学方法的实施过程中，同学们要自己动手查阅资料、撰写讲稿，还要试讲并且有的还要登台讲课评课，同学们真正投入到学习中去，在老师的指导下自己主动学习。

“其次，这种教学方法也有助于培养学生的能力，特别是对于师范院校学生来说，这种教学法使学生意识到作为一个教师的基本功和知识素养的重要性，从而有意识地训练自己。在具体实施过程中，提高了学生的竞争意识，人人希望自己能被推荐上台讲一次成功的课。

“再次，在这种方法引导下，学生们提高了学习历史的兴趣，使学生懂得利用图书馆服务于自己的学习。

“毫无疑问，五步教学法的实施无论学生还是老师，都要花更多的时间和精力，但对于我们学生来说，这是一个极好的提高的过程，所以我希望这种方法继续推广。

“真心希望这种教学方法能继续下去，同时带动别的学科教学方法的改革。”

1996 级田燕兵《研讨式教学值得推广》写道：

“郭老师的‘中国近代思想史’大胆采用‘研讨式五步教学法’，变‘一言堂’为‘群言堂’，活跃了气氛，提高了大家的学习兴趣。

“过去的‘填鸭式’教学，忽视了学生的主体地位，有人把其概括为‘课前赶鸭子，课堂填鸭子，期末烤（考）鸭子，毕业时变成板鸭子’。这样，不利于学生的能力培养，素质教育的号召流于空谈。

“五步法，第一步老师上示范课，考虑了教师的引导作用；第二步学生自己查资料写文章，提高了学生的写作能力；第三步小组讨论，人人上讲台，培养了大家的帅范技能；第四步推选代表在全班上课，增强了大家的自信心、自尊心。第五步写教改评议，总结提高，有利于教学法进一步完善。

“实行这种办法，教师投入的时间并没有减少，学生参与的时间明显增加，但此小斑点无伤育人的大德，大家都对此新事物‘乐此不疲’。

“总之，它就像一面镜子照亮了我们师范生的不足。

“研讨式教学使师生关系更加融洽，是现代先进的教育学理论的产物，是变应试教育为素质教育的必然要求。”

1996级刘满秀《创造性的教学方法》写道：

“回顾以前十几年的学习生涯，我确实认认真真地当了十几年学生，进入大学之后，任何老师都强调作为一名师范生要注意培养自己的素质，当我们这些准教师不知咋办时，郭汉民教授赐给我们一个良机，他以独特的‘研讨式五步教学法’对我们这一学科进行教学改革，使我们人人都有了切身体会。

“郭老师第一堂课就给我们介绍了“中国近代思想史”的主要内容、特色，让学生粗略了解了它的脉络，然后讲了教改方法并给每个学生分配任务，同时教大家如何查找索引、查阅资料等，接着每个学生都到图书馆查索引、查资料、撰写讲稿，小组讨论每个人都必须上台讲课。之后推选代表到大班讲课，小组成员参加评课。最后是总结提高，评学议教。

“纵观这次教改，我们看到，它完全改变了‘教师在上面讲，学生在下面听’的传统教学模式，充分体现了当教师要注重教学方法和能力培养，在增强教师主导作用的同时，更注重学生的主体作用，从而进一步提高学生学习积极性和思维的创造性，以及表达能力、动手能力、胆量等，体现了‘教’与‘学’的有机结合，为学生将来走上讲坛打下了良好的基础。

“郭教授的教改课已接近尾声，我们每个人都赞同这一改革。

“最后，我最想说的一句话是：‘当教师真好，也真难！’”

1996级卓红《研讨式教学刍议》写道：

“现在教育改革紧锣密鼓进行，我校历史系郭汉民教授的‘研讨式五步教学法’独具匠心。

“过去，我们通行的是教师单方面讲授、学生被动接受知识的教学方法。这样，学生对课堂教学就会逐渐失去兴趣，成了‘学一门，考一门，丢一门’，人才培养从何谈起？

“‘研讨式五步教学法’完全改变了教师单向传授知识的方法，而是实行在研究的基础上开展讨论的师生‘群言堂’，是一种全新的教学方法。它将学生纳入了课堂的主体地位，通过查资料、写论文、讨论、讲课等，提高了学生的兴趣，培养了学生的能力，达到了教学的目的。

“总结起来，‘研讨式五步教学法’有如下特色：

“加强了学生在教学过程中的主体作用；

“注重能力培养，如在查资料时锻炼了学生‘广查阅、精提炼’的能力，在讲课评课过程中锻炼了学生的师范技能；

“实现了教与学、教学与研究、传授知识与传授方法相结合；

“加强了师生交流，通过讲课评课、讨论，增进了师生感情。

“‘研讨式五步教学法’激发了学生的学习兴趣，强化了学生独立思考能力和教学能力的培养。

“局限性是查资料、讲课评课等占用的时间过多。”

1996级历史教育班王珊萍《我的体会与思考》写道：

“习惯了过去教师单向传授知识的一言堂，也习惯了做一名忠实的‘记录员’，因而接触到郭老师的‘研讨式五步教学法’，它给我一种全新的感觉，也增添了我学习思想史的兴趣，不知不觉之中我积极地参与了教改。（过程略）不仅提高了我的学习积极性，而且也提高了我各方面的能力，获益匪浅。

“当然这一切来自郭老师教改的几个显著特色。

“首先他注重学生多种能力与综合素质的培养，并将其贯穿于教学的每个步骤并成为教学过程的主要归宿。不仅‘授之以鱼’，更重视‘授之以渔’。

“其次是他充分调动了学生学习的积极性和主动性，变消极接受为主动求索，变‘要我学’为‘我要学’。

“最后是改变了通常教学过程中师生所扮演的角色，变学生为学习的主体，并充分发挥了学生的主体作用，这是符合教学规律的。”

1996级学生朱秀春在《研讨式教学与史学兴趣的培养》一文中写道：

“我们都是初次接触这种完全不同于以往的教学方法——研讨式教学，兴趣大增，而且这种教学法参与性很强。

“老师列出中国近代20多位思想家，将他们分成五组，让我们选择自己最感兴趣的思想家，也分成五组，每人分别将其生平与思想写成论文，并告诉我们如何利用图书馆查阅资料的方法。记得老师布置下任务，我们都一头埋进了图书馆，从一楼跑到四楼，四楼跑到三楼，第一次真正熟悉陪伴了我们两年多时间的‘读书净土’，查索引，找论文，写讲稿，忙得不亦乐乎；想观点，找材料，真的好似‘毕业论文’，我们自己都没有料到会那么热心。

“浩如烟海、内容丰富的报章杂志令我们惊讶，尤其是那么多的史学研究者、业余爱好者，各抒己见，据理力争，表述自己独到见解，令我们大开眼界。生动的语言，精辟的看法让我们不自觉地徜徉其中，好像自己是在与论文作者交流意见，相互探讨。

“此后，我们跑图书馆比过去勤快多了。坐在图书馆里，捧着一本杂志，听古今中外学者侃侃而谈，觉得是一种享受。当我们了解的人或事越多，我们越愿意深入地去探讨，从表面的活动到心灵世界，穷追不舍，并且我相信，我们的这种好习惯肯定会继续下去！

“感谢郭汉民老师让我们领略到学史的乐趣，使我们对历史也有了一个崭新的认识。”

1996 级邹福利《学习撰写论文的途径与方法》写道：

“郭汉民老师别出心裁，进行了教学改革。本期的‘中国近代思想史’课程别开生面，真正让我领略了什么叫百家争鸣。

“郭老师的教学方法极大地调动了同学们的积极性。论文写作花费了我们不少精力。每一个细节之处都令我们大伤脑筋，反复考证，仔细推敲。我们不再是不加选择地照搬别人的东西，每一段文字的取舍都让我们斟酌，大框架的结构更需要专心致志才能衔接严密。虽然我们的论文相对于大家来说，只能是涂鸦之作，但毕竟初具了论文的规模。这对我们以后的学年论文和毕业论文的写作都是一个良好的开端。

“（大班讲评阶段）每个小组选出讲得最好的一个同学给全班上课。这些代表授课的生动流利令我们赞叹，其内容的丰富翔实使我们深深体验到了自己的不足之处，也终于明白了老师们授课的艰难。推己及人，更加珍惜老师的劳动成果，促进了我们尊师重教。

“我们也学会了谦虚，终于发现了自己眼高手低的毛病，并意识到不能再忙于对别人评头品足，更重要的是思考不如别人之处，和学习他人长处。

“郭老师的教学方法真正把学生放到了主体位置上，体现了学生的学，不是由老师灌输给学生，为我们将来走向教育岗位很有好处。”

1996 级文拥华《论学生的主体作用》写道：

“1998 年下学期郭汉民老师担任 1996 级历史教育班‘中国近代思想史’教学工作。他一改过去‘老师讲，学生听’的传统教学方法，充分发挥学生的主体作用，让学生选择自己感兴趣的思想家，根据所选结果将学生分成五个小组，每个小组配一位研究生作指导。

“同学们查找索引、查阅资料，撰写讲稿，然后每个同学走上讲台讲课评课，各小组推举代表到大班讲课，其余同学参加大班评课。大多数同学还是第一次上台讲课，因此，为了上好自己的那堂课，都是花费了不少时间和精力，可谓‘台上一分钟，台下十年功’。大家的收获也不少。最明显的是对原来了解甚少的思想家，现在有了充分的认识，而且通过自己课堂讲授，印象更加深刻，久而难忘。

“我认为，郭老师的教学法不仅有利于激发学生学习、探求历史的兴趣，而且由于保证了每个学生在小组内都能上台讲课，相当一部分学生得到在全班上课、评课的机会，从而强化了对他们的表达能力、独立思考能力和教学能力的培养，值得推而广之。”

1996 级倪尚明《课后感》说：

“上郭老师的课我感到从未有过的轻松，别具一格的形式一下子引起了我的兴趣。

“在这门课里，使我学到了许多切实可用的知识与技能。毋庸讳言，此课实行对于学生是件好事。”

1996 级尹雪梅《教改的感受与建议》写道：

“对于郭老师指导、全体同学参加的教改，我的感受有以下几点：

“首先，教改一改‘填鸭式’教学，以全新的教学形式吸引了我们的注意力，给学生以新鲜感，使我们能自由地发挥水平，从而激发了我们的积极性、主动性。

“第二，教改培养了我们多方面的能力。如思考能力、应变能力，尤其是动手能力。从始至终，都是我们亲自动手去完成的，查索引、查资料、整理资料、撰写讲稿、修改讲稿等都需要动手，而且是第一次接触这样的学习任务。所以需要的劳动量比较大。

“第三，教改激发了学生对思想史的兴趣。由于我们能充分发挥主动性，以及教学形式的新颖性，学生对于这门课的兴趣提高，也刺激了我们对其他学科的兴趣。

“第四，培养学生的尝试精神。教改之前，很多同学连想都不敢想自己马上就要走上那方讲台，面对老师、面对同学讲课，这次教改却真的将每个同学逼上讲台，胆小的同学对此体会更为深刻，正是这次尝试，使得一次美好的转折得以完成，以后不用再怕了，关键在于尝试。

“最后，我觉得郭老师严谨的治学态度熏陶了每个同学，郭老师要求我们每一步都认认真真，讲稿写得整齐、统一、工整，引用的材料必须加以说明，甚至我们进图书馆的人次他都加以登记，对我们进行全面的了解和掌握，这对我们的学习态度和以后的工作态度，甚至对生活、对人生的态度有或多或少的影响，影响的力量就是严谨、认真。”

1996 级段光宇《我的体会与思考》写道：

“随着国家教育体制的进一步改革，教学改革逐渐成为教育改革的重要组成部分。各地教学改革如雨后春笋，层出不穷，其中我校历史系郭汉民教授的研讨式教学改革更是教改中的一朵奇葩。

“首先，它激起了学生学习历史的兴趣。长期以来，人们总是把历史与死记硬背联系在一起，连一些历史专业的学生也把它当成死板的东西。这是历史教学中值得人们深思的问题。如何才能激发学生学习历史的兴趣呢？郭老师的教改给了我们现成的答案，那就是让学生自己动手，从被动接受知识到主动地去探索知识。自开设这门课以来，上图书馆查阅资料的学生显著增多，激烈的讨论在同学中间蔚然成风，良好的学习氛围在潜移默化中悄然形成，同学们撰写论文更是一丝不苟，有的同学先后修改了四五次才最后定稿，为了一个小小的疑问不惜到处向人请教，到处查阅参考书，初步培养了史学研究中的严谨态度。教改至今一学期，同学们普遍反映对历史研究的兴趣和意识大大地加深了，我想这也是郭老师所期盼的。

“其次，它锻炼了学生的素质和能力。整个教改过程都是在老师指导下由学生自己独立去完成。查资料、写文章、讲评、总结这些步骤，充分培养了学生的动手能力、独立思考能力，克服了长期以来形成的对老师的依赖心理，尤其是上台讲课这一环节，对于我们师范专业学生来说更是受益匪浅。许多同学都是初次上讲台，在台上不敢直面教室里的同学，讲课声音小，颤抖，不连贯，手脚不知哪里放，讲稿照着念，闹出了不少笑话，但是，通过几次小组讨论和讲课评课，他们之中大部分人已能够坦然地站在讲台上，虽不能说得上侃侃而谈，至少也是言语清晰，神态自若，初步符合人民教师的规范，为我们大四教育实习和毕业走上工作岗位打下了良好的基础。无疑，郭老师的教改关键一环在于学生自己走上讲台，培养我们的师范技能，这也是郭老师煞费苦心之处。

“最后，它密切了师生之间的关系。通过选修这门课，大多数同学都为郭教授的诲人不倦的崇高风范所感动，不管刮风下雨，郭老师都从百忙中抽出时间来参加几乎每一个小组的讨论，并认真听课，对所有学生讲的课提出自己的看法和意见，对于讲的好的地方给予表扬，对于讲的不足的地方不是采取以势压人、直接批评的方式，而是循循诱导、谆谆告诫，这种心与心的交流，其最终结果必然促进师生之间情与情的融合。不能否认，大学里师生关系已渐趋冷漠，有的老师教了一学期课，学生还不知其姓甚名谁，当然这位老师也叫不出一个学生的姓名。这些从一定程度上影响了老师的教学效果和学生的学习效果。愿所有老师从郭老师处得到启示。

“总的说来，郭老师的教改走出了历史教学中积极而富有意义的探索之路，希望在下一届学生中能越搞越好。”

1996 级历史教育班学生周国平《研讨式教学与素质教育》写道：

“‘史学’被人不客气地称之为‘死学’，何谓之也？一在教者‘满堂灌’，课堂气氛死沉沉；一在学者昏昏然，故纸堆里玩文字。是故教者神伤黯然，学者苦不堪言。齐声叹：教改春风在哪里？

“‘教改春风来也！’适应历史教学突破传统模式的需要，适应大学生素质教育的需要，郭汉民老师审时度势，在历史系广大师生支持下，推出了‘研讨式五步教学法’。该教学法实行了一年多来，成果是显著的，对历史教学可谓是吹进了一股清新之风，为历史学教改展示了一个窗口。

“我认为，郭老师的研讨式五步教学法具有以下三大特点：

“一、重视非认识因素的培养。在该教学法中，郭老师十分重视培养和发展学生的非认识因素，注意激发学生的积极性、主动性、自觉性、创造性，让学生成为学习的主人，这与传统的教学观念和做法相比是一个质的飞跃。传统的教学法忽视学生非认识因素的培养，教学方法上强调灌输，教学内容上重智育而忽视其他各育，导致学生的片面发展。郭老师的‘研讨式五步教学法’则不同，他让学生在老师的指导下自己走上讲台，讲、学、评熔于一炉，把学生的发展作为教育的根本目的。

“二、改革了教学方法，废除‘注入式’，推行启发式。‘研讨式五步教学法’不仅是传授知识是手段，而且也是培养学生自学能力和动手能力的重要途径。这种改革，一方面重视教师与学生的合作，这种合作不仅有利于在教学中集思广益、教学相长，而且也可以加强师生之间的沟通与交流。通过学、讲、评方式使学生间相互启发、相互帮助，老师再针对存在的问题及时给予指导，大大活跃了课堂气氛，改变了‘满堂灌’的局面。另一方面，在教改中重视学生的情绪情感因素，较好地克服了过去教学法过于单调呆板以致学生‘厌学’的弊端，学生从中体会到轻松愉快的感觉，由‘要我学’转变为‘我要学’，从而大大提高了教学效率。

“三、理论性和可操作性相结合。郭老师的研讨式五步教学法是联系教学理论与实践的有效途径。其理论性在于它是在‘授之以渔’‘群言堂’等教学思想的指导下，对教学过程中教、学、练诸要素加以相互结合以实现学生能力与素质齐飞的策略体系，其可操作性在于，该教学法是对一般教学理论的具体化，步步相连、环环相扣，为师生提供‘成套’的教与学方式和策略，使教师明确如何教，使学生明确如何学，成为师生双方教学活动的指导。

“郭老师的这一探索与实践，给推行素质教育以有益的启示：搞好素质教育必须从根本上转变教育观念，特别是从根本上转变传统的应试教育观念，把人的全面发展作为教育的起点和归宿；搞素质教育必须尊重规律，讲求科学，只有在尊重教育规律和教学规律的基础上，才能取得良好的效果。搞好素质教育必须要有强烈的使命感和责任心，正是对教育事业的执着负责，成为郭老师推行教改，进行素质教育的强大精神动力，离开这一点，推行素质教育又从何谈起？搞好素质教育必须上下联动，整体推进。推行素质教育，牵扯面广，非一人一校可成；时间长，非一日一月之功可就。需要在营造‘小气候’的基础上，影响‘大气候’，整体推进，方可产生‘规模效应’‘整体效应’‘共振效应’。

“虽然，‘研讨式五步教学法’推行的时间还不长（只有一年多的时间），推广的范围还不大（只在1995、1996级历史基地班和1996级历史教育班实行），五步教学法的具体环节还需进一步完善，但可以预言，随着教改的逐步深入，五步教学法将发挥越来越大的作用，此诚历史系师生之福也，此诚史学教育之福也。”

1996级历史教育班熊乐良《新颖独特的五步教学法》写道：

“这学期来，我们在郭老师的组织下，认认真真、扎扎实实参与了教改活动。现在，‘中国近代思想史’这门课已接近尾声，对于其中的苦与乐、得与失，颇有感触。

“郭老师的‘研讨式五步教学法’给我的整体印象是一个字：‘中’。

“首先，就其别具一格的形式而言，恰好是我们这个年龄阶段乐意接受的。我们接受传统视听教育实在太久太久了！老师讲、学生记，权责明晰，不可逾越。而郭老师所倡导的‘研讨式五步教学法’则一改这种单向传授的教学形式，让学生充分发挥主体性作用：既教又学。这好比是一艘知识之舟，郭老师遥控，研究生是船长，我们学生轮番掌舵，集体摇桨。如果我们认为有必要的时候，我们也能弹劾船长，不听遥控，而在自己的小领域内荡舟，我们是自己的主人。当然，更多时候，我们会与我们的总设计师、船长们意见吻合，虽然殊径，但也同途。就是这样，这种新颖独特的教学法给了我们年轻人耳目一新的感觉，饱受十几年旧式教育的我们渴望冲破樊笼！

“其次，就其知识内容而言，也是相当丰富的。一期下来，主要思想家的生平、思想、评价等都讲了，不单有个别讲授，还有阶段性总结。有好些同学的课上得实在不赖，集科学性与艺术性于一身；也有好些同学的评课也相当必要与独到。既补充了讲课者遗漏的知识点，又能提出自己独到的看法，在思维上启发我们；更有研究生的小结，既给我们思想上以启发，又给我们知识以深化；重大知识与学术焦点问题，则由我们的郭老师作画龙点睛之劳了。

“再次，就其科学的思维体系而言，也符合我们跨世纪大学生的文化层次。我们已不再是少年初学时期了，我们不想‘嚼剩饭’，我们也不想要别人施舍过来的‘鱼’，我们更想学‘渔’。不，这还不够，我们学‘渔’的能力绰绰有余，我们更需要的是：自己动手‘渔’！我们的能力来自‘渔’的实践。‘授之以鱼不如授之以渔’，授之以渔，还不如为我们提供‘渔’的条件，让我们自己去‘渔’。恰好，郭老的教学法在思维上起到了‘授之以渔’的作用，准备了鼓励我们自己去‘渔’的条件，实际上也取得了我们自己去‘渔’的效果。在人员上，配备有小组长、研究生和郭老的组织与指导，在课程安排上，我们是依照计划，循序渐进，精益求精；在教务方面，教务办对于我们的教改活动积极响应，大力支持。

“最后，最重要、最有效果，也是最简单、最被人们认同的是，培养了我们的能力。从跑图书馆找索引、查资料、整理资料，写稿、改稿、设计课堂讲稿到真正上台讲课评课，这些都是我们前所未有的全面能力培养，写作能力、口头表达能力、概括能力、抽象能力、动手能力以及其他一些师范生必备的能力。

“当然，郭老的教改，也有它的不足之处。在时间安排上，准备阶段即查资料、写讲稿时间过长，显得讲课评课过于匆促。另外，就我个人看来，这种教改还缺乏一种较为严格的规定，现代教育对学生的要求，比如不得旷课，还是不能改的，有些硬性要求还是应该强调。课堂毕竟不同于食堂，能随便出入。

“新事物出现之初，有不足之处是正常的。如果我们大家能积极配合，那么，这种教改方案将是21世纪师范大学生的指导方针!”

1996级周翔的《教改评议》写道：

“大三一学期又要过去了，回想一期以来，专业课和公修课固然给我增长了不少学识，然而谈到能力的提高，还要首推郭汉民老师的教学改革。

“首先，改革使我了解了图书馆索引查询法，更为重要的是通过查索引、找资料，我体味到了做学问的艰难与乐趣。

“其次，教改在一定程度上锻炼了我的写作水平，使我对专业论文的写作有了初步尝试。

“第三，教改最重要的是锻炼了我上讲台的能力。通过小组两次试讲，最后大班推代表讲课，我共获得四次上台的机会，其间一次次体味都有所不同，我开始意识到自己讲课实践的优点和不足。所有这些都使我获益匪浅，虽然它花费了许多时间，但我认为是值得的。

“总之，这次教改改变了传统的以灌输为主、以应试为目的的教学模式，充分调动学生的积极性、主动性，发挥了学生的主体作用。”

1996级陆文捷《随风潜入夜，润物细无声——小议研讨式教学》写道：

“这学期我有幸参加了郭老师开设的‘中国近代思想史’教改课学习，亲自感受到了‘研讨式五步教学法’的无穷魅力，对我来说，所受教益是比较大的。从入校以来，第一次接触这样一种灵活新颖的教学方式，宛如一缕春风，给呆板枯燥的学习增添了催化剂，真正体味到了学习的乐趣。

“我认为，这门课的教改具有以下优点：

“首先，纠正了学习目的。学是为了用，但以前学习大多是为了应付考试，即使有兴趣，也不知道学的东西将来能干什么，有什么用。通过学习，我懂得了学习是为自己学，只有在真正的学习中，才会知道自己对知识的掌握程度，发现不足之处，从而学会学习，学会思考，对专业学习的兴趣无形中也加强了。

“其次，提供了实践机会，锻炼了能力。通过查、写、讲、评等各个步骤，胆子大了，师范技能提高了，对教育实习也不再畏惧。

“再次，培养了做学问的初步能力。通过论文的撰写，初步学会了查索引、读材料、做摘要、写论文和讲稿，写作水平无形中提高了。还能在学习中不时迸出思想火花。同时，看问题也深了。如我在写胡适以前，对他的印象基本上是不好的一面。通过对近年来有关著述的阅读和分析，我已经改变了自己的看法，对胡适有了较为全面的认识，由此也教育我该怎样对待其他历史事件和人物。

“最后，学会怎样做人。作为学生的一员，我深深为郭老师崇高的敬业精神、人格力量所感动和激励。同学们也普遍认为，以前老师上课来，下课走，考完以后甚至连老师的名字都不知道，但在郭老师教改课的学习中，我们能与老师面对面交流，亲聆教诲，实为四年大学生活的一大幸事。”

1996 级欧阳清学《授人以渔》写道：

“郭汉民老师的‘中国近代思想史’课就快结束了，然而，我还意犹未尽，希望这样的课在今后能经常上。传统的教学方法是教师讲、学生记的‘一言堂、满堂灌’，而郭老师一改以前窠臼，本着‘授人以鱼不如授之以渔’的宗旨，在教改上迈出了一大步，使同学们受益匪浅。”

“传统的教学法使我们学生处于被动局面，跟着老师转，学习不主动，而这一教改使我们真正成为学习的主动者。从查资料、撰写成文、小组试讲，到最后的正式讲课、评课等一系列环节，环环相扣，确确实实地提高了我们的整体素质，真正做到了教学相长，这对于师范专业的学生来说是至关重要的，为我们以后的教育实习打下了基础。

“查找资料的过程，其实也是学习的过程，使我们学会了怎样去查资料、去充分利用图书馆的现有资料。小组试讲到评课，真正起到了实践的作用，给我们一个上讲台的机会，这锻炼了我们的胆量及其他教育方面的综合能力。

“改革传统的教学方法需要教师和学生的双方配合，学生在课堂上起主体作用，老师起主导作用，指导学生自己动手，真正使学生在课堂上成为主要角色。师范专业培养的主要目标是培养合格的、高素质的教师队伍，这就要给学生比较多的实践机会，而郭老师的教改恰恰做到了这一点。

“教改，目前刚开始起步，还有很长的路要走。这需要广大师生的共同努力，付出辛勤的劳动。感到缺憾的是，这门课的时间太少（每周仅仅两节），且大班上课，给每个人上讲台的机会也不均等。

“但毕竟教改已迈出了重要的一步，但愿这朵含苞待放的花蕾绽放出美丽的花儿。如果时间能倒流，我将更加珍惜这门课。”

1996 级刘斯蝶《郭老师教改有感》写道：

“中国中小学教育的传统方式是灌输，许多学校都怀着应付考试和追求升学率的心态。大学教育固然在强调素质上做得相对较好，但仍然存在不少弊端。这就期待我们所有的教育工作者在实际工作中不断改善教学，革除弊端。郭汉民老师对‘中国近代思想史’课程的教学改革，成绩斐然，值得广大教育工作者学习和推广。

“郭老师本着‘既授之以鱼，又授之以渔’的原则，把教学的主体工作交付给学生，让学生亲自参加教与学的双边工作。他把全班同学分成若干小组，每个小组重点研究一个思想家，然后推举一位同学在全班上课、示范。这就充分调动了学生的积极性、主动性和创造性。更重要的是，它的整套备课过程和知识准备过程，也在一定程度上帮助了学生掌握做学问的技巧和方法。

“教师在这一教改过程中所起的作用是宏观调控和多方协调，既帮助学生对知识点的把握，又从教学方法上予以指导，这就为学生将来走上讲台做了最好的‘军事演习’。

“教改过程中，郭老师大胆地起用了研究生。研究生所扮演的是双重角色，他们既是学生的指导者，又是教师的指导对象。可以说，这一教改过程中，三方面都以极大的热情投入工作和学习，取得的成绩不容抹杀。

“当然，新事物的发展并不是一帆风顺的，其中亦出现了一些小问题，这将期待我们共同在以后的工作和学习中去改进。”

1996级朱金波《研讨式教学刍议》写道：

“从小学到中学，再到大学，所受教诲绝大部分是在课堂中得到的，这种教学方法被人戏称为‘填鸭式’教学。其优点在于：有利于提高教学效率，有利于教学的系统性和连贯性，有利于发挥集体的教育作用等。但随着年龄的增长，世界观的形成，知识日益丰富并逐步系统化，独立思考问题的能力形成，这种教学法的缺陷就日益暴露无遗。它限制了学生的主动，不能充分因材施教，不利于学生的兴趣、特长、个性的培养和发展。于是就变成‘课前赶鸭子’，‘课堂填鸭子’，‘期末烤鸭子’，‘毕业板鸭子’。为克服填鸭式的缺点，研讨式教学法就应运而生。

“‘研讨’顾名思义，就是研究讨论。研讨式教学，就是让学生参与研究讨论，以学生为主体的教学方法。这种教学方法着重克服以往填鸭式教学中学生被动接受知识的缺陷，充分发挥学生学习的主体性作用，使学生可以按照自己的兴趣爱好，选择自己的课堂进行初步的研究与学习。培养了学生翻译、整理资料的能力，独立思考解决问题的能力，使我们了解学科研究的前沿，为自己以后进一步研究和深造奠定基础，使学校图书馆真正成为莘莘学子的知识宝库。

“研讨式教学改变以往老师唱主角、学生当配角的状况。现在学生‘唱戏’，老师和其他同学听戏、评戏。这种角色的变换，要求学生真正掌握自己所学知识，融会贯通，触类旁通，由表及里，而不是机械地死记硬背，成为书柜、书呆子。要求学生把自己所知道的东西准确、生动、简洁地表达出来，而不是茶壶里煮饺子，有货倒不出来。通过‘唱戏’，学生可以锻炼自己的口头表达能力（尤其是师范生），由不敢上台讲，到敢于上台讲；由讲得不通顺、结巴到讲得通顺流利；由讲得比较生硬到讲得比较生动。

“就拿我自己学习中国近代思想史来说，我对严复比较感兴趣。但是以前，我只知道他是近代史上一位伟大的思想家和翻译家，思想体系比较庞杂。

但究竟庞杂到什么程度，就不得而知，还是一头雾水。想去了解，可面对图书馆浩如烟海的书籍，也是老虎咬天，无从下手，只能望洋兴叹。通过这次教改，在郭老师和图书馆老师的指导下，借助报刊索引，我能够迅速找到自己要找的书籍和资料，并从公说公有理、婆说婆有理的烟雾中挣脱出来，查证一些原始资料，参考一些新的观点，逐步建立起自己的观点，而不被别人的说辞轻易打动。

“虽然我们在这种研讨式教学中花时间比往常要多，但作为求知的我们找到另一个追寻目标的兴奋点。查阅资料虽然辛苦烦琐，但也乐在其中。另外，自己也成为某方面的‘专家’，听同组别的同学上课时，也不至于外行看热闹，也能内行地指出别人的错处，及与自己不同的观点，据理力争辩驳一番。听别组同学大班上课时，也能‘百家争鸣’一番。搞‘群言堂’而不是‘一言堂’，使大家有机会听一听各位‘专家’的意见，去粗存精，去糟粕取精华。同时，使我们有幸欣赏各‘专家’的上课风格，从中吸取营养。

“归根结底，郭老师创立的‘研讨式五步教学法’把班级授课与分组讨论有机结合在一起，做到学生掌握知识既有一定深度，又兼顾全面，发挥学生的主体性作用。

“当然，研讨式教学也是要受一定条件制约的。它要求学生有一定的基础和理论水平，要求学校图书馆有充裕的资料可供查阅，基本上能做到查而能得，否则，巧妇难为无米之炊。以上条件决定这种教学模式只适用于大学高年级阶段。比较适合放在大三。

“研讨式是相对于填鸭式而产生的，它克服了填鸭式的主要缺点，但同时也有它自己的缺点。它的效率不是很高，比较费时，时间拖得过长。我认为，在保证时间量的前提下，压缩时间段，集中在六七周内搞完，也许效果更好些。”

1996 级吴艳花《研讨式教学评议》写道：

“从小到大，我们接触的都是老师单方面讲授、学生被动接受知识的教学方法，尽管这种方法培养了一批人才，但被戏称为‘填鸭式’教学，实在有明显的缺陷。为了培养跨世纪人才，也为了使教育真正面向21世纪，郭汉民老师在为我们上‘中国近代思想史’课程时采用了全新的‘研讨式五步教学法’，使我们受益匪浅。

“首先，‘研讨式五步教学法’调动了学生学习的积极性，使我们变被动学习为主动学习。在郭老师指导下，一步一步认真地完成自己的任务，精益求精，唯恐落后，上课之前小组同学互相讨论，在寝室里一遍一遍练习试讲。

“其次，这种教学法使学生在素质教育和能力训练方面都得到提高。大三这一年，正是我们由‘知识型大学生’向‘能力型大学生’的过渡时期，‘研讨式五步教学法’为实现这个过渡提供了良好的实践机会，为我们以后的实习，乃至以后一生的教学都有极大帮助，它使我们认识到，在以后的讲坛生涯中，调动学生积极性是最重要的一个环节。

“再次，‘研讨式五步教学法’改变了过去我们对大学老师的看法，改善了师生之间的关系。在学生眼里，大学教师清高孤傲，不容易接近人，而通过与郭老师及其研究生的接触，我们发现他们也一样认真、负责、平易近人，是能很好融洽相处，很好沟通的。

“一个学期的实践，我们发现‘研讨式五步教学法’花费的课余时间太多，五个步骤时间上安排也不太合理。

“‘研讨式五步教学法’是一种跨世纪的新教学法，很值得推广，只要能改善其时间上的安排，就能达到尽善尽美的地步。”

1996级黄旭东《教与学的完美结合》写道：

“随着时代的发展，科技的进步，竞争日益激烈，我国教育开始从传统应试教育向现代素质教育转轨，以适应社会发展的要求。

“郭汉民教授‘中国近代思想史’选修课的教学改革经过师生历时16周的共同努力，取得了圆满成功。本次教改经历了学生查索引、找资料、写讲稿、研究生指导试讲、优秀代表大班上课、研究生总结性上课、知识竞赛的过程，极大地调动了同学们学习历史知识的积极性，丰富了同学们的知识，提高了同学们对近代思想家的认识与了解，锻炼了同学们的胆量和口头表达能力，学到了一定的教学技能。

“它不仅是一次对同学们自身素质自我检阅的活动，更是同学们之间和师生之间的一场生动的交流会；它不仅是一次同学们自我锻炼、自我发展、自我超越的机会，更是今年下半年教育实习前的一次‘集训’。正因为如此，它一开始就受到广大同学们的热烈欢迎。”

1996级廖新年《我对五步研讨式教学的看法与建议》写道：

“长期以来，高校教学都采用‘满堂灌’的方式，教师在讲台上讲得口干舌燥，学生在下面不停地记笔记。这是教师的独角戏，学生的主体作用没有得到丝毫体现，教师与学生未能沟通。

“郭老师的教学改革打破常规，给同学们一个全新的观念。

“从个人体验来看，我认为，郭老师的‘研讨式五步教学法’主要有以下优点：

“1. 教师的主导作用与学生的主体作用得到了体现；

“2. 学生培养了能力，包括查阅资料、写作、课堂讲课、语言表达能力等；

“3. 融洽了师生关系，给师生以交流机会；

“4. 学生的综合素质得到提高，如胆量、知识等。

“教改也有不尽如人意之处。几点建议是：1. 应加强组织性；2. 时间不要花得太多；3. 准备阶段不要过长。”

1996级欧阳欣《研讨式教学评议》写道：

“本学期郭汉民老师开设了一门‘中国近代思想史’课程，它一改过去通行的教师单方面讲授、学生被动接受知识的教学方法，推行‘研讨式五步教学法’，让同学们耳目为之一新。

“所谓‘研讨式五步教学法’，第一步，教师示范与布置任务，让同学们对中国近代思想概貌有一个总体了解；第二步，学生动手查资料，通过涉猎多方面的书籍，对所研究的人物有一个整体了解，然后整理资料，写出自己的讲稿；第三步小组交流，每个人都要讲课，组内同学充分发表意见，提出疑问和建议，帮助同学修改讲稿；第四步，各组代表大班讲课，师生评议；第五步总结，还进行一次知识竞赛。‘五步教学法’既注意‘授之以鱼’，更注意‘授之以渔’，将自学、讲授和评议结合在一起。

“‘五步法’的推行，造就了课堂生动活泼的学习气氛，充分调动了学生们的学习热情，取得了可喜的成效。

“首先，从‘五步法’所分的五个步骤来看，每一步都是至关重要的。一步接一步，步步相紧扣，层层推进，前一步都是后一步的准备和基础，完全符合循序渐进的学习原理，它使学生对知识的掌握理解逐步加深。五个步骤就是五个阶段，每个阶段目标明确，切合实际，恰如其分，很实际，很具体。这样，学生在明确每个阶段的任务后，积极行动，使每个阶段的目标都能如期保质完成。

“其次，‘五步法’既发挥了教师的主导作用，又充分体现了学生的主体作用，两者紧密结合，尤其注重学生主体地位的发挥。教师首先讲课示范，让学生了解讲课要领，对学生讲课的教态、教法和知识点，及时提出指导，主导作用体现无遗。学生明确自己的任务后，积极行动，广泛涉猎资料，增进知识，扩大视野，对自己研究的人物有了更好的认识，而且学生人人要在小组内讲课评课，还有一定数量的同学在大班讲课评课，得到了锻炼机会，强化了独立思考能力、口头表达能力、综合概括能力和教学能力的培养。

“第三，学生学习的积极性、主动性充分调动起来，学生初步的科研能力得到了训练，激发了学生做学问的兴趣，教师指导、点评，学生自学、讲授、评议，两者结合成为了研讨式教学的显著特色。

“‘五步法’成效显著，亦有不足。学生学习费时过多，大半的课余时间都花在这一门课上了。希望在时间安排上压缩一点。过分注重学生个体的主体地位，容易形成学生以自我为中心的意识。”

1996 级雷琰《教改评议》说：

“本学期的教改实验，一反过去老师讲学生记的填鸭式教学，给课堂注入了一股新的力量和活力。尤其是学生自己上课评课，既增加了自学教学的积极性，又活跃了课堂气氛。老师的亲临指导，既融洽了师生关系，又给学生以必要的学术指导。

“教改实验，为我们提供了实践锻炼机会，使我们充分认识到学是为了用，认识到了培养教师素质的迫切性和重要性。

“另外，自己动手查索引、查资料、撰写讲稿，培养了我们的学习能力。”

1996 级粟梅《研讨式教学评议》写道：

“一直以来，在小学、中学乃至大学课堂，教师单方面讲授、学生被动接受知识的教学方法普遍存在。有人将其称之为‘课前赶鸭子’‘课堂填鸭子’‘期末烤鸭子’‘毕业板鸭子’。如此之概括虽然过于夸张，但也深刻地揭示了此教学法的弊端，即只能片面传授知识于学生，而不能培养其能力。

“随着社会竞争日趋激烈，教师讲学生记的教学方法已不再适应。郭汉民老师意识到这一点，开始探索研究新的教学法，即‘研讨式五步教学法’，并在他开设的‘中国近代思想史’课程中付诸实践，给我们带来了极大的震动。

“‘研讨式五步教学法’对于我们来说，是一种完全新式的教学法，它包括自己查资料、写论文、分小组讲课、小组评课、各组代表讲课、全班评课几个步骤。在依次进行的过程中它的优点逐渐体现出来，并对我们起了潜移默化的作用。

“首先，学生在查资料、写论文、讲课评课的过程中，形成了一定的兴趣和自信心，从而提高了学生的兴致；其次，通过查资料、写论文，学生熟悉了查资料的整个过程，了解和掌握了写论文的方法，培养了学生解决问题的能力和创造精神，为其大四的毕业论文奠定了基础；

“再次，学生要上台讲课，无论是小组讲课，还是大班讲课，学生都需先把知识系统化、结构化，这就能更好地理解和掌握学习内容，也能更好地运用所学知识；

“最后，学生还锻炼了胆量，提高了师范技能。

“‘研讨式教学’的不足之处在于战线拉得太长，花费学生时间和精力太多。但优点是主要的。希望郭老师和我们一起去改进它，完善它，使之成为教改中的一朵奇葩。”

1996 级杨光荣说：

“这门课程对学生来说无疑是件好事，但也有不足之处，主要是课外时间花得过多。建议减少一些课程或其他课程不多时开设，做到有质有量。”

1996 级郑孟汉《教改中的苦与乐》说：

“久违了高中时因通过一番苦思得出结果的那份喜悦，久违了孩时的教师梦，这两点在今年的‘中国近代思想史’课程教改中，得到淋漓尽致的实现。

“在忙碌的搜集资料的过程中，不但学会了查找资料的方法，丰富了我们的课余生活，而且扩大了我们的知识面。从而又让我们能享受到那份苦中乐的滋味。

“小组讨论的那种让我提前过为人师那把瘾和同学们的‘毫不留情’，使我们‘脸皮’变得越来越厚，同时得到同学们和老师的教诲，对我们以后都有巨大的帮助作用。

“当然，在此得感谢为我们提供机会的老师和‘残忍’的同学们。”

1996 级李利群《教改评议》写道：

“本学期，郭汉民老师在上学期基地班教改的基础上，在我们 1996 级历史教育班继续推行‘研讨式教学’改革。此教改分为五步（略），既注意‘授之以鱼’，又注重‘授之以渔’，点拨、自学、讲授、评议相结合。教改取得了很大成绩。

“一是充分发挥了教师主导、学生主体两个作用。教师讲课示范，使学生了解讲课要领，同时学生上台讲课，又评议了其教师技能。学生查找资料，广泛涉猎报纸杂志，增长了知识，扩大了视野，对自己研究的人物也能有独特的看法。二是所有同学在小组内和一定数量的同学在大班讲课评课，得到了锻炼机会，强化了独立思考能力、表达能力、教学能力的培养。学生有了积极性和主动性，也初步训练了科研入门功夫。”

1996 级周洁的《教改评议》表达了与李利群大体一样的看法。

1996 级汪北方说：

“本学期我们师生在紧张而和谐的气氛中，进行了‘中国近代思想史’教学改革，主要是在老师指导下，学生通过查资料、写讲稿、上台讲课三部曲来完成。充分体现了教师对学生既‘授之以鱼’，又‘授之以渔’的教学目的。

“通过教学改革，克服了传统教学中学生的被动性，代之以主动性，体现了学生在学习过程中的创造力和潜在力。

“通过查资料、写讲稿，学生对做学问的方法颇有了解，并深刻地体会到其中的艰辛及丰收的喜悦；

“通过上台讲课，不仅检验了知识掌握程度，也培养自己的职业技能；

“同时，与研究生共同讨论，不但相互交流了学习经验，而且使学生更多地了解一些未知领域，拓宽了知识面。

“整个教改完成得和谐有致，给当代大学生的学习注入了新的血液、新的生机。希望教改在成长中走向辉煌。”

1996 级吴伯奎《“五步教学法”之我见》写道：

“‘中国近代思想史’的授课对我来说是一种崭新的形式，最大的感受就是自己发现自己，发现自己的长处，也把自己的缺点明显地摆出来，向自己提出了要求改进的地方。

“首先，在讲台上能够做到自然，这对进教室都不敢从前门进的同学无疑是一个进步。然后，通过听别的同学讲课，发现了和别人的差距。认识到，上好课，光做到自然表述讲课内容还是远远不够的，必须做到内容与形式的统一，要求艺术性，要能吸引人，使课堂充满活力。

“通过自己实际的教学操作，从老师和同学的评价，以及个人对于课堂效果的观察，自己给自己定下一个标准，并确立了以后努力的方向，应该是我最大的收获。

“这门课的特别地方就在于它使大家都有了一个锻炼的机会，并通过相互授课，使同学之间相互交流，从而提高了各自的认识。

“同时，它也提供了一种新的学习途径，自己查询资料，自己思考，广泛搜集资料，吸收其营养，再形成自己的观点，完整地加以表述。学生在广泛涉猎资料的过程中，体会到知识浩如烟海，学习更重要的是依靠自己去探索，一味地听老师灌输，不利于自己的成长。

“在这个过程中，老师和同学都要付出很大的努力。

“学生的惰性消除，查资料、备课、交流都必须全神贯注。一改以往单纯听课记笔记的做法，并努力克服自身缺点，力求资料翔实，上课完美，这都不是容易做到的事。但，值得！

“老师工作也更为辛苦，不能像以往那样，上完课就走。他必须做好组织工作，同时每堂课都必须认真听同学讲课，及时提出问题，做好评价工作，劳动量大大地增加，没有一股热情是无法做到这一点的。

“因此，我最后要说的是：‘感谢我们的老师，感谢他一贯的努力，也感谢他的热情与执着，永远祝福！’”

1996 级雷云松《教改小议》说：

“郭老师的教改给人一种新鲜和振奋的感觉，改变了传统教学中教师灌输的方式。

“我个人认为有以下几个优点：

“一是提高学生的学习兴趣；

“二是提高学生的参与意识和动手能力；

“三是有利于全面学习。

“在郭老师的教改课之前，有不少人对查找参考资料知之甚少，通过教改，同学们都学会了如何查询资料、索引。我个人认为，若在新生入学后就实行教改，肯定收益更多，它提高的不仅是知识水平，更重要的是学习各种知识的能力，为以后的学习打下坚实的基础。

“作为教改的最大受益者，我衷心祝愿郭老师的教改给更多学生带来福音。”

1996 级徐小放《我的体会与思考》写道：

“在选修‘中国近代思想史’这门课时，我并不知道郭老师会采用分为五步的研讨式教学方法，但在初步接触之后，这种教学方法却引起我极大的兴趣。

“这种教学方法相对于‘填鸭式’教学来说，在更大范围、更深程度上发挥了学生的主体作用，能充分地调动学生学习的积极性。

“在教改过程中，同学们充分利用图书馆，在索引室、过刊室、期刊室及书库中查找资料，学会了查找资料的方法，为日后从事研究、教学打下了基础。

“在学习这门课时，不仅使我的组织能力、表达能力有很大的进步，而且还让我初步掌握了做学问的方法。

“通过一个学期的学习，也使我肯定了一件事：这种教学方法应该更广泛地加以推广。”

1996 级贺显平《研讨式教学与能力培养》说：

“研讨式教学使我的能力得到一个质的飞跃。

“首先，学会了查找资料的技巧，这是受益终身的事；

“其次，初步培养了论文写作能力，学会了驾驭文字和材料的能力；

“再次，自己上台讲课、评课，锻炼了表达能力，为教育实习打下了基础；通过听课评课和同学们相互比较，还发现了自己的不足之处。

“大学生应注重能力培养，研讨式教学满足了我们这方面的要求。

“研讨式教学总的来说是非常成功的。虽然占用的时间稍多了点，我相信，研讨式教学法将会在完善中得到推广的。”

1996级苏罗军《关于郭老师教改的几点建议》写道：

“郭老师的教改很有成效。传统的大学教学是教师授课、学生记录，学生几乎是完全被动接受知识。郭老师的课则鼓励学生自己去查阅资料，搜集知识信息，然后写成讲稿，上台试讲，这不仅极大地提高了学生的主动性、积极性，一改传统教学的弊端，而且有利于培养学生的师范职业技能。

“新生事物最初总会有其缺陷和不足，但它必然会因其优点而战胜旧事物，所以我坚信郭老师的教改一定能够获得重大成果。”

1996级李克成《一箭双雕的教学方法》认为：

“（研讨式教改）一出现就受到师生的一致好评，它在许多方面与传统教学截然不同，纠正了传统教学的弊病。

“首先，它变换了师生的角色。老师不再是万能的上帝，而是学生的顾问；老师让出讲台，学生登台‘演戏’，老师退居幕后指导。学生不再是录音机，而是‘采矿者’。他们到图书馆查索引、查资料、写讲稿，还登台讲课，就像孙悟空摇身一变有了三头六臂。同学们相互听课，相互评课，既是学生，又是老师，实现了辩证统一。

“其次，学生学得的不仅是知识而且还有方法技能，更重要的是锻炼了能力。例如，学生通过切身体验学会了查找资料写作论文，在讲课中锻炼了胆量，增强了讲演能力，增多了见识，可称得上一箭双雕。

“最后，它还扩大了教学空间，教学不再限制于教室内，而是扩展到了图书馆，提高了图书馆的利用率，加强了课堂内外的联系，同时也提高了教学质量。

“总之，从教改呈现出的良好势态，我们完全可以断言：教改前途光明，舞台广阔。我们也能自信宣告，笼罩在教育教学上空的阴云会散去。”

1996级马文高《我的感想与体会》写道：

“‘研讨式五步教学法’是我国经济科技迅速发展与社会进步要求的产物，

是我国教育教学改革的产物，同时也是我校老师特别是郭老师长期探索、辛勤劳动的结晶。这种教学模式及方法的推行与推广，必将对我国教学改革的顺利进行有很大的促进作用。

“这种教学模式与方法，一改传统的‘填鸭式’教学法，它要求我们学生都要认认真真地查阅大量资料，认真地备课、讲课、评课，从‘要我学’变成‘我要学’，充分调动了我们学习的积极性与主动性，培养我们独立思考问题的能力和语言表达能力，同时也教会我们怎样去查阅资料进行学术研究。

“尽管这种教学，无论对老师还是对同学们来说都花费了许多的课外时间，但是与我们从中获得的知识与乐趣相比是非常值得的。

“从‘研讨式五步教学法’中我看到了我国教学改革的曙光，相信不久的将来，这种教学模式都会在神州大地遍地开花，同时越来越多的莘莘学子将会沐浴到它的光辉。”

1996 级姚卉《我的体会与思考》写道：

“‘中国近代思想史’课程采用‘研讨式五步教学法’，是师大教改一大革新，一种尝试与挑战。课程前前后后我投入了许多的努力，非常积极主动地参与教改每一步的全过程。特别是自己查资料、写讲稿的那一阵子，我一有空就往图书馆钻，一坐就是两个小时，一直查查翻翻，可我才找到了些书目索引而已。我这才体会到做学问坐冷板凳的滋味，是那样的痛苦。真的，图书馆要下班了，我走出来，全身上下不舒服，特别感觉颈痛，屁股最痛，唉，真是难死了。——你们觉得好笑吗？这可是真的。可是，我也是第一次体味到探讨学问的乐趣。虽然先前不怎么适应，但是后来越查资料越是想知道得更多，到底学术界对邹容的评价如何，是民族英雄还是种族偏见主义者，是革命宣传家还是革命实干家？到底邹容什么时候去的日本，邹容《革命军》的思想渊源从哪里来的？很多的疑问随着资料的增多涌入脑际。我想找到第一手资料，而不是仅仅看到别人的著作来描绘‘邹容的样子’。看来做学问可要认真，要全面了解人物、事件的全貌，借鉴他人的成果，作出自己的判断，给人一个公正的评价，以启迪后来者。我想做学问的意义就在于此吧。

“我最终写成了《邹容及其革命思想》一文，这都是我自己整理出来、经过认真思考觉得是有价值的资料，实际上我知道这篇文章只有三年级小学生的水平。我想说的是，做学问确实不易，不可急功近利。

“最后一点，便是‘研讨式五步教学法’获得了同学们的大力赞扬，我也拍案叫好。

“这门课即将结束，我思考的全部都是：我太浅薄，我要读书。

“还有，此法在中学教学能行否？我可是要当中学教师的啊，我以后试一下。”

1996 级基地班杨湘容《这课为我将来铺下了一块基石》写道：

“这个学期我选修了郭汉民老师的‘湘籍名人研究’，获益匪浅。主要获得以下三方面的锻炼：

“（一）动手查。我在编写《陈天华生平、思想及研究状况》之前，对陈天华的情况知之甚少，为了完成讲稿，我先去图书馆查找有关论文资料索引，然后根据这些索引查找论文资料，搜集整理各种资料。

“（二）动手写。搜集资料之后就是写讲稿，文章必须条理清楚且措辞通俗易懂，这对于培养我们的写作能力是一次很好的机会。

“（三）动口讲。这门课除了查资料、写讲稿外，还有一个重要内容是上台讲课。这对于我这个还未出道的黄毛丫头来说可是个不小的难题，经过老师和同学们的批评指正，我对于如何板书、如何组织课堂等有了大概了解，更重要的是我逐步克服了害怕面对观众的胆怯心理。

“我除了受到以上三个方面的锻炼以外，还对如何写论文有了一个初步了解，并深深体会到查找资料和写论文的乐趣以及手捧经过努力而获得的成果的成就感。

“上‘湘籍名人研究’课，为我将来铺下了一块基石。”

1996 级基地班江凡《教改心得》写道：

“‘湘籍名人研究’采用‘研讨式教学法’，一改过去老师在台上讲、学生在下面听的传统教学方法，给予了学生更多的机会锻炼自己。

“首先，锻炼了学生的胆量。通过让学生自己走上讲台讲课，使学生为以后走上工作岗位做了准备，有了一些备课讲课的经验。

“其次，使学生自己学会了研究历史人物的初步方法，通过查找索引、查找资料，提高了学生这方面的能力。

“再次，进一步开拓了学生的思维，通过同学们的互相评论，每个人发表自己的观点，有利于学生开阔视野与思维。

“总之，研讨式教学大体上是受到学生欢迎的，只是占用的时间比较长。”

1996 级基地班夏友刚《课后记》说：

“从小学到大学，都是同一教学模式，也许习惯了，并未感到什么不好，听 1995 级同学介绍郭老师的研讨式教学法，本期我是带着浓厚的兴趣参加的，事实证明未令我失望，一期下来我个人认为收获不小：

“（一）调动了学生的积极性，教与学有机结合起来；

“（二）有利于培养学生的师范技能；

“（三）培养了学生的动手能力，逐步培养了自己对科研的兴趣，同时体会到要写好一篇好文章是不容易的，更引发了我们对科研工作者的尊敬。

“我个人希望这一类教学方法应多加推广，有利于打破传统的教学模式，有利于素质教育。”

1996 级基地班王化平《我的体会与思考》写道：

“选题、查阅资料、撰写讲稿、三番五次修改，这些繁复的工作枯燥无味，但在罢手之时，看着面前一叠稿子，挺有成就感的。回头想一想，那段辛苦的日子还是很充实很有收获的。虽然文章在别人看来一文不值，但它肯定是我攀登路上的一块基石。写作过程中，我明白了许多：要找什么资料，怎样找资料，怎样去利用别人的成果，怎样去完善自己的观点。这些积累起来的知识，将是一笔无形的财富。

“更难忘的是第一次上台试讲。上台前，蛮有信心能比别人讲得好。上台后，滔滔不绝，口若悬河，心里更是一番窃喜，可是内容没有讲一半，时间已过大半。没办法，后半截只好偷工减料，糊涂交差，板书也是一团糟。一个人做事就是这样，越容易的越难做好，越难的，只要有信心，反而容易做好。这可能就是难与易的辩证法吧。”

1996 级基地班李丽红《几点体会》写道：

“‘五步式’教改一改往日‘填鸭式’的传统，老师授人以‘渔’而不是以‘鱼’，使学生受益不浅。在此有几点体会：

“一、培养了学生的独立思考、独立查找资料、写作论文的能力。学生在老师的启发下，自己查找资料，广泛阅读资料，这使学生拓宽了专业知识面，掌握了学习方法，培养了学生深入实际的能力，学生掌握了应用知识的能力——整理资料、分析资料以及写作论文的能力。

“二、使学生以主人翁态度参加教与学相结合的实践。学生亲身上台讲课，使学生在讲课过程中发现了自己的优缺点，产生逐渐完善自己的意识，锻炼了学生的语言文字能力、表达能力、心理承受能力等。

“三、充分展开讨论，大家各抒己见，使学生能取人之长补己之短，活跃了学生思维，拓宽了知识面，弥补了教师满堂灌的缺陷。

“四、由于时间仓促，学生查找资料有限，写作论文观点不是很新颖等，教改还存在着缺陷。”

1996 级基地班邓红梅《教改评议》写道：

“郭汉民老师‘湘籍名人研究’这门课，别出心裁地采取了‘学生讲课，老师评课’的方式，在很大程度上是一个重大改革，改变了传统教学模式的弊病。

“通过参与这次研讨式教学改革，本人有以下体会：

“教改使学生由被动地接受变为主动地探索。过去传统的教学方法是‘学生下面记，老师上面讲，期末则考笔记’，这种方式下学生纯粹是被动地接受老师的‘填补’。而研讨式教学给了学生很大的自学空间，通过查索引、资料，提高学生的主动性。

“这次教改对高年级学生尤其是毕业生来说，意义非常重大。在教改前，很多同学都不知道从何入手写一篇专题论文；教改后，我们都学会了如何动手，如何完成一篇专题论文，为以后写学年论文和毕业论文打下了基础。从长远的意义上来说，对以后的科研能力也有很大的帮助。

“第三，教改提高了学生的教学能力。通过在小组试讲，在全班讲课，学生们对上台讲课提高了胆量，而且通过讲课评课，总结讲课的优缺点，提高自己的教学能力。

“当然，就我个人来看，学生讲课的机会还比较少，学生讲课时，有的学生还不是很感兴趣。”

1996 级基地班周昌勇《教改刍议》写道：

“教育的目的是解放人，这同社会主义本质论是一致的。改革大学教育，提倡素质教育，解放健全人身将成为 21 世纪中国的共识。

“郭老师的“近代湘籍名人研究”采用研讨式教学法，旨在重素质、讲创造又不失对基本知识的传授，适应了时代潮流，对文学院所有课程提出了挑战，这是一个伟大的开端，任重而道远。

“在选修这门课的过程中，我深切的体会是：

“1. 学会了学习，不是单纯记住某一个人物的生平、思想、事迹，而是通过研究学会客观地评价一个人，学会了思考，学习了方法论。

“2. 学会做人，有争鸣才能出真理，使我们在争鸣与辩论中学会尊重人，学会接受不同的观点。

“3. 初步地涉足科研，学会查找资料，处理文献，学会选题、构思及写作。

“4. 拓宽知识面，同学之间相互交流、相互学习，有利于增长智慧。

“5. 活跃思想，体现了创造力，学着走上讲台，走上一种创造与实践的结合，这是大学生最急需的宝贵财富。

“我建议在还学生主动权的同时要保留老师的自由裁量权。”

1996级基地班曾四红《我的一点心得》写道：

“我觉得这种教学模式很好，真正做到了教学相长。充分发挥了老师的主导作用和学生的主体作用，激发了同学们的学习兴趣和研究热情。

“我研究蔡锷，以前对他很少了解，自从接受研究人物后，我从图书馆借《蔡锷集》看了，并且到图书馆查找了有关论文，产生了自己的看法，拟定了初稿，并在课堂上讲了课，后来发现论文不尽如人意，又推翻重来，又查了许多资料，修改了几遍，最后才定稿。真正体会到了做学问的艰难，也体验到了做学问与做人一样，来不得半点虚假。

“上讲台讲课，是锻炼能力的好方法。讲课对我来说是一个挑战，为此我认真做了一些准备，锻炼了自己，使自己得到进步，不断完善。

“总之，我呼唤更多的这样的真正调动我们学生学习兴趣的方法。”

1996级基地班孔毅夫《别出心裁的教改》一文中说：

“教改课堂犹如舞台，老师是导演，学生是演员，一切都以挖掘演员本身的潜力为基础。这学期我也有幸选修了郭老师的教改课‘湘籍名人研究’，觉得受益匪浅，借此衷心感谢郭老师为我们精心建构了这样一座学习与创造的舞台，使我们开拓了专业知识，提高了本身的素质与能力。

“既然是教学改革，必然是对传统教学的一种改变和突破。郭老师的教改可谓别出心裁，他在讲完导论，指导学生选定一位湘籍人物后，让学生自己查资料、写成论文。然后通过学生讲课，老师评课，这样一种双向交流的教学方式，打破传统的‘一言堂’模式，一切都体现了其重在传授方法和培养能力的教改思路。作为教改最大受益者的我们，一方面提高了自己研究问题的能力，查找资料、自编讲稿的过程是一个复杂艰苦的研究过程，它使我们初步熟悉了科研事项，写讲稿也锻炼了我们的思维能力和写作能力；另一方面，学生上课，与老师面对面交流，活跃了课堂气氛，也便于老师发现学生在研究过程中的一些问题，及时予以纠正和指导。

“教改毕竟带有实验性质，难免存在不足。真心希望下轮教改能有新的突破，获得更大成功!”

1996 级基地班许和姣《教改体会》说：

“‘湘籍名人研究’是郭老师主持的教改实验课。郭老师采取了以学生的亲身实践为主线、以老师讲授供学生模仿和学生讨论穿插其中，形式活泼别致，内容丰富而不繁冗拖沓，给人的体会是颇深的。

“（一）使我们基本掌握了历史学研究的方法和步骤。第一步查目录索引；第二步查资料，做卡片；第三步，整理资料写成文章。这样，不仅锻炼了我们的逻辑思维，而且头一次体会到做学问的艰难，那就是要细心、严谨、一丝不苟，同时得到无穷的乐趣，游弋在书的海洋中，其乐无穷。每次查到资料时，总有一种‘踏破铁鞋无觅处，得来全不费工夫’的喜悦感。而且当大量资料出现在你面前时，权衡取舍间总有所得。

“（二）学生亲自上讲台，锻炼了胆量和勇气。人必须面对观众，这次面对的是和你水平相等的同学和比你水平高得多知识渊博的老师，那你怎么办？这门课的优点就在于让每一个同学都参与，发挥他们的积极性。因此每一位同学都必须严阵以待，事前做好充分准备，认真备好讲稿。有必要的话，还要整理衣冠，清清喉嗓。因为，做了充分准备，所以课堂上同学们所讲的内容和方式色彩纷呈，有的内容丰富而广博，有的则简单明了而深入。

“（三）使我们对湘籍近代名人有大概的了解，这是题中应有之义。通过此课学习，懂得了近代湖南真是人才辈出，而且大多是顶尖级的人物，在中国历史上乃至世界历史上写下了光辉的一页，因此，扩充了我们的知识。不仅如此，还对我们进行了爱国主义思想教育，使我们懂得了他们在奋斗历程上洒满了汗水，在人生道路上淌满了血和泪。

“但教改过程中还存在不足。比如，同学讲课一般缺乏深度、缺乏分析和理解。

“总的来说，教改课还是成功的，给同学们的体会颇深。”

1996级基地班陈丽华《研讨式教学刍议》写道：

“大三第一学期选修郭老师‘湘籍名人研究’研讨式教改课，感受颇深。这种‘研讨式五步教学法’，我认为有许多值得肯定和赞许的地方，我参与其中，也获得了不少知识，提高了一定的能力。

“首先，老师上课给我们提供了示范，使同学们获得‘研讨式教学’的初步原理。然后同学们共同选题，到图书馆参考咨询室寻找论文索引，再依据索引查找与自己论文有关的论文资料，在此基础上写出一篇讲稿。在这一方面，我确实受益匪浅。从此，我发现自己不仅掌握了写论文的初步方法，而且写作能力明显提高了。第三个步骤是小组讲课，这就要求同学们认真备课，同时也可以锻炼自己的胆量和讲课能力。第四个步骤小组派代表上台讲课，老师同学评课。这种方法可以培养大家的独立思考能力，提高自己的素质和综合能力。

“‘研讨式五步教学法’提高了我对历史研究的兴趣和意识，对我今后的人生也将起一定的作用。而且这种评定学生成绩的方法相对比较公平、合理，有一分耕耘，就有一分收获。同时，这种方法对我将来从事教师职业将起重要作用。

“有利也有弊，学生的负担加重了，时间安排也不是特别合理。

“总之，从我的体会来看，‘研讨式五步教学法’还是值得推广的，但不能每门课都采用此法，那将‘物极必反’。”

1996级基地班张雪锋《教改随感》说：

“世纪的轮回，岁月荏苒，在光荣和梦想之间，面临更多的机遇和挑战。因此，‘改革’成了最时髦的语言，而在‘科教兴国、知识经济’的推动下，作为前沿阵地的教育体制改革也提上了日程。郭老师率先实行了别开生面的教学改革，无疑受到了学生的欢迎。

“郭老师一改‘满堂灌’‘填鸭式’教学方法，学生从小学到大学充当抄写员的角色得到了彻底的改变，授人以‘渔’而不是以‘鱼’，这种教学教改为我国的传统教学注入了一股新的活力，必将推动教育改革的纵深发展。

“郭老师的湘籍名人研究教改课有以下三个好处：

“一、培养了学生动手能力与思考相结合。在查阅资料中发现问题，最后酝酿成文，一般的学生都要修改三次，从而培养了学生的动手能力。

“二、将教与学相统一，学生以主人翁的角色出现在课堂上，在切磋中提高。

“三、开阔了视野，提高了对史学的兴趣，促进同学们的敬业精神并接受了爱国主义教育。

“我想这种教学改革应大力推广，尤其是对于高年级同学来说。”

1996 级基地班汪平秀评学议教文章《一次创举》写道：

“郭老师的教改可谓是一次创举，由传统的老师唱戏学生看戏到老师搭台学生唱戏，充分发挥了学生的主观能动性，自己动手、动脑，再也不是被动地接受，填鸭式地接受，这次我也得到了全面的锻炼。体会到写论文著述的难，体会到搞教育当老师的难，还学到了一点，明白不能光依靠老师，而是要自己动脑、不要接受现成的馍馍，老师只不过是我们的引路人罢了，整个一条路还是要靠自己的双脚去走。”

1996 级基地班文霞《千树万树梨花开——教改课感想》写道：

“我是听了 1995 级基地班的几个师兄、师姐的建议后才选这门课的。他们说这门课能培养我们各自的能力，值得一选。待我真正实践之后，我觉得这门教改课真的不错，不虚此选。

“这门教改课最大的长处是发挥了学生的主动性、积极性和创造性。

“以前我们上课觉得自己好像是书记员，一味地记录笔记，这种形式很单一枯燥，我们学得也很被动，思维越来越僵化和迟钝。

“这门课让我们自己找资料、写讲稿，发挥了我们的主观能动性。老实说，查资料是一件很累的事情，但我觉得很充实。正是这种辛苦工作才能创造充实感。通过自己亲手实践，我们学会了一些查资料的方法，做些初步的研究。

“这门课也培养了我们的各种能力，特别是材料处理能力和语言表达能力，壮大了同学们的胆量。

“教改课还有值得改进的地方，使内容形式多样化，避免雷同。

“总的来说，挺有益处，希望能有横的和纵的推广。横的是向其他科目其他院系，纵的是向低年级同学推广。衷心祝愿教改越办越好，更多地被推广。”

1996级基地班肖吉贤《对教改的看法》写道：

“教改提高了同学们的主动性、积极性。同学们都能走上讲台，这是对大家多方面能力的一种锻炼。

“我私下认为，在大三开这门课最好不过，因为大四就要实习，而现在让同学们提前走上讲台，使同学们意识到自己在教学方面的缺陷，及时加以改进与提高。

“大家能在老师指导下去图书馆查阅资料，编写讲稿，发挥了老师的引导作用和学生的主体作用，既‘授之以鱼’，又‘授之以渔’，老师把教学的主体工作交给学生，发挥了学生的积极性、创造性。同学们能主动地积极地去查索引、查资料、写讲稿，有助于锻炼大家的能力，对以后的史学研究都是非常有用的。

“总之，这是一次大胆的、又切合实际的改革，是值得推广的，甚至可以向整个高校推广。

“我觉得21世纪的学生重要的是向能力方面发展，而这次教改正是向能力方面发展的一只导航灯，我衷心祝愿这只导航灯能永远闪亮。”

1996级基地班任泉香《我的体会与思考》写道：

“作为这次教改活动的参与者，有不少感受和想法。

“郭教授的‘研讨式五步教学法’给我的第一印象是新奇。它完全不同于以前老师讲、学生做笔记的形式，我很快被吸引。一切由我们自己做，多好！

“随着一系列活动的开展，才发现这是一件需要耐心、要花费精力的事情。第一步查索引便花费了不少心血，然后根据索引查找论文更是困难。第一次了解到做研究的辛苦与艰难，也第一次了解到写论文最基本的过程。对于讲课和讨论也需要花费不少的时间与精力，我们也借此学到了不少东西，活跃了我们的思维。

“这种教学方式对于我们培养师范能力和研究能力，均具有重要意义。其理论无疑具有科学性和合理性。

“但具体和实践结合起来，其中又有不少弊病。其延续的时间我认为太长，效果不显著，有点得不偿失的感觉。无疑，这种教学法给大学课堂带来了活力，也提高了同学们的创造力，对于某一专题的深入研究探讨以加深同学们的理解有重要意义。但我认为大学生重在博而不在深，博而后深是一个过程，对于大学生而言，研究则言之过早。”

1996 级基地班朱映红《教改几点体会》写道：

“研讨式教学在一定程度上受到了广大师生的关注，本人作为教改活动的参与者，谈几点体会。

“研讨式教学的有利因素：充分发挥了学生的主观能动性，在某种意义上使学生由被动的接受者，成为主动的授课者；初步培养了学生的科研能力，为今后的史学研究垫下了一块基石，并完成了最基本的能力训练；锻炼了学生的师范技能，使学生的综合能力有所提高，尤其是说与写能力的进步；加强了同学间的交流，使得同学有更多机会交换意见，共同探讨。

“研讨式教学有待改进的地方：耗时过多，内容不够充分，对学生发现问题、提出问题和解决问题能力的培养仍有较大空缺。”

湖南师范大学历史系 1997 级

1997 级历史教育班黄雁《未雨绸缪——我的体会与思考》写道：

“不时听说本科毕业的师范生在就业试讲中被专科生击败，是本科生学识不如专科生吗？未必。问题出在试讲水平上。

“作为师范生我们要不断地学，也应该注重教书育人的技能。没有一定的技能，学识再高也难成为传道授业解惑的老师，难成为学生前进与成长的指导者。有人总希望在工作中去提高这一技能，但问题在于，社会要求我们必须先有这种技能才能给我们教师的工作。郭老师的教改从这个意义上来说是一种未雨绸缪的举动，及早培养我们的这一技能，是为我们的长远利益着想。

“郭老师的教改为我们提供了上讲台的机会，而教学技能提高的关键还在于我们自身的努力。我很珍惜这种机会，我花了不少时间查资料、写讲稿、备课，如同其他同学一样。真正能让我在这一课程中享受到快乐，感受到进步的，是我认真的态度和身临其境的感情投入，备课时我想的是如何让你面对的‘中学生’既能学知识，又能学会享受知识带来的快乐；试讲时，我把敬业精神作为一种内在的支柱，力图不让自己愧对教师这一称号。只有把爱心注入一切的努力之中，把‘不误人子弟’的宗旨时刻记在心头，就能够全身心地去学去准备，去走上讲台，就能够不厌其烦地修改你的讲稿，甚至不经意地屡屡将书包中的讲稿拿出来琢磨、推敲。正是由于这样的心境，我六次修改讲稿，七次走上讲台试讲，这可能是全班最多的。我的水平虽不高，但我却可以保证我是出于对事业的敬重，对‘学生’的关爱。

“用真心去面对讲台，我收获很多；用心去体味教师这一职业，我心欢乐。”

1997级殷小年《“五步研讨式教学法”评议》写道：

“这学期，我们接触了一门采用全新教学方法授课的‘中国近代思想史’，采用的‘研讨式五步教学法’早有所闻，也倾注了极大热情。从听老师讲课作安排到自己查找资料、小组上课、大班上课，我们的热情与辛劳换来了对老师这一角色的真正感悟，过了一把教书瘾，也收获了不少经验。

“‘五步研讨式教学法’适应我国学校教学方法改革的需要，从增强学生学习主动性和兴趣，提高教学效率，打破传统教学方法着手，把传统的老师讲、学生记的单一模式转变为以学生自主学习、大家共同讨论为主要形式，就这一步我想便是一个很大的突破，需要周到而细致的计划来安排工作。事实证明，采用五个步骤将整个教学过程分段进行，学生上台讲课，学生上台评课，整个教学活动活跃起来，学生的各方面能力都得到了锻炼，与传统教学模式相比，教学效果明显提高，学生的积极性也得到了充分调动。

“但我认为，此种教学法还应当扩大教学内容本身，加大大班讲评的人数，使学生的能力得到更充分的锻炼。”

1997 级周爱华《注重实践 全面发展——我看“五步教学法”》写道：

“郭老师在高校教学改革中成功地推行了‘五步教学法’，从传统教学的‘授人以鱼’到‘授人以渔’，改变了‘满堂灌’‘填鸭式’的传统教学方法。

“从我的亲身体验来谈几点看法。

“首先，培养了我们的史学能力和史学兴趣。聪明的孩子问仙人要求点金术而不是金子，同样学习也应该以掌握方法途径为目的，而不是满足于老师在课堂上灌输的现成的知识。五步教学法，老师指导选题，‘授之以渔’，学生独立探索，充分调动了积极性与主动性，查索引、找资料、分析处理，写成讲稿，既掌握了利用图书馆查阅史料的方法，对今后的学习研究有极大的用处，也对史学知识有了全面了解，自己流了汗水，也有了收获，史学研究的兴趣渐渐培养起来了。

“其次，提供给我们实践锻炼的机会。这是非常重要的。教师是太阳底下最神圣的事业，这项职业将是我们大部分同学的选择。然而做一个好老师并非易事，除了丰富的知识外，教师的教态、语言风格等基本素质是非常重要的，也非一朝一夕可以形成的。在小组交流、大班讲评中，同学们自己上台讲课评课，锻炼了勇气，增强了自信，也令我们明了了老师的苦与乐，清楚自己应该努力的方向。

“第三，活跃了学习气氛。在老师讲、学生记的单向教学中，学习风气不浓，同学之间交流不多，异性间尤甚，而五步教学法的讲课评课，给我们一个共同切磋学习探讨的机会，一个自由发挥的空间。常常意外地发现平时不喜欢在班上发言的同学在讲课时能够神态自若，口若悬河，幽默生动，不由得在心中暗暗佩服与较劲。

“就我个人而言，作为学习委员，协助老师分组、选定负责人，督查小组讲评进展情况，在这些细小而具体的工作中，我发现我的责任心加强了，与同学的接触增多了，处理问题和解决问题的能力也提高了。虽然占去了部分时间，但所得大于所失，挺高兴的。

“这种教学法也存在不足之处，小组交流缺乏固定场所，大班讲评名额太少，有些同学听学生讲课兴趣不浓。也有同学反映花费的时间与精力较多。

“我觉得，‘五步教学法’利大于弊，既学到了知识，又掌握了实际本领，提高了教师技能，值得推广与借鉴。”

1997 级肖菲利《五步教学法的得与失》写道：

“‘五步教学法’是郭汉民教授在教学改革中所实行的一种新的教学方法，能发挥传统教学方法所不能发挥的作用。传统的教学法是‘一言堂’‘满堂灌’的教学方法，教师不管他们传授的知识是否被学生所吸收，只在乎他们讲授了多少，这种教学方法无视学生在课堂里的主体地位，把学生置于被动接受知识的地位，完全窒息了学生学习的主动性、积极性。而郭老师所实行的‘五步教学法’改变了这种局面，它充分发挥了学生的学习积极性、主动性。整个教学过程中学生的主体性地位得到充分体现。

“当然，‘五步教学法’也有其不足之处。查阅资料学生只会死搬硬抄，讲课时学生也会死背讲稿。我相信，随着教改深入，这种状况必然会得到改变。”

1997 级历史教育班蒋金玲《评研讨式教学中教师的参与》写道：

“‘研讨式五步教学法’对我来说是个全新的事物，当我带着憧憬与好奇走近它，怀着仰慕和虔诚拥抱它时，我的心灵受到了前所未有的震撼，原来这世上还有如此受用的教学法！

“对于它的美妙之处我们已经有目共睹，我也就不再加以渲染。但是，既然它还是新生事物，它在带给人们欣喜和新奇的同时，不免也会夹杂着几丝浅薄和不足，譬如教学过程中老师的参与还是少了一点儿，我认为，在某些环节中，老师的参与应该加强。

“独立探索阶段，学生固然在唱主角，老师需要指导学生如何查资料，查什么资料，哪些地方才能查到？小组交流阶段，老师的参与相对来说就有点供不应求了。每个有上进心的同学都希望老师能亲临现场指导，然而并不是每个人都能遂此心愿。各小组交流的时间地点由各小组决定，难免重叠，老师又没有三头六臂，又没有分身术。而没有老师亲临指导，效果自然会受到影响。要调节好老师与学生间的‘供求’矛盾，关键在于各小组交流时间不要重叠，让每个小组都能在老师指导下讲课，每个同学都能得到老师的评议指导。”

1997 级袁晓文《浅谈‘研讨式教学’与能力培养》写道：

“郭汉民教授在‘中国近代思想史’这门课程中，变传统教学方法‘授人以鱼’为‘授人以渔’，经过一个学期的学习，觉得‘研讨式教学法’在培养学生各方面的能力中起到了不可替代的作用。

“第一，能培养学生合理利用资料和查找资料的能力。每个学生在确定选题后，为对自己研究的人物有个深入了解，必然要利用图书馆的各种资料。这种寻求资料的动机激发学生查找资料的兴趣。通过实践，掌握查找资料的方法，以及分类整理资料，为我所用。这是一个逐步学会查找和利用资料的过程。

“第二，能提高学生组织材料和写作成文的能力。在搜集到充分的资料之后，怎么样将单个的资料信息转变为一篇有血有肉的文章，成为主要问题。每个人必须将资料合理组织起来，安排好叙述的逻辑顺序以便充分论证。组织好材料并不能成为一篇文章，还需要生动的写作手法。历史是客观的，但其表述形式却要求艺术性，这样就要求学生反复修改修饰，在这个过程中，学生组织材料和写作能力不断得到提高。

“第三，能提高学生把握语言的能力。学生在撰写文章的过程中，学会把握书面语言，不断使文章言之成文，言之成理。写好文章之后，是要进行课堂教学的，完美的书面语言，并非是完美的课堂教学语言，这里也有一个书面语言向课堂教学语言转化的问题。在向口头语言转化时，如何使之更易于流畅生动表达，必然会让学生对之反复思考，接受锻炼，探索一个合理的表达办法，在不断实践中，把握语言的能力得到提高。

“第四，能提高学生鉴别和评价课堂教学的能力。每个师范生应该很好地掌握鉴别和评价课堂教学的能力，以便从别人的课堂教学中得到一些经验教训，为我所用，改进自己的教学方法。‘研讨式教学’在评价同学讲课这个阶段，使每个学生从课堂内容、语言艺术、教学方法、教学风格等多个方面仔细体味，认识其不足之处和值得发扬的地方，在这个讲课评课过程中，会使学生形成什么是一堂好课的概念，提高自己鉴别评价课堂教学的能力，同时促使自己改革教学方法，不断完善自己。

“在‘研讨式教学’中，每个学生变成了教学的主体，更能激发学习的积极性和创造性，在这个积极参与的过程中，学生的各方面能力得到明显提高。在这个过程中，教师应该加大大学生撰写论文和课堂教学的指导力度，而非重课后评价。其实，一个指导的过程就是使学生能力得到提高的过程。

“我认为，这种方法应该不断加以改进和完善，必将成为教学园中一奇葩。”

1997级蒋艳萍《“五步研讨式教学”刍议》写道：

“郭老师的教学改革实行‘五步研讨式教学法’，打破了传统的教学方法，首开先河。

“我认为这种教学改革是必要的，特别对于高等教育来说，势在必行。作为高等学府的学生，不仅是学习知识，更重要的是学习思考，增强能力，求得创新。一个有发展前途的人，必须具有独创精神。通过参与郭老师的教改，我觉得受益不浅。

“下面我谈几点体会。

“一、突破陈规，勇于教改。虽然学校总是宣传素质教育，但真正实行的又有几人？大都是传统教学的‘满堂灌’‘填鸭式’。在大学学习过程中给我最深的感觉就是老师在台上讲，学生在台下记，似乎每个学生是一个记录员，考试时学生背，我不知道这种教学能够给学生带来多大效果，学生只是记录知识的机器而已，学生考试过后知识也忘得差不多了。传统的教学能够给学生带来解决问题的能力有几何？而郭老师在教学中，放手让我们自学、自教、自评，大大提高了学生的积极性，通过十几周的时间，同学们基本上把自己所研究的问题写成讲稿进行小组、全班的讲课评课。

“二、巩固知识，培养能力。在郭老师指导下，查找索引，查找资料，翻阅资料，在了解掌握自己所研究的课题时，写成自己的观点，写成自己的讲稿，在这一过程中主要是掌握知识，同时也锻炼了怎么样做学问的能力。更重要的是学生自教自评过程，为了达到最佳目标，同学们一般都反复试讲，改掉缺点，求得提高，使自己真正像个老师样。这方面能力的培养对于师范生来说是至关重要的，必不可少的。

“三、求得创新，勇于竞争。在试讲过程中，每个同学为了不落陈规，大都反复设计最新、最佳的方法，在语言、教态等方面力求充分发挥。为了求得创新，就得竞争。许多同学为了在大班上课，讲稿不知改了多少遍，翻阅多少参考书，试讲也不知进行了多少次，有一种不服输的勇气。有竞争才能进步，通过竞争使教学效果明显上升。更远一点看，这才是适应社会需要的学子。

“当然，在教改中，也存在许多缺点，有些同学自愿放弃这次机会，不愿查阅资料，不愿上台讲课。

“我希望这种教改能广泛实行。”

1997 级肖博文《我对“研讨式教学”的一点看法》写道：

“‘研讨式教学’作为一种教改尝试，可以说是非常成功。它的主要特点，我想应该是：在轻松活泼的气氛中，通过师生之间、同学之间的交流，通过学生对学术著作的了解，实现对知识的深层次把握。

“研讨式教学对我的影响较多，感受最深的一点是让我对我研究的课题多了一份牵挂，以至于梁启超这个人几乎让我睡不好觉，但我终于凭自己的毅力对他有了一个大体上的了解。至于讨论，我发言虽少，但心得颇多，受益颇多，教要教好不容易，评要评好不简单，只要合诸家之长，避其所短，从教态、板书、语言等方面下功夫，教就能教好，评也有评题。

“研讨式教学还要求我们扎扎实实做人，踏踏实实干事，那种和尚撞钟以及全靠别人填的鸭子们，能力是不能提高的，充其量不过是一只优秀的传声鹦鹉。

“要想学好、教好，就来参加研讨式教学吧。”

1997级曾玉明《只谈点感想》写道：

“也许，任何一项改革，不单单只在本身领域，而会在其他方面产生深远影响。教学改革，不仅对教育手段、教育方法、教育工具、教育者、受教育者产生影响，对师生关系，尤其是同学之间、男女生之间的关系发生了作用。从‘五步式教学法’中，是可以明显体察到这一点的。

“刚跨入大学时，从三湘四水汇集到一个小小的教室，有激动、好奇，也有陌生、局促与怀疑。更有迎高考时老师家长‘严管’在男女生之间竖起许多隔膜，大家只在教室里上上课，彼此交流的机会很少，一个学期下来，有的同学居然连自己班上的同学也不认得，男女生之间多数是形同路人，陌生得不曾说过一句话。

“曾经，对大学的生活是很向往的，才识渊博的大学教授讲课应该是生动活泼，丰富多彩，决不会像中学老师那样站在台上照本宣科满堂灌。然而事实上，大学的老师与学生之间更是完全意义上的讲与学，根本没有时间进行师生交流，教授们讲完自己的讲稿，便专攻自己的学术去了，而学生只是埋头做笔记以应付考试。所以，同学与老师之间，同学相互之间，是可以用‘关系冷漠’来形容的。

“‘五步教学法’中有小组交流这一个步骤，以我个人观点，除了写文章外，这是最值得称道的一步。小组交流学生第一次走上讲台，有兴奋感、激动感，一旦产生这种感觉，就容易冲破羞怯感、自卑感、陌生感，很愿意与大家交流，所以一般来说，小组交流是最能调动大家学习热情的一步。我们能知道朝夕相处的同学平时嬉皮笑脸走上讲台变得一本正经，平时沉默寡言的同学走上讲台能滔滔不绝，平时成绩平平的同学走上讲台能上下五千年讲得有理有据、生动形象。

“总之，经过讲课评课，同学之间增进了了解，也增加了彼此之间的亲切感。那段时间，每个晚上我们宿舍的卧谈主题就是我们班的每一位同学的讲课表现。当然，为了更好地认清自己，更好地认识自己的同学，我希望小组交流时能让高年级优秀的实习生当辅导老师，在大班讲评时让有经验的历史老师给我们上上课。希望在大学里，将为人师的师范生获得更多更好的教学方法，而不仅仅是读书、背书、写书。”

1997 级文亮《明天会更好》写道：

“听了十多年的课，十多年一如既往的模式，在课堂上，人已经变得有些麻木，有意无意地开始讨厌，开始疏远课堂。一个很偶然的机会，也是出于对郭老师的敬仰，我选择了他开设的选修课‘中国近代思想史’。于是也就很幸运地接触了‘研讨式五步教学法’，而且还身体力行地过足了一把老师瘾，让我对课堂也有了一个新的概念。正如郭老师所说的，要打破‘一言堂’‘满堂灌’的模式，课堂上的主体应该是学生，学生对学习应该是主动的，积极的。

“其次，我深深感受到了当老师的艰辛，从确定课题到编写提纲，从查阅资料到撰写教案，从小组讨论到大班讲评，忙得不亦乐乎，个中辛苦，难以言表。

“作为师范生，未来是要为人师表的，那么，究竟怎样才能成为一名合格的教育工作者呢？郭老师给我们提供了一个宝贵的机会，让我们第一次将所学与实践相结合，在即将走上工作岗位之前，积累了一点点然而却是极其珍贵的经验。

“我希望以后的选修课大都能采取郭老师的这种教学模式，给我们更大的拓展空间。那么，我们的明天一定会更好。”

1997 级学生尹驰锷《苦寒只为梅花香——评郭汉民教授的教改》写道：

“对郭老的‘五步教学法’我早就有所耳闻。此番亲身经历之，可以用两个字概括心中之感受：‘苦’和‘趣’。两者交集，贯穿于整个教学过程，‘苦’时是苦不堪言，然‘苦’中总能寻到一丝乐趣。或许，此即人之所谓之‘苦趣’吧。

“首先是选题，孙中山？梁启超？蔡元培？苦，苦，苦。最后选定蔡元培的美学思想。其次是搜集资料，一套《蔡元培集》就有四本，如何读得完？没有办法，只能硬着头皮读吧。

“忙了一个月才把资料搜集拢来。终于得动笔写论文了，停停写写，写写停停，写了一个星期，几千字的文章终于弄出来了，不知不觉中，蔡元培的美学已深入脑海，蔡元培也不再是简简单单的名字，而是一个有血有肉的丰满的人。

“此后，课堂交流所得自是更多。但我想，更重要的在于什么呢？更重要的在于我们终于能初步去选择自己所学，去自己学，在研究之路上，第一次迈出属于自己的一步，幼稚也好，无知也好，肤浅也罢，但我们毕竟迈出去了，此间苦乐，唯自己能体会，苦是苦矣，然苦寒只为梅花香。”

1997 级丁艳平《评五步教学法》写道：

“随着知识经济时代的到来，社会对人才的要求越来越高，这对传统的老师讲、学生听的教学模式是一次巨大冲击。郭汉民老师提出的‘五步教学法’就是在这种新形势下对传统教学形式的改革。多次实践证明，‘五步教学法’生动活泼，调动了广大学生的积极性，富有成效。

“传统的课堂是‘一言堂’，即完全的老师授、学生受。学生处于被动接受知识的状态，学习的兴趣往往提不起来，学生作为课堂主体的作用也发挥不出来。‘五步教学法’打破了这种传统，它首先把学生推上讲台，让学生的主体作用得到充分发挥，调动学生的积极性，同时让学生上模拟课，培养了学生各方面的能力。‘五步教学法’先由学生自己确定课题，再自己查资料，写讲稿，最后到课堂上见习，师生共同评课，这一系列过程，调动了学生的积极性，也培养了学生的动手能力，为学生提供了难得的机会，培养了学生的实践能力。

“总之，‘五步教学法’打破传统，与实际相结合，具有很大的实践功能，值得推广。”

1997 级薛志刚《教改后的思考》写道：

“‘教改’两个字对于我只是一个颇具诱惑力而又高不可攀的符号，直到本学期选修了郭汉民老师的中国近代思想史，才让我近距离感受了‘教改’，且真切地融入了其中。

“教改之妙处自不必多言，打个比方，在学校实行教改，就好比在官场提倡廉洁一样，实在大快人心。问题是官场复杂，有鱼龙混杂，偶尔出了一个清官，即使对其大肆宣扬，也未必是‘星星之火可以燎原’。教改实际上也面临同样的困境，一些头脑里充斥着古书的人是不会对它有半丝兴趣的。

“对于学生而言，早就不满意于用耳朵和手来配合课堂教学，他们希望能在课堂上讲，能相互交流。我相信他们是教改的坚定拥护者。

“毕竟，郭汉民教授已开一代先河，但愿滚滚浪潮不断，师生勇做弄潮儿。”

1997 级学生刘晋平《教改小议》写道：

“郭老师的‘研讨式五步教学法’给我们一种全新的感觉，给课堂带来生机和活力，提高学生自信心。

“这门课真正做到以学生为主，以学生为中心，让学生自己动手。调动学生积极性，更培养了学生查阅资料、搜集资料的能力，写作能力和上台讲课评课的能力，让同学们亲身体验当教师的滋味。

“这是一个大胆的设想，一个科学的方法，再加上让学生总结经验，提出建议，以便于改进教学，进一步提高教学水平，这说明我们的老师具有很强的责任感，让同学们真正理解和明白当教师的责任。”

1997 级学生左青松《“五步教学法”——培养大学生能力的有效途径》写道：

“三年一期我们开设了‘中国近代思想史’课程，郭汉民教授一反常规的‘填鸭式’教学，采用自创的‘研讨式五步教学法’，我们的感觉是耳目一新，其结果是受益多多。

“在‘五步教学法’中，首先由老师讲这门课的特点和需要做的事情，并且列出各个时期具有代表性人物，老师先讲两个人物作为示范，使学生明白怎么样讲课、搜集一些什么资料，接着由学生选择自己喜爱的人物，并去图书馆查找资料，写出所选人物的生平、思想及其评价。在这一步骤中，培养了学生查找资料、整理资料和论文写作的能力，使学生研究问题的能力也得到极大的提高。第三步在论文写成之后进行小组交流、试讲和讨论，这就锻炼了学生的胆量和讲课能力。同学相互之间评课，每个同学都明白了自己的缺点和不足，然后加以改正，使大家的知识和能力都得到了提高。试讲使我们明白应该怎样树立一个老师的形象，怎样板书以及教学语言的抑扬顿挫等，为我们以后成为一名人民教师打下基础。第四步每个小组选出两位同学在大班讲评，这使我们讲课评课能力得到了极大的锻炼。最后老师对同学讲课的点评，对学生所讲人物的思想进行概括与补充，扩大了学生的知识面和知识的深度。

“总之，‘五步教学法’使我们知道了作为教师所应该具备的素质与能力，使我们明白了自己所应该努力的方向。同时‘五步教学法’也极大地培养了我们的能力，确实是培养和提高大学生能力的有效途径。”

1997 级学生杨振华《教改评议》写道：

“在经历了 12 年的中国传统式的教育之后，突然间接触到另一种教育方式（研讨式教学）发挥我们作为受教育者的主动性与积极性，这种感觉就如大旱之后，幸逢甘霖，心里美滋滋的。我想，我有理由说出这次教改的优点。

“最根本的，就是极大地调动了同学们学习的主动性。以前，我很少去图书馆查找某一专题的资料。这次去图书馆查阅资料，付出劳动，做出成绩，受到老师同学欣赏，心中有种成就感。尽管这种成就感有点‘孔乙己’，但这似乎对我们很重要。

“建议以后在教改过程中进行两到三次全班讨论，这会在很大程度上提高我们的能力，培养一种良好的‘致疑’精神。”

1997 级李玉梅《小议教改》写道：

“郭老师在我们班实行的学生自学、自教、自评的教改，就好像沉寂冬日里刮过的那股新风，吹得人心里痒痒的。许多早已淡薄甚至几近消息的思想又开始萌动起来。而于我自己意义更为重大。归纳起来有三：

“（一）开先河，大胆创新。教改摒弃了以往‘填鸭式’‘满堂灌’的教学方法，而由学生自己动手查资料，搜集资料写成教案，自己上台教学，课后由同学自己评论，在此过程中，同学们不仅加强了对知识的掌握，而且学会了怎样组织上课，并且通过老师的指导和同学的互评，能够使自己的知识和能力各方面都得到提高，这种教学方法是前所未有的，开先河，大胆创新。

“（二）激发思维，活跃气氛，提高积极性。由于多人研究同一个人物，成为一个小组，为了突出新意，一般同学都会开动脑筋，避免雷同，这样有利于激发同学的思维，课后的讲评无疑使课堂气氛更加活跃、融洽，互相指正，扬长避短，提高了学习的积极性。

“（三）效果明显，有现实意义。对于我们师范生来说，以后大部分人是要走上讲台的，在实习前能够有机会锻炼，这对我们是很有益的。教改以后，许多同学学会了查索引，学会了组织材料，学会了备教案，更学会了教学，这为我们的实习以及以后的工作做了准备，具有现实意义。

“教改是一次伟大的尝试。在自学、自教、自评过程中也有不尽如人意之处，也有学生懒惰习气重，自己不去查索引、查资料，抄别人的。”

1997 级学生王晚英《授人以鱼，不如授人以渔》写道：

“这学期来，‘中国近代思想史’这门课打破传统教学方法一统天下的局面，开创了让学生上台讲学的新形式，给沉闷的历史系课堂吹来了一股清新之风。

“在这个过程中，我们每个同学都或多或少学到了不少东西，譬如检索索引、查阅资料、撰写讲稿，同时也领略了上台讲课评课的风采。

“以前我们学生，坐在台下，动动手记录，动动手应付一下考试就行了。虽然我们学到了一些基本知识，但这些都是老师喂给我们的‘鱼’，当离开学校，面对广阔的社会天地，面对自己的学生，我们也许更多的是无奈，我们不知道怎样去‘渔’。

“郭老师的教改设计正是针对上述困境提出的。它来得很及时，同学们都感到非常新鲜而刺激，虽然会很忙，但同学们都有同感：以前不知道什么叫索引，更不用说去查阅了。现在我们都学会了，为以后写毕业论文也奠下根基。

“以前以为上台讲课很容易，把讲稿背下来就行了。直到这次真正地走上讲台，才发觉以前是多么傻乎乎。它使我第一次尝试到当老师的艰辛，也使我在学会做老师的旅途上迈出了一小步，然而却是多么关键的一步。

“这门课程，郭老师不仅授予了我们以‘鱼’，更重要的是教会了我们自己去‘渔’，从此我们可以到更加广阔的天地去飞翔，去开辟自己的学习领域和自己的教学特色。”

1997 级历史教育班学赵迟《为有源头活水来——“研讨式五步教学法”有感》一文写道：

“日臻完善的‘研讨式五步教学法’把知识传授、能力培养和素质养成三者有机结合起来，能更好地发挥教师的主导作用和学生的主体作用，能更大地调动学生的学习积极性和主动性。

“‘研讨式五步教学法’既注意‘授之以鱼’，更重视‘授之以渔’，点拨、自学、讲授、评议相结合，使整个教学过程充满了活力。

“其一，激活了学生。自始至终，以学生为主体。学生无论是检索文献、制作索引、写成讲稿，还是在小组交流以及在大班讲课评课，都是以自我为中心，结合自己的兴趣，从而有利于更好地发挥学习积极性和主动性，使自己的自学能力、创新能力、科研能力和教学能力都得到一定提高。

“其二，激活了课堂。研讨式五步教学法一改过去老师的‘填鸭式’灌输教学，真正做到‘老师搭台，学生唱戏’。同学们经过小组交流的经验积累后，在大班讲课时，主动地走上讲台，积极讲课与评课。或思想深刻，或神采飞扬，或雄辩有力。课堂气氛空前活跃。学生们的教学能力也有了潜移默化的提高。

“其三，激活了老师。研讨式教学中，老师的主导作用更加强了。老师根据自己的专业特长指导学生选题、评课以及做综合讲述，课堂内容得到更新，专业性更强。此外，学生能力在教改过程中的日渐提高，也愈加激发了教师的改革热情，坚定了把这一教学法推广延续下去的信心，教师因此也能够全身心地投入到课堂中去，同学们也从郭老师听完学生讲课后的频频点头和感叹与赞赏找到了不断提高自我、完善自我的动力。

“‘问渠那得清如许，为有源头活水来’，郭汉民老师‘研讨式五步教学法’这一着棋，使满盘皆活。

“我们相信，‘研讨式五步教学法’在郭老师的辛勤投入和同学们的积极配合下会走得更远，进行得更好，结出更为丰硕的教改成果来。”

1997 级历史教育班付昭权《研讨式教学与教育观念的转变》写道：

“人们常说，历史是知识的海洋，历史是生活的教师。刘知几也说过：‘史为今用，其利甚博，乃人生之急务，为国家之要道，有国有家者，其可缺乎哉。’这些概括了历史学科多功能的特点。然而古今中外历史知识可谓汗牛充栋，纷如星云，‘盈天地间，凡涉著作之林，皆是史学’，要做到真正学会历史何其难也。传统的教育观只是让人为应试而学，更无从谈起学史致用了。因此，转变传统教育观念日益成为历史教学改革的中心议题。

“郭老师带头打破陈规，转变传统教育观念，把知识传授、能力培养、素质养成三者有机结合起来，总结提炼了五步研讨式教学法。通过两年多实践，取得了辉煌成果，在历史系乃至全校引起巨大反响。

“首先，五步研讨式教学法转变了‘教学观’。社会的日益发展进步对人才知识能力的要求越来越高。传统的‘灌输式’这一单向的教学信息传递方式在培养学生能力与素质养成上存在着严重弊端，已不适应社会发展的需要，这就要求教师采用‘启发式’教学以充分发挥教师的主导作用和调动学生的积极性、创造性。五步研讨式教学法变‘讲授式’为‘研讨式’、变‘一言堂’为‘群言堂’、变‘授之以鱼’为‘授之以渔’，通过指导选题、独立探索、小组交流、大班讲评、总结提高，学生不但对中国近代思想史知识有了基本的认知，而且掌握了认知问题、分析问题的方法，并能在基本知识结构基础上不断地进行主动的、创造性的学习，丰富了自己的知识，培养了自己的思维能力、自学能力、研究能力、写作能力以及表达能力等诸多方面的能力，具备了独立解决具体的史学问题的能力，并能充分发挥史学的多种功能，学以致用。五步研讨式教学转变了‘教学观’，适应了教改的要求，实现了‘教是为了不教’的目的。

“其次，五步研讨式教学转变了‘质量观’。即由以考试成绩为尺度的质量观转变为全面素质评价的质量观。‘注入式’教学往往以考试分数划界‘好学生’和‘差学生’，导致只重视书本知识而忽视其他方面素质的培养，压制了学生个性的发展和特长的发挥。而五步研讨式教学法则是根据学生在每个阶段中的表现来考核学生，分索引文献编制研究资料索引、独立完成讲稿、上台讲课评课、讨论发言等几个环节。这就要求学生功夫用在平时，每个环节都不能放松。而由于每走一步都有助于学生能力的培养和素质的养成，学生的积极性主动性被空前地调动起来，从‘要我学’转变为‘我要学’。五步研讨式教学实现了由以考分评价教学质量到以学生能力素质提高为质量标准的转变。

“再次，五步研讨式教学更新了‘人才观’。过去人们习惯把书读得多、擅长应试的人视为人才，这种片面的观念直接影响了教育实践，使我们的教育实践出现了重知轻能、重教轻学、重考分轻平时表现、重横比轻纵比、重共性轻个性的弊病。而郭老师把知识型、应试型人才观转变为智能型、复合型人才观。并通过五步研讨式教改实现这一转变，把知识的学习和能力的发展紧密结合，把认识与情感统一起来，全面、整体、积极地评价学生发展水平，更多地鼓励学生，使学生的个性和潜能得以充分发挥，使其最大限度地得以全教育面发展，全面成长。

“转变教育观念是教改得以顺利实施的前提条件。郭老师的五步研讨式教学的理论与实践，无疑是对传统教育观的否定，它为高校教学改革提供了一个可资借鉴的成功教学模式和多层面的启示，随着它的日益发展和完善，推广之时指日可待。

“它的推广将为我校的教学改革和教育体系注入新的生机和活力，为史学教育乃至整个教育事业造福。”

1997 级基地班杨小辉《片言只语话“湘籍名人研究”课》写道：

“不满是向上的车轮，能够载着不自满的人类，向人道前进（鲁迅）。正是出于对传统教育教学模式的不满，我们历史系的老师和学生都对历史学这门最古老的学科的教学进行各种改革探索。郭汉民老师的五步研讨式教学法无疑是极具特色的一种。我作为一名学生，个人认为，它具有两个显著特色。一是对教育本质的追问，二是把受教育者的人置于中心位置。什么是教育？什么是大学？大学教育的目的是什么？正是源自对这些问题的思考，郭老师对教学内容、教学方法大胆改革，进行五步研讨式教学的探索，把学生从以往的机械训练和应付考试的枯燥过程中解放出来，把这门课的教学变成了一种师生互动的、主动的、创造性的思维活动和学习过程。

“我们 1997 级基地班同学在‘湘籍名人研究’这门课的学习中，由于受郭老师‘为师能授业解惑，为范则做人表率’的精神的影响，也都开始思考教育的本质，追问自己的位置、学习的目的，逐渐明确了自己的主体地位，主动创造性地学习。

“郭老师出于对教育本质的思考，把我们大家作为教育的目的、出发点和归宿，使我们走出了被动状态，真正成为教育和学习过程的主体。大家在上这门课的过程中，都主动查阅资料，撰写讲稿，写感受，毫无被动之感，都全身心地投入到学习中去了。这门课把大量的时间留给受教育者——学生自己去摸索，去写作，去讨论，来讲课，来评学，来议教。也正是由于受教育者即学生被置于中心位置，我们才获益匪浅，不仅初步掌握了一些学习、研究、教学的基本方法，而且还锻炼了身心，发展了个性，开发了自身的潜力与创造力。

“总之，这门课起到了‘开风气之先’的作用，是对传统的突破，是思想的解放。当然，开风气之先者也会有不足之处，这门课也存在一些有待完善的地方。我认为选题可以更宽泛一些，有利于形成自己独立的看法。鲁迅先生说过，地上本无所谓路，走的人多了，也就成了路。我希望能有更多的老师和同学投身教改，在探索中走出一条通向现代化、通向世界、通向未来的现代教育之路。”

1997 级基地班邹荣华《几点体会》写道：

“关于郭老师的课，本人有如下几点体会：

“第一，‘五步研讨式教学’改变传统‘填鸭式’教学模式，给学生相当程度的自由空间，对激发学生的兴趣和创造力是卓有成效的；

“第二，郭老师言传身教，使学生，特别是我们大三的学生初步了解了科学研究的正确方法，通过查找索引、查找资料、整理资料、阅读史料、写札记、写论文，较以前更具程序性，为学生往后深入的学习和研究打下了基础；对师范生来说，理论联系实际，培养了教学技能。

“五步研讨式教学确实让学生受益良多，其落脚点在于学生以后的学习和研究，其成效是显著而又长远的。我个人深信这一点。”

1997 级基地班林朝晖《对郭教授教改的看法》写道：

“这一期，郭汉民教授以别开生面的手法把我们全班同学带入了历史殿堂的一个新的场景。他以深入浅出的教学风格，不拘一格的教学方法使我们既获得了知识，又增强了能力。

“在以前的课堂上，学生充当的只是听的角色，从来没有主动参与过。而郭教授的教改使同学们都参与进去了，充分调动了每个人的积极性，减少了课堂填鸭的苦恼，提高了自己查资料、写文章的能力。我在写文章的过程中，必须自己去查各种资料，学会了查索引，所以增加了各方面的知识和能力。可以说这种教师与学生共同参与的教学方式是成功的。

“我建议由学生自己定题目，写好后大家讨论，对文章中观点材料考证、辩论。

“郭教授的教学改革总的来说是好的，方向是对的。在我看来，有些方面还需完善。”

1997 级基地班申璧瑜《简评教改》写道：

“这学期我第一次接受了教改课程的学习，开始不久便不由自主地融入其中，究其原因，在于它的主动性、趣味性、实用性，以及它独特的创新，令人回味无穷。

“让同学们走上讲台是这次教改的一大特色。这种改革，别开生面，实用价值大。传统的‘教与学’，只注重老师上课，学生做笔记，而这里，同学们相互间上课评课，锻炼了自己的能力，为以后做一个合格的教师奠定了基础。

“同学们要想上好各自的课，就必须让自己的上课内容生动具体，具有趣味性。这就需要查阅大量的资料，无形之中也让自己丰富了知识，陶冶了性情。

“让同学相互评课，老师做总结，这是教改的又一特色。由于大家都是第一次走上讲台，就不免存在这样或那样的缺陷，通过同学们相互指出弊端与不足，通过老师更深刻的总结鼓励，课程一堂一堂地按阶梯上升，到期末的时候，可以说已经成绩斐然。

“‘教改’从 1995 级开始发展到现在，成绩有目共睹，好处很多，这里不再赘述。

“在这一个学期的教改中，我深深体会到，同学们认真参与是极其重要的，在一定意义上说，它决定着教改的成败。”

1997 级吴菊红《谈“五步研讨式”教学》写道：

“‘学习是学生的天职。’从小学伊始，就一直在学习、学习、再学习。那一种‘填鸭式’教学，往往老师‘满堂灌’，学生埋头背。每每都是教师讲得眉飞色舞，唾沫横飞，而学生却只等到考试时才恍然不知所云，此时不得不日夜兼程，秉烛到三更，收获却不多。针对‘填鸭式’教学的弊端，郭汉民教授带领历史系学生别开生面，找到了一种全新的方法——‘研讨式五步教学法’，它改变了传统的‘一言堂’模式，创造了一个让学生‘愿学、乐学、会学、学会’的崭新教学方式。

“目的明，兴趣浓——愿学，是学会的先决条件。方向是灯，它照亮你的航程。郭老师明确地指出，这个探索是对传统教学的挑战，是从愿学、乐学、会学到学会的新道路。郭老师首先撒开了一张中国近代思想史的脉络网，短短几次课就把纷繁复杂的中国近代思想有理有据划分成五大块，并以龚自珍、魏源为例，阐述了研究的具体方法。尤其介绍了人物从生平到思想特征再到历史地位与作用的思路。郭老师还让 1996 级刘爱晖同学给我们上了一堂示范课，展示了她教学的风采，不仅板书美观，脉络清晰，内容丰富，而且语言流畅，教态自然大方，让我们在羡慕的同时产生了跃跃欲试的冲动。

“态度正，方法好——乐学、会学，是学会的关键。愿学开了路，乐学紧跟随。有了浓厚的兴趣和强烈的欲望，学习不再是一种负担，而是一种愉快的生活。有人称史学为‘死学’，但‘五步研讨式’教学却让它改头换面为名副其实的‘活学’。在这种教学模式中，我们不再只是忠实的听众，而是自己上台唱‘正旦’演‘小生’，‘逼’得我们不得不在台下练‘十年功’。于是，天天跑图书馆查索引、找资料，撰写讲稿，并一次又一次地反复修改。在那段时间内，相当一部分同学真正达到了‘身在其中’的境界。唐佳海同学开口一个蔡元培，闭口一个蔡元培，就是一个典型的例子。显然，这种教学方法已使学生的学习成为愿学者的一种精神需要，有了这种自觉主动、积极向上的态度，学习过程必然会感受到愉快。

“有了劲头之后，大家都希望有事半功倍的效果。在老师的指导下，同学们都有目的地去查找资料，分门别类；阅读史料时，情感伴随；然后条理清晰地撰写讲稿；小组交流时，自己当小老师，尤其注意听取老师和小组成员的意见，‘以人之长补己之短’。

“长知识、增能力——学会，是最终的目的。从头到尾，都是学生在老师导演下唱主角，是学生自己主动、自觉、独立地去领略历史的沧桑，去认识历史人物的地位和作用，去思忖历史发展的规律。自家栽种的果子当然会更甜，我们通过自己去探、读、思、写、讲、听，自己较为全面地掌握了自己所研究的资料和历史事实，也较为深刻地了解了自己研究的历史人物的地位、作用及其对后人的启示。尤其是较为灵活地掌握了一种得心应手的学习方法。‘五步研讨式教学’教给我们的不是一棵摇钱树，而是一把能耕能作的好锄头。虽然需要通过艰辛的耕耘、劳作，却能真正体会劳动的乐趣和丰收的喜悦。以前，只有老师滔滔不绝、娓娓道来，而今，我们学生上台也可以口若悬河，绘声绘色地将史事的来龙去脉、历史人物的思想渊源、特殊地位道个明白。尤其是在大班讲评时，更有一种‘该出手时就出手’的劲头。总而言之，这种教学方式的实施不仅丰富了我们的知识，更培养了我们的自学能力与实践能力。

“‘五步研讨式教学’突破陈规，别开生面，是一种全新的又富有挑战性的教学方法，是一条既能促使学生快速掌握知识，又能培养学生实践能力和综合素质的有效途径。

“但作为新生儿自然也有缺陷与不足。比如时间安排不当，独立探索过长，而评课时间太短。学生对知识的掌握似有片面性。比如说，我研究胡适，对同时期的陈独秀、李大钊、蔡元培等有所了解，但对其他人物，依然有朦胧之感。如果有一本书，对各个时期的代表人物有个整体性的介绍，让学生课前有个底，我想学习的效果会更好些。

“瑕不掩瑜。它以全新的姿态站到了广大师生面前，把知识的掌握与能力的培养、把老师的导演作用与学生的演技有机结合起来，希望在新的世纪获得新的突破和新的发展。”

1997 级李立坚《‘授之以鱼’与‘授之以渔’》写道：

“古人云：‘授之以鱼不如授之以渔。’在教学上，‘授人以渔’是指教给学生学习知识的方法。十几年‘填鸭式’教学使我们养成了不动脑筋坐享其鱼的习惯，当鱼吃完的时候，我们就只好望洋兴叹了。可是这个学期我们选修‘湘籍近代名人研究’课时，郭汉民教授不仅给了我们‘鱼’，也给了我们‘渔’，我们自己也可以下海捕‘鱼’了。

“这个学期郭汉民教授在我们班继续推行他的五步研讨式教学法，同学们大受裨益。第一步郭老师先给我们上示范课，然后布置落实好每个同学的具体任务；第二步我们自己动手检索文献、查阅资料、撰写讲稿；第三步小组讨论，每个同学必须上台讲课评课；第四步推举小组代表在全班上课，师生共同听课评课；第五步总结提高。通过这五步的学习，我们收获的不仅是‘鱼’，还有‘渔’。在郭老师和硕士研究生的悉心指导下，每一步认认真真地做好，其乐无穷，收获颇丰。

“首先是学习兴趣的提高。史学一向被人称为‘死学’，一直以来都是老师讲得哑哑然，学生听得昏昏然。而选修郭老师的这门教改课，几乎每个同学都深有感触地认识到学历史还真正有兴趣，也真正体会到史学的博大精深。郭老师的‘研讨式五步教学法’一改过去‘一言堂’‘满堂灌’的教学法，让每个同学自己动手，充分调动同学们的积极性，注意发挥学生的主体作用。从查索引、找资料、撰写讲稿到讲课、改稿、评课，每一步都由学生自己动手一丝不苟地认真完成，其间虽然辛苦，但更多的是丰收的喜悦，学习历史的兴趣也在不知不觉中提高了。课堂上，同学踊跃发言，气氛活跃，教室里是一片生机勃勃的景象。

“其次是多种能力的锻炼。过去是一支笔一个本子听课，而现在全身的每一个器官都得运动起来，写讲稿、动脑筋、跑图书馆，专心集中。查资料提高了我们运用知识的能力；撰写讲稿又是一次写作能力的锻炼；讲课则把自己的口才、书写、表达、教态都展示出来，这是一次极大的锻炼。评课又可以锻炼自己的思维能力，语言表达能力。

“再次，是学到了做学问、搞研究的基本功。通过这门课，郭老师把我们引进了做学问的门栏，了解了科研的基本步骤，为我们今后的学习、研究打下了良好的基础。不单是使我们对历史研究更深一层次的认识，而且郭老师教给我们的查索引、找资料的方法对其他科目的学习也有很大促进作用。通过五步研讨式教学，我们也体会到做学问并不是一件很容易的事，真正明白‘板凳要坐十年冷，文章不写半句空’所蕴含的深刻内涵了。

“还有一点更为深刻的体会就是从郭老师身上学到了做人的风范。郭老师已经是博士生导师，可是对我们本科生的课同样倾注十二分的热情。他治学严谨，平易近人，而又谈吐不凡。大方之家、大师的风范在郭老师身上得到了极好的体现。郭老师的人格将永远是我们学习的风范。‘学高为师，身正为范’，郭老师当之无愧也。这样的课堂生动活泼、师生关系融洽，我想这是我们大学四年中最可宝贵的记忆。

“我们全班同学一致认为，五步研讨式教学法值得在全校推广，感谢郭老师既给我们‘鱼’，又授之以‘渔’。

1997 级基地班周波《实话实说话教改》写道：

“这学期选修了郭老师的近代湘籍名人研究课程，该课程采用全新的研讨式教学法，旨在注重能力的培养，以增强学生的科研能力、课堂驾驭能力、思考能力，克服了以往教学模式的弊端，使我受益匪浅。

“首先，本次教改选择了一个合理的时间——大三。既有利于大学四年级的教育实习，又有了比较深厚的专业知识，有利于教改成果的取得，能够把两年来学习的专业基础知识在近代湘籍名人思想探讨中融会贯通，更快更好地适应教育实习，提高自己各方面的能力。

“第二，教改提升了学生的学习兴趣，增强了科研能力和教学能力。研讨式教学是前所未有的，它告诉我们如何独立写出论文，如何培养自己的教学能力。从查索引、查资料、阅读文献、撰写讲稿等一些基本步骤入手，具体实施，这是我从教改中学到的最有价值的东西，培养了独立思考和研究的积极性。在讲课阶段，同学们对我讲课的评论，使自己意识到自己的不知，懂得如何努力。

“第三，教改使同学们真正认识到了学习的目的，变被动为主动。以往教学模式中，教师占绝对主导地位，学生往往是老师的‘俘虏’，而在研讨式教学中，任何一个环节都是以学生为主体，老师只是起一定的引导作用，如在图书馆查索引，查资料，老师只是‘引路人’，具体操作都必须由学生做，而且一环扣一环，不主动也不行。以前对大学学习的认识就是上课记录，考前背背，教改把我们引入了一个知识殿堂，改变了对学习的态度。

“研讨式教学作为一个新生事物，有一个逐步完善的过程。在我亲身经历的这次教改中，也感觉到了一些有待改进的地方。探讨的内容过于单一，都按照‘生平—思想—研究状况’的模式，同学们有厌倦情绪，对同一个人物可以允许学生从多角度、多层次进行探讨。

“总而言之，研讨式教学改革使我受益匪浅，研讨式教学的推广将给我们带来学习的革命！”

1997 级基地班钟海涛《关于教改的几点想法》写道：

“本学期在郭老师指导下，我们‘湘籍名人研究’课进行得有声有色，可以说，这是我进入大学以来遇到的第一次从根本上作了大变动的教学方法，在整个学习过程中，我自觉获益匪浅，成效显著。

“首先，在独立探索阶段，郭老师指导我们分头查找资料。我认为这是打基础的关键一步，在此之前，坦白讲，我们还不知道可以通过索引查找论文资料，以前只知道一头扎进图书馆书库中乱翻乱找，所获甚少。而现在我们明白了通过查找索引来查找论文资料，有的放矢，事半功倍。作为基地班的学生，教给我们自己独立探索和做研究的工具，既培养了我们独立思考的能力，又使我们提高了查阅资料的效率。

“其次，培养了谦虚谨慎、集思广益的作风。在小组交流、大班讲评阶段，同学们积极参与，通过互相讲评，听取不同意见，有针对性地修改补充，获得提高。在这个过程中，我们深刻认识到做学问必须静得下心，虚心接纳各种不同意见和不同看法，独立思考，集思广益。

“再次，我认为，小组交流、大班讲评的过程在培养我们的教学能力方面也是大有裨益的。同学们纷纷站到讲台上讲述自己的讲稿，发表自己的看法，不但锻炼了自己的勇气，增强了自己的信心，而且对提高口才、表达能力等方面极有意义。可以这样认为，本次教改将成为我们教育实习之前的一次战前大演习。

“最后，教改能培养和激发同学们学习历史的兴趣，这对于我们基地班学生来说是非常重要的。在查找资料的过程中，我们发现，中国史学可谓博大精深，很多领域等待我们去开拓、去研究，认识到我们自己任重道远，决不能安于现状不思进取。”

湖南师范大学历史系1998级

1998级肖英《教改小感》写道：

“自从进入师大，我就定位在教师这个行业内，幻想自己能站在讲台上挥洒自如。但时间过了大半，我们却还是天天在听课做笔记，总是老师讲，我们听，偶尔有课堂讨论，也讨论不出个所以然来。一想到将来的定位，心里就毛毛的。我能堂堂正正站在讲台上吗？我有这个能力吗？

“郭老师的教改给了我印证的机会。当他说明教改计划时，我毫不犹豫地选了这门课。接下来就是天天跑图书馆，查索引、查资料，苦战一个月，终于写出了大学三年来第一篇真正意义上的论文，也生平第一次站在了讲台上，面对老师和同学。这是一堂并不怎么成功的课，但对于梦想走上讲台并且终于走上讲台的我来说，却是一个伟大的胜利。我看到了自己多方面的不足，重要的是只要认真改进，我可以自信地站在讲台上，也可以自豪地承认，我将是一个教师，教书育人的人。

“这次教改对于我们每一个参与教改的学生来说，都应该是一个很大的成功。因为，有了第一次上讲台的经验，就有了信心，对自我的信心。事实证明，在我们小组内，第二次讲课时，每个人都讲得比第一次好，把课堂给学生，才是教改要走的路。”

1998级历史系夏红春《体会“研讨式五步教学法”》写道：

“带着一份好奇心，抱着一种试试看的态度，选修了这门课，结果，一期下来，自己感觉受益匪浅。（具体过程略）

“回头看看郭老师的‘研讨式五步教学法’，它让我学到了不少东西。教师是人类文化知识的继承者和传递者，还应是人才培育者、智能开发者，真理的探索者。我想，郭老师就是这样的改革者。他的教改方案比较适合大学的教育实际，一改传统的单向传授知识的‘填鸭式’教学模式，让我们在学好知识的同时培育了能力。包括与师长交往、同学交流的能力，和自己动脑、动手写文章的能力，更让我们感觉到历史人物的可爱、知史可以明智的益处，调动了我们学习历史的积极性。

“印象最深的是，郭老师在我们小组讨论时，每次穿梭于各小组中，认真地听我们讲课，对我们一点点进步予以肯定，又对我们的些微的细节给予指正，让我们感到他的严谨的治学态度与学者风范和慈爱的人格魅力。”

1998级易红英《宝剑锋从磨砺出——我看“教改”》说：

“出于对郭老师的敬仰与钦佩之情，也出于对‘教改’的好奇，在时间较紧的情况下，我仍然选择了这门课程。经过一个学期的学习，我可以对自己大声地说：我的选择是对的。我体会到一种从未有过的新鲜感和热情，当然其中也有着艰辛与坎坷，但‘宝剑锋从磨砺出’，我品出了其中的乐趣，这是一个很好的开始。

“随着形势的发展，传统教学模式的弊端显露无遗，我们要探索一种新的教育方式。郭老师的教改可以说是比较成功的。我认为，他从各个方面提高了我们的动手能力，培养了我们的参与意识，这些都是难得的。

“总的来说，研讨式教学改革是很好的，是成功的。它打破了传统教学模式，摒弃了‘填鸭式’教学，发挥了同学们的主观能动性，把老师讲授与个别指导结合起来，既有共性，也有个性，这是以前的教学模式所没有的。

“当然教改还有某些不足，我们应该继续探索，加以完善。为了增强自己的各方面能力，为自己更好地搏击未来，翱翔于蓝天白云之下，我们现在应该大胆尝试，‘宝剑锋从磨砺出’，为了以后‘宝剑锋’，现在应当真心投入，经受‘磨砺’。”

1998 级彭红亚《几点感悟》写道：

“中国近代思想史的选修使我深刻地感觉到了教师的辛苦，明白了上好一堂课的不易，更让我们懂得了并经历了从查索引、查资料、写讲稿到上台讲课的过程。

“最艰难的莫过于走上讲台，面向听众表达自己的观点。记得第一次走上讲台，面对台下熟悉的面孔，我的心里还是不禁怦怦直跳，双腿抖个不停，声音发颤，短短的 45 分钟，我竟觉得似有一个世纪之长。课后老师与同学们从内容、教态、板书等方面给我批评指正。经过一次次讲课，一次次评课，一次次改稿，在学期结束时，我体验到成功的喜悦，完成了一篇比较成功的文章。

“通过参与教改，深深懂得了‘台上一分钟，台下十年功’的道理，学到了一些基本的教学技能，为以后的教学生涯打下了基础。

“中国近代思想史课程虽然结束了，但其影响将一直对我发挥作用，我将继续在实践中锻炼自己，弥补不足，为将来成为一个合格的人民教师而努力！”

1998 级张敏《试评五步教学法》写道：

“早就听师兄师姐们说，将来到了大三，一定要选修郭汉民教授开设的‘中国近代思想史’这门课程。带着几分新鲜，几分向往，我走进了郭老师的课堂。果不其然，感觉获益匪浅。

“这门课打破传统的教学方法一统天下的局面，开创了全新的研讨式五步教学法。该教学法将知识传授、能力培养、素质养成有机结合起来，能更好地发挥老师的主导作用和学生的主体作用，从而充分调动了学生学习的积极性和主动性，共同完成‘教是为了不教’的教学目的。

“经过一个学期的学习与参与，我学会了查资料写论文，学会了如何做老师，提高了学术理论修养。”

1998 级朱美娣《有感于“研讨式教学”》写道：

“一直以来，我惊羡于别人登台讲课时的挥洒自如。羡之叹之，偶尔也有一股燥热的急流在汹涌：什么时间那个镇定自若的人会是我呢？我怎么去寻找机会提高自己、超越自己呢？在迷惘与期望中，不经意间到了大三。选修‘中国近代思想史’很大一部分是基于以上原因，当然另一个重要原因是对郭老师的仰慕。对于郭老师，我可是久闻其名，未见其人。终于在那些课堂上，领略了郭老师的博大精深与神采飞扬。

“对于应试教育‘填鸭式’的利弊得失有目共睹，提倡素质教育的呼声已是如火如荼。然而，偌大一个学校，只有郭老师‘研讨式教学’卓有成效，可谓‘一枝独秀’矣。

“这学期选修这门课，我的感觉便是：苦中有乐。所谓苦，就是平时花费的时间和精力过多；所谓乐，就是我觉得自己各方面都有所进步。登台两次讲课，填补了大学以来的空白；论文写作为毕业论文做了铺垫；评课开启了我那台也许已经生锈的‘机器’。更重要的是我觉得，融洽了师生关系和同学关系，促进了学术思想的平等交流，开阔了我们的视野。所以，我无悔于自己的选择。”

1998 级谭晓军《浅谈教改》写道：

“这个学期郭老师‘中国近代思想史’课程一改传统教法，确实令人耳目一新，深得广大学生喜爱。我当时毫不犹豫地选了这门课，现在回想起来，仍觉得是个明智的选择。它对我影响深远，也使我改变了很多。具体说来，我有以下几方面的体会。

“一、提高了学习兴趣，激发了学生潜力。长久以来，在‘填鸭式’教学中，学生处于被动地位，教师讲了许多，但并不很具有针对性，学生能掌握的东西少之又少，遗忘率又比较高，传统教学的内容枯燥乏味，学生又真正学到什么东西呢？因此，把学习当成负担，当成包袱是很常见的事。甚至那些优秀的学生也不例外。而在素质教育中，让学生自己去钻研，教师有针对性地加以讲解，大大提高了教学效果，同时学生在学习过程中，在获得他们的成果中，也感受到了一种学习的愉悦，这必然会激发他们的主动性、积极性、创造性，学习的潜力因而得以发挥，从传统教育与素质教育的比较中，我们可以看到素质教育的巨大优越性。

“二、培养学生的综合能力。学生的能力并不等于成绩，它包括多个方面，创造力、想象力、交际能力、讲演能力等均是其内容，片面地强调学习成绩，忽略其他能力培养，就会带来种种不利影响，所谓‘高分低能’即是一例。实际上，其他能力的培养对于学生的学习，对以后的生活有着更重要的意义。它不仅有利于促进学习，而且有利于工作，越来越多的人已经意识到这一点。素质教育是培养学生综合能力的根本途径。

“当然，我从郭老师的教改中得到的启示不止这么一些，我变得更加自信，更加勇敢，甚至可以说，我不是以前的我了。

“同时，我也觉得郭老师的教改是一种尝试，从这尝试中可以看到素质教育的无比优越性。因此，我希望，郭老师不仅把教改带到我们身边，还应扩大范围，带到整个学校，推动教改，让大家来体验教改给我们带来的好处。”

1998级吴淑红《小议五步研讨式教学法》说：

“从小就向往那三尺讲台，希望自己有朝一日能拥有渊博知识，从容地面对台下几十双求知的眼睛。而今我已是师大的一员，不久的将来就能实现自己的愿望。但是能否在小小的讲台上游刃有余，从容不迫？我无法给自己一个满意的答复，因为我没有实践过。

“真心感谢郭老师给了我们这样一次锻炼与实践的机会，我不知道其他同学有些什么样的体会，反正我是受益匪浅。主要表现在两个方面。

“一是我大体上知道了怎样做学问，在选定一个研究对象后，如何开展研究工作，如何去图书馆查索引、查资料，如何按照需求取舍信息，以及如何独立思考，形成自己的观点。从这一点上来说，郭老师是用布置任务的方法，把我们引入学术研究的大门。

“二是让我有了几次站上讲台的经验。我是个胆子很小的人，不要说站在讲台上讲课，就连在陌生人面前讲话都会脸红。现在，我总算是克服了自己的胆怯，知道怎样去控制情绪，怎样组织语言把一堂课讲好，我想，在以后的教育实习及真正的教师生涯中我会更有信心。

“说实话，上郭老师的课压力很大，远不如其他课来的轻松，但转念一想，自己的收获与付出是成正比的，我们学生在校就得学点真本事。而不是60分万岁。

“所以，‘五步研讨式教学法’对我们来说，无论是做学问还是当老师都是一块铺路石，其作用是深远而重大的。但愿我们的师弟师妹们也如我们这般幸运。”

1998级滕杰在《教改小议》中说，他之所以选修这门教改课是“抱着一丝懒惰的外加侥幸的心理，因为这门课不用考试，只要交论文即可。论文，我多多少少也‘写’过几篇，但大多是抄袭的，认为写论文比考试好过得多。

“但在郭老师教我们怎么查资料，怎么找资料，怎么处理论文的一些问题，让我们尝试写论文时，我感到累，更多的是不知所措。花了很多时间，查了很多资料，我还是不能动手写出一句话。于是才知道论文真的不好写，真的难。

“后来才逐渐摸出了一些头绪。经过这次教改，让我收获了很多。自己动手查资料、写论文，让我们学生能真正学到一些实用的知识。”

1998 级王丽《小议教改》说：

“几年大学生活，似乎仍未摆脱高中生的影子，规规矩矩听课，老老实实记笔记，不怕劳苦地背诵，紧紧张张地考试。学习与生活大抵便是如此，似乎总有一丝怅然的感觉。以为大学就会这样无为地过去了。然而，这学期选修了郭老师的教改课，大大改变了往日懵懵懂懂的生活。

“到了大三，从不知道写论文的正当程序，不知道如何利用图书馆，真是惭愧。郭老师的教改就如一缕春风吹进这个冷冰冰的教室，尽管尚不能解冻，可终于带来了新的生机。这种指导学生自己研究问题，让学生自己查索引、查资料、读文献、写论文、写讲稿、让学生自己走上讲台讲课评课，使学生必须认真思考，锻炼表现自我的方式，大大调动了同学们的主动性。机制和思路都是很好的，当我本人从中深刻地感受到那份充实和进步时，我是由衷地赞成主动的机制是可以战胜人的惰性的。

“回头看看，我真的如小孩吃到精华部分一样感到高兴、充实。（小组交流阶段）当我站在讲台开始生平第一次讲课时，两腿直抖，大脑空白，嘴巴打结，挨到讲完，冷汗淋淋，朱博士评论我‘内容尚可，教学失败’，我心里有一丝灰溜溜的感觉。只好汲取经验教训，认真练习。第二次上台，腿不抖了，话也流畅了，粉笔字也开始唰唰地帅气起来，进步很多，且开始有‘学术性’了。

“如何将教改课变得有用有趣？如何真正激起同学们内心深处的激情和主动？如何在有限的时间内实现高效？都是需要继续探索的问题。任重而道远，毕竟教改关系着年轻大学生们更好的命运，而这些年轻人正是我们民族的脊梁。”

1998 级刘冰《教改小议》写道：

“选修了郭老师的中国近代思想史，最大的感触就是：以前轻轻松松蒙混过关的那一套行不通了。

“相比之下，郭老师的课就不那么轻松了，因为你得自己查资料，自己找资料，更要命的是，你还得自己写点东西出来，虽然不用参加什么考试，但实际上我们在这个过程中已是‘苦头吃尽’。但我还是要说：很幸运选了这门课。因为从这份‘不轻松’中，我受益匪浅。

“首先，我学会了如何开始研究一个问题的基本技能，比如，如何查找资料，到哪里找，怎样选择处理资料等。实际一点说，这为我们以后写学年论文、毕业论文打下了良好基础。此外，它也提高了我们自学的能力，为我们进入更高阶段学习与研究作了必要的准备。

“其次，锻炼了口才、勇气和胆量。在学习过程中，还得自己上讲台讲出来，然后大家评。这对很多同学来说，是个痛苦的过程。因为平时疏于锻炼，所以真正要上讲台讲，的确不是一件容易的事情。但是既然选了，就没有退路，再难也得硬着头皮上。正是在这个过程中，勇气和胆量也就锻炼出来了。这无疑提高了我们的实际教学能力，不论是对大四的教育实习还是将来走上工作岗位都是很好的铺垫。

“再次，小组交流与大班讲评的方式，使我们能从同学和老师的讲评中，了解自己的优点，看到自己的不足，从中既增强了信心，也让我们更有‘自知之明’，从而对症下药，快速提高。而平时这些优缺点都是‘隐身’的，连自己都很难发现，又从何提高？

“总之，我认为选修郭老师的课不止学到了多少具体的知识，更重要的是学会了一种如何学习的方法和技能，以及锻炼一定的能力与胆量。建议大家有机会一定不要错过这门课。”

师大历史系1999级金宇平《鹅卵石与钻石》写道：

“指导选题、独立探索、小组交流、大班讲评、总结提高，一切都告一段落，忙乎着的一个学期也接近尾声了。现在回想着走过的每一步，体味着当时的付出与收获，那个关于‘鹅卵石与钻石’的故事便在脑海中清晰浮现。

“一天傍晚，神降临了。他对一群虔诚的牧民说：‘多捡一些鹅卵石放在你们的马褡子里吧。到明天晚上，你们将不但会感到快乐，同时也会感到懊悔。'于是，牧民们在迷惑不解甚至不甘愿中，捡了一些鹅卵石。在草地上过了一天，他们惊奇地发现，马褡子里的鹅卵石早已变成了闪闪发光的钻石。他们感到无比的快乐，同时也感到非常地懊悔，懊悔没多捡一些鹅卵石。

"因为一开始，我并不清楚自己费了很多时间和精力找来的那么一大堆资料究竟有多少是真正有用的，甚至曾用怀疑的语气问自己是否得不偿失；我也不知道平时在没有人的教室里'试讲'，又给了我多大帮助，我只是曾经那样做过，而这些，真的只是一颗颗寻常的鹅卵石。

"然而，一个学期下来，我的心情竟然正如那批牧民，在体验了一次鹅卵石向钻石的转变之后，感到快乐而懊悔。

"在整个学习的过程中，的确有许多鹅卵石变成了闪光的钻石。

"首先，我初步学会了怎样使用图书馆查资料，这是我以前从来不知道的。

"然后，经过我精心地确定主题，细心地筛选资料，用心地思考组合，我得到的不仅仅是一篇题为《梁启超的教育思想》的文章，我更觉得，作了这些工作之后，梁启超先生的教育思想已经深深地渗透到了我的思维中，让我有意识地用他理想中的好老师的标准来要求自己。我想学习就应该达到这种效果吧，也就是所学的知识应当对你产生'活'的影响，这才是学习的意义所在，而不是觉得只是在背一些与自己无关的东西。

"接着，在后来的相互交流中，我也注意吸取别人的闪光点，拓宽知识视野，加深对历史人物的认识。

"还有一个最大的收获是让我重新认识了自己。长期以来，在自卑阴影的笼罩下，我以为自己什么也做不好，什么都不敢去做。而这一次，我站在讲台上，能够直面全班同学，比较正常地发挥出自己的水平，得到老师和同学的肯定，从他们的掌声和鼓励中，找回那失落已久的自信。这对我是一次多么难能可贵的经历，无形中给了我巨大的勇气去迎接新的挑战。我想我会永远感激老师，感激这门课的。

"为收获而快乐的同时，我也因我自己在学习中的不足而遗憾。比如，许多同学在同样多的时间完成了两篇论文，这是我开始想做而没能做到的。也为自己曾经有一次在图书馆坐了一个小时就因苦闷‘逃’了出来而羞愧。其实，我是可以多看点书，多思考些问题，多捡些‘鹅卵石’的。

“郭老师上第一堂课讲的‘做学问要踏踏实实，不能来半点虚假’，我仍然记忆犹新。时常用它来警醒我自己变得浮躁的心，希望自己沉下心来，埋头捡‘鹅卵石’，把基础打牢，少些功利。

“我想，只要你弯腰去捡了，总有一部分变成有用的钻石。而如果将光阴虚度了，到时候就只能空叹‘书到用时方恨少’。我真希望这样的教学方法能推广下去，让更多的人真切地感受到学习的钻石般的价值。”

湖南师范大学历史系1999级

师大1999级刘双喜《感受心跳——记这次研讨式教学》写道：

“农村有句俗话：‘没有讨过米，就不晓得狗咬脚。’确实如此，很多事情你自己不去亲身经历，是不可能有真切感受的。这次自己亲自登台，尝了一回做老师的滋味，心情格外紧张而激动。

“当然，我并不为这份紧张和激动感到惋惜，恰恰我觉得锻炼了自己的胆量和口才。从小学到大学，如果你不积极寻觅表现自己的机会的话，通常很难有什么地方去锻炼和培养自己的表达能力。而这种能力对于当今的大学生特别是像我们这样的师范生又是十分重要的，所以加强这方面的训练和培养就显得十分必要和紧迫。郭老师能够摒弃传统的‘灌输式’教学方法，积极探索新的教学方法，是非常令人敬佩的，并且年近花甲，仍为教育事业孜孜不倦地去奋斗，为我们也树立了榜样。

“我想，研讨式教学的意义不仅仅就是为了写论文和上台讲课打基础，也许更重要的是在这个过程当中，你无形之中受到了一种精神的感染，一次灵魂的沐浴，使你从心底里感受那份激情，那份精彩，从而树立自己的自信心，树立前进的方向，并为之坚持不懈地去努力。

“郭老师曾说，‘这仅仅是万里长征中的第一步’。其中的这个‘这’指的是‘研讨式教学’，‘万里长征’指的是‘历史学的研究与教学’。确实如此，历史学是一门包罗万象的学科，包括方方面面，要真正进入到这个领域，是需要付出艰辛的努力的，很多的历史学家把一生的心血都花在了这个上面，都还觉得自己研究得不透。但是，万事开头难嘛，开好了这个头，接下来的事一定会好办一些。

“谨以此文祝郭老师的研讨式教学能够取得更大成绩，取得更好效果！”

湖南师大历史系1999级曹训刚《学术岂容马虎》写道：

“这个学期我选修了郭老师的‘中国近代思想史’，选修的原因一方面是由于对郭老师的仰慕，素闻郭老师学识渊博，造诣精深，很想聆听其醍醐灌顶般的教诲；一方面是得知郭老师的‘研讨式五步教学法’颇为成功，在全校乃至全国都很有影响。一个学期下来，我只感受到郭老名不虚传，让我们受益匪浅，起码我觉得我自己是有了很大的提高与进步。

“郭老师虽年过半百，但精神矍铄，为人乐观，充满年轻人的朝气，在他的指导下，一切学术隐晦都将一扫而光。特别是他的教学改革突破了现行教育体制的常规，真正让学生成为教学过程的主体，通过充分调动学生的主观能动性和积极创造性，把我们领进了一个学术的殿堂，一个知识的圣地。在这样一个殿堂和圣地里，要学到真正的知识是要有真正的付出的，而学术更岂容马虎？然而，能力正是在这种学习与研究的艰辛与不懈中形成的。

“郭老师教学改革的第一个步骤是总揽全局，为我们构建一个总体框架，就‘中国近代思想史’来说，便首先是对中国近代思想史领域中的一些问题进行总体分析陈述，让我们有一个大致了解，然后吩咐我们选定一个思想家作为研究对象，确定研究步骤与程序，这个过程是准备阶段，相对较为轻松，但却对我们产生了一种强大的吸引力。

“第二阶段独立探索，即自己查资料、写论文，给我们的时间最充分，也最自由，但却又是最艰辛的阶段。首先是查资料，面对浩如烟海的各种史料，要确定几本或几篇有代表性的著作并认真仔细地阅读是要有很大的耐心的。掌握了第一手资料后，便是整理思维和逻辑思考，怎样去写，怎样布局谋篇，怎样把掌握的材料理顺，怎样提出自己的见解，这是要做一番激烈的思想斗争的；然后，就是把思维思考的结果付诸文字，即写作论文。只要前面的两步做好了，这一步便水到渠成了。但有时也会遇到眼高手低的尴尬，需要极费精力的。我写完《康有为的大同之梦》后，只觉得经过了一次艰苦的思想与心灵的洗礼，有一种终于挣扎出来的感觉。这个阶段是完全自主完成的，对自己的益处极大。

“第三阶段是小组交流。组内同学研究的人物相同，交流时不能照着论文念，所以事先要把论文简写成讲义，这也是对我们的另一种考验和锻炼。我们是师范生，将来要走上讲台的。可以说，郭老师的教学改革给了我们这样一次提早走上讲台锻炼自己的机会。我以前是十分怯场的，但通过几次上台锻炼，我进步了很多，同时通过讲后小组评议，我也明白了自己在教学内容以及教学技术等方面的缺陷，促使我进一步完善自己，提高自己。

“小组交流后便是大班讲评，这是在小组交流基础上的升华，要求更严格。我这次很荣幸地被叫上讲台上了一堂示范课，这是对我的肯定，也是对我的鼓励，我会继续努力、再接再厉的。

“细细想来，感触颇多。学术是容不得马虎的。特别是要取得自己的成果，提出自己独到的见解，超越前人的成就，不下一番苦功夫，只能望尘莫及。而这个世界上要做好每一件事情，也同样需要慎重对待，需要付出艰辛的劳动。否则，一切都是枉然。搞学术与做人在某种程度上是相通的，具有坚强毅力、肯吃苦耐劳的人，学术上亦会有所建树。因为学术同样要有坚忍不拔的精神。”

师大历史系1999级沈贤岚《对郭汉民老师教改的思考》写道：

“大一大二时便对郭汉民老师的教学改革有所耳闻，只是没有机会切身感受。新学期伊始，我便把郭老师的课选了个遍，想更真切地感受教改，感受郭老师的魅力。现在所有的课程都已结束，这场教学改革也画上了完美的句号。回忆与思索我在教改中所学所得，‘想法’颇多。

“‘想法’一。首先，我认为郭老师教学改革的特点有三：

“其一，变学生被动接受知识为主动出击。以往的和一般的老师讲授课程都是老师在上面讲，学生在下面听，老师说是什么就是什么，极大地抑制了学生的想象力和创造性思维，也抑制了学生的学习兴趣。而通过教学改革，学生们成了‘学与教’的主体，可以充分发挥自己的主观能动性，研究自己感兴趣的东西，得出属于自己的结论，自然兴趣大增。

“其二，教改涉及的面广，所有选课的同学全体参与，一个都不能少。每个人都要研究，都要汇报、交流，而不是少数几个同学在那里做‘官样文章’。因此，能在同学中产生更大的影响。

“其三，百家争鸣。老师不压制学生发表自己的看法和主张，学生可以尽情地发表自己对历史人物、历史事件的认识理解，然后在大家的讨论交流中获得较为完善的答案，极大地活跃了学术氛围。

“‘想法’二。其次，我认为郭老师的教学改革达到了三个目的，给同学们树立了一个教学、研究的榜样、模式，调动了同学们的研究兴趣，锻炼了同学们的胆量。

“同学们通过老师指导选题、自己独立探索、小组交流、大班讲评、总结提高五个环节的学与教，对历史人物的研究和历史课程的教学程序、方式、手段和内容等都有了一个大概的掌握，从而为今后的教学实习与研究实习打下了良好的基础。更为重要的是，通过研究实践发现了许多教材上没有、老师上课没有讲到的新东西、新问题，丰富了对历史知识的掌握与认识，又从研究中学到了许多理性的、深层次的东西，为今后对其他历史知识的认识与理解提供了有益的借鉴与参照。还有通过教改，一些同学的心理素质得到了明显的提高。他们原本对自己很没有信心，但不得不走上讲台的现实使他们在认真准备以后惊喜地发现自己居然是那么的自信与成功。他们应该是教改的最大受益者。

“‘想法’三。最后，我对郭老师教改有三点建议：第一，课程的授课不应该只着眼于对几个人物的纯历史的研究，而应该加上‘现实意义’这一重要的环节。我们学习历史本来的目的是为现实服务，指导我们今天的实践。这门课程应该多注意它的现实意义。第二，要加强对学生的督导。防止一部分学生的松懈情绪和为了完成任务而剽窃他人成果草草了事的现象发生，否则有的学生就会得不到锻炼；第三，选题还可以再集中一些，便于同学讨论交流，更好呈现‘百花齐放百家争鸣’的局面。

“想法很多，不胜枚举。

“总之，要感谢郭老师一学期来为教改付出的心血和努力，以及因此而对我们的启发和教育，愿您在教改的路上越走越成功！”

师大 1999 级历史基地班刘明明《叩问胆量——‘近代湘籍名人研究’课教改体会》写道：

“很久很久，都只是呆呆地钦羡别人在讲台上的从容，那徐疾有间的语调，雍雅有序的踱步，微笑以及手势，都让我无限憧憬。然而，这样的日子，我以为离我还很远很远。

“可是，却不知道选修了‘近代湘籍名人研究’课程，就等于是要‘跑步进入共产主义’了，我于是安慰自己，戏称郭老师是‘赶着鸭子上架’。

“跟着老师，一步步地来，我选好了课题，便开始整天晃荡于图书馆楼层之间。我的选题是研究‘陈天华的救亡思想’，开始我以为又可以像往常一样，查几篇别人的论文摘抄几段，便可以万事大吉。可是，当我抱着我那可怜兮兮的几张讲稿上台时，平时的怯场，加上自己不认真准备，恐惧一分分增加，我艰难地吐出几句话后，便‘三缄我口’了。我抬起头，看到郭老师鼓励的目光，终于不好意思地说：‘郭老师，我准备得太不好了，下次讲吧。’郭老师万分宽容地一笑，并且还鼓励我下次做得更好。

“老师的鼓励，还有自己原本未曾努力，只有自己才清楚的那份感觉开始让我脚踏实地地咬着牙，扎扎实实去干一件事情。我完善了资料索引，参阅别人的研究角度及写作方法，认真通读了《陈天华集》，并做了读书笔记，听了其他同学的讲课及师生的评议，并回忆了郭老师给我们上的那堂示范课。在理清思路之后，我才提起笔来开始写。我写了又改，改了又写。并且，为了锻炼自己在讲台上讲课的胆量，常常趁中午教室没有人时一个人关上门，来个闭门造车，对着桌子椅子‘自乐’。到最后结束这门课时，我才惊奇于当初自己居然是那么地投入与满足。

“又一次上台接受检验了，我缓步走上讲台，微笑，深呼吸，我知道我自己付出了极大的努力，我知道我对讲稿已经万分熟悉了，所以那份胜券在握的心情战胜了我内心的恐惧，战胜了我一贯而来没有胆量在众人面前讲话的怯懦。

“至今，我仍深深地迷恋着讲台上那一刻的感觉；迷恋老师、同学报以我的鼓励的目光和掌声；我很感谢郭老师的教改方案及付诸实践；我也庆幸着我遇到了这样的机会，这样的老师。

“在这样的教改过程中，我学会了怎么样去做一个课题，怎么样去讲好一堂课，怎么样在师生互评中尽快地提高自己，还有，以怎样的态度去对待一件事。再回望这一过程时，我叩问自己的胆量，方知道，很多事情，你之所以没有胆量去做，是因为你没有准备好。如果一切都了然于脑，成竹在胸，那你一定有十足的胆量去做好这件事。比如说，郭老师的教改，比如说，我对自己这一回小小的挑战。

“这是我的切身体会，这体会会在我以后的人生之途中，给我更大的启示。”

师大历史系 1999 级杨城兆《心与灵的沟通——记参与郭导教改的感悟》写道：

“刚进入历史系就听说郭汉民老师是博导，只闻其名，未见其人。很荣幸大三选修他的‘中国近代思想史’，而最让自己受益的是先生搞的研讨式教学改革，他用宏博的知识将我们带到一个别开生面的境界，指导我们研究问题，写作论文，并上台讲课，我们很荣幸地充当了一个实践者，亲临先生教诲。

“我的选题是《曾国藩与中国传统文化》，并且很快就写出文章，然后又看了有关曾国藩的书和别人写的论文。说实在的，凭我这个毛头小伙子是不能谈这个题目的，中国传统文化是一个庞大的思想伦理体系，不是几天就可以搞懂的。我把文章默念了几十遍，上台讲课时仍然很慌张，一点也没有条理。先生听了之后，提出批评。先生善意的批评我怎么能忘记：第一是选题过大，像一个带着大帽子的小孩子；第二没有条理，脉络不清晰；第三没有面对同学，自己侧向一边。我当时也在暗暗地骂自己，男子汉讲课怎么那么慌张？必须要改正错误，我暗暗下定决心。

“这节课是我生平第一次上讲台，而且有先生现场指点，让我受益匪浅。我会好好地想想先生的教诲，抓住只有几次的机会，努力锻炼自己，提高能力。

“先生是一个和蔼的人，我觉得有点像我们的一个朋友，一位长辈。颜回说他的老师‘仰之弥高，钻之弥坚’，他对孔子的崇拜是‘高山仰止，景行行止’。我想，我对先生亦是如此。我无须夸大其词，我很希望能师从于先生，陪伴其左右，亲临其教诲，为一生之快慰也。

“以上是自己的肺腑之言，真情之流露，毫无夸张成分。我知道先生定要责怪自己无知，但只要是出于真情就够了。

“恭祝先生教祺!”

师大历史系1999级丁琦《让学生来做主——评“五步教学法”》写道：

“这个学期我选修了郭老师的‘中国近代思想史’这门课，第一堂我便被郭老师生动的授课风格所深深吸引，但没有想到接下来的课并不轻松，因为郭老师进行教改，实行‘研讨式五步教学法’，全部课程分为指导选题、独立探索、小组交流、大班讲评、总结提高五个阶段。我在老师指导下，选择了胡适作为自己的研究对象。

“接下来的日子，我像一只辛勤而不知疲倦的小蜜蜂，在知识的花丛中采撷着花蜜。这是与以往写文章完全不同的滋味。大一、大二时也曾写过论文，那纯粹是散文或者东凑西凑抄来的‘乌合之众’。

“这次才懂得，写论文首先要查阅大量资料。为了写好胡适，我一有空就钻图书馆，查索引，找到一大堆与胡适有关的论文，还认真阅读胡适的原著，考虑写作角度，理清思路，组织文章，花了几周时间才完成论文。还要反复润色，看着一份厚厚的稿子，我心里颇有几分成就感。

“但老师的要求并不限于此，最关键的是要踏上讲台讲述自己的研究成果，这对于我们每个人都是一个不小的挑战。我这才发现，从论文到讲稿，实在是又一次写作。要使论文适应于讲课，就必须重点突出，条理清晰，认真提炼观点。还要考虑板书的美观，教态的大方，等等。

“终于，我踏上了讲台，心中还带有一份‘多年的媳妇熬成婆’的快乐。

“教改活动持续了将近一个学期，我收获了几点。

“一是我学会了用自己的双手去查找资料，用自己的脑子去思考问题。面对图书馆浩如烟海的资料一开始我茫然失措，通过查索引，我很快就掌握了方法，好似有了一把钥匙，打开一座宝库的大门，其中的宝藏让我流连忘返，变得贪婪。为了使文章阐述自己的观点能经得起推敲，我反复思量、比较，这也锻炼了我的分析综合能力。我想，培养能力只有在这种自主探索的过程中才能完成。

“二是，在与同学交流的过程中，见识到了同学们的风采，讨论与辩驳常常会摩擦出智慧的火花，现在我可以参与其中，敏锐地抓住这片火花。

“再者，因为同学研究的角度不同，每次交流都能让我学到很多其他人物的思想观点，可以开阔自己的视野。

“总之，我十分珍惜这样一种机会，我想不仅自己要培养自主能力，而且以后成为人民教师时也要让这一理念贯穿到教学之中，给学生一个支点，他会给你创造一个奇迹。”

1999级胡素平《我在教学改革中——浅谈对“五步教学法”的感受》

写道：

“在郭汉民老师‘中国近代思想史’教改课堂上，我感受了一番走上讲台的滋味。

“在郭老师指导下，第一步我确定了要研究的人物，并知道了从何入手。一旦敲定了蔡元培这个人物，我便开始寻找资料。说实话，图书馆三楼的参考咨询室是我第一次听郭老师说起才知道，更别提进去查资料了。一翻开《中国历史学年鉴》和《人大报刊资料索引》，厚厚几本，密密麻麻，看到这些东西，让我愧疚得无地自容，学术是什么？研究是什么？一翻开那些书，我就明白了，觉得这两年多的大学都白读了。平时看的都是些什么呀：专业书借到手上，三个月也翻不了几页，当然，除了要写论文，80%都是言情、武侠、花花绿绿的杂志，从未想过，专心做学问的人会如此超乎我的想象。既然知道错了，我就开始老老实实坐了多天冷板凳，不厌其烦地查阅有关蔡元培教育思想的资料。由于我们小组许多同学都在写这个题目，我就重新查资料，写蔡元培的中西文化观，体会了一番做学问的艰难。大班讲评之前，我们还进行了小组交流。我以前曾面对几百人发过言，未觉得紧张与不安，但是当我第一次走上讲台讲课，却有些紧张慌乱，加上平时没有练习粉笔字，真的又体会到做老师的不容易！想想以前，站着说话不腰疼，对老师评头品足，如今自己站到讲台上，像一个进入不了角色的小丑，真的感叹：眼高手低真不行！

“真的感谢中国近代思想史课上进行的教学改革，让我第一次看到了自己的不足，要走的路真的还很长，将来有一天，我很可能走上讲台，但愿我从现在开始做起，将来能够做一名合格的老师！”

师大1999级历史2班郑娅《教改有感》写道：

“这学期选修郭汉民教授的‘中国近代思想史’，让我重新认识到历史课程的教学模式。

“在传统的教学模式中，我们习惯于扮演被赶的‘鸭子’的角色，习惯于‘俯首听命’，甚至于把上课举手发言看成是不成熟的标志。而郭老师的‘五步教学法’使我们动脑、动手、动口，把学生推向前台，真正成为课堂的主体，变‘一言堂’为‘茶话馆’，一步紧扣一步，由浅入深，引人入胜，在提高学生自学能力、研究能力等方面，与传统教学模式相比，尤显独特优势。

“‘五步教学法’的小组交流与大班讲评阶段是让我最感受益的。我现在已是大三，很快要去教育实习，如何上好课，如何为人师表，至关重要。小组交流阶段，人人都要走上讲台，有兴奋，也有自卑和羞怯。通过这一环节，我们看到，平时嬉皮笑脸的同学走上讲台变得一本正经，平时沉默寡言的同学走上讲台可以滔滔不绝，我听到大家的评论，及时加以修正，为大班讲评做好了铺垫。大班讲评时，我亲身感受到当老师的滋味，这是自己走向成功的第一步。

“总之，通过几个月的学习，让我受益匪浅，真正体味到学习的快乐！”

湘潭大学历史系1999级

湘潭大学1999级党史班王凯成《亲历五步教学法》写道：

“我是一个懒惰的、心不在焉的学生。我也是生平第一次接触郭老师的五步教学法，一接触就深感其妙。它使我等‘闲辈’不敢再懒散。

“以前的教学法，老师唱了全场的戏，学生却无法充当戏迷，一年年过去，却没有多大收获。郭老师却让我们充当了主角，引导我们积极进行探索。他向我们介绍查阅资料的方法，要我们注意索引，把同一研究方向的有关索引附着于论文之后，以便于以后深入研究。在这里，我体会到了一个学者治学的细致与严谨。

“独立研究之后是小组交流，每个人必须将自己的观点摆上讲台供大家评析，还要条理清晰地写在黑板上，这对于我们学生来说，可是一次很大的挑战，不敢再应付差事似的写官样文章。为了防止自己在讲台上出丑，对别的同学的讲课因而万般留心，吸取经验，借鉴教训。不知不觉之间，发现自己提问踊跃多了，思维开阔多了。知识也在这个过程中逐渐提高，能力也在这个过程中得到培养。

“第四步是每一个小组选出的人员进行大班讲评，为了与别的小组比赛，我们集体查资料、集体备课，这是一个合作的过程，充满了合作的乐趣。我们为论证一种观点查找资料，展开讨论，为某个不同意见而争得面红耳赤，看到组员在台上的精彩演讲，也深感自己的差距，大有奋起直追的必要。

“总之，我觉得五步教学法真正调动了我们的学习积极性，使我们能够积极快乐地投入到学习，让我们觉得学习真正是自己的事。这不是对五步教学法的溢美之词，是我的真切感受。”

1999 级党史班欧吉兵《对“五步教学法”的一点看法》写道：

“郭老师新近提出并在我院实践了的‘五步教学法’，给死气沉沉的大学教育体制注入了一股清新血液，促进了大学教育改革的进程。我很荣幸地参与了这次活动的全过程。

“郭老师的这个教学方法为我们点亮了一盏明灯，让徘徊的人知道了向前的方向。”

1999 级党史班熊应驰《穷则变 变则通——对研讨式教学的一点体会》写道：

“新世纪，时代呼唤高素质人才，呼唤素质教育，传统的‘填鸭式’黔驴技穷，怎么办？穷则变，变则通，郭汉民老师倡导的研讨式教学变应运而生。本学期以来，通过接受研讨式教学，我收获颇多，实践证明了该新生事物的生命力。

“首先，研讨式教学‘新颖’好。在学校接受教育的大多为年轻人，年轻人就喜欢‘新鲜’的东西，喜欢创新。长期以来，我们对‘填鸭式’早已厌倦了，研讨式教学把我们从‘填鸭式’教学中解放出来，深受青年学生喜爱。

“其次，研讨式教学‘适用’好。传统‘填鸭式’教学培养的多是背书高手，上课记笔记，课后抄笔记，考试背笔记，考后全忘记。研讨式教学中，我们学会了怎样表达自己的观点，怎样应用有效的材料证明自己的观点，锻炼了胆量，提高了口才。而且对我们学习历史、党史专业的部分同学将来的工作，其实用性、针对性不言而喻。

“再次，研讨式教学‘广博’好。传统教学传授的知识一般只限于书本知识，但是书本之外还有广阔的空间。研讨式教学解决了这一矛盾。它把主动权交给学生，学生利用图书馆、互联网猎取广博的知识，通过课堂交流，大家便拥有了广博的知识。

“研讨式教学中也会出现个别厌学的学生滥竽充数的现象，这些可以在加强监督和引导中解决。

“总之，研讨式教学改革探索是成功的，如果一定要给这个教学模式打个分的话，我给出8.5分。”

1999级党史班李美玲评学议教以《大学教学方式的首选》为题，文章写道：

“这个学期，郭汉民老师在我们的“近代湘籍名人研究”课上推广了他多年以来精心探索出的教学模式。整个教改活动为时两个月左右，且分为“指导选题、独立探索、小组交流、大班讲评、总结提高”五个步骤。作为一名参加教改的学生，对此深有感触，深刻体会到教改的积极作用。

“一是大大提高了学生的综合能力，包括动手、动脑、动口、分工合作、心理承受等能力。这次教改对学生动手能力的要求非常高，因为五个步骤中有三个步骤是由我们亲自动手完成的。

“在动手的过程中，也逐渐培养了我们的动脑能力。因为，在搜集资料过程中，我们会搜集到各种各样丰富多彩的资料，我们必须要学会用大脑去取舍，什么该要，什么该舍，都必须仔细斟酌。例如我研究曾国藩，面对曾国藩纷繁杂芜的资料，真有点‘花中挑花’的感觉，真切体会到哲人所说的‘面临选择的时候是最痛苦的时候’的深刻含义。

“在动手的过程中，其实也提高了我们小组同学之间的协调能力。因为这个过程是由许多细小而烦琐的环节构成的，单凭一个人的能力根本无法在规定的时间内完成，因此我们必须学会协调，学会合作，可以说，这也是对我们团队精神的一种培养与提高。

“大班讲评也是我感受最深的一步。因为我生平第一次走上了讲台，在40分钟左右的时间里要介绍完曾国藩的生平、主要思想及研究状况，对我来说，绝非易事。我必须对我的讲稿做多次修改，措辞尽量准确，行文尽量条理清晰，最重要的是还必须克服怯场心理，刚上讲台，确实有一种‘战战兢兢如履薄冰’的感觉。既然上了讲台，也就豁出去了。一堂课下来，我心情愉悦，因为我迈出了第一步。老师和同学的评论指正，即使在我以后的人生中，也会受益无穷。教改使我初涉了做学问的方法，以前只知道胡乱地翻阅资料，如今已经懂得充分利用索引的益处，从选题、查索引到资料收集、取舍，直到最后成文，再讨论交流。也许以后的学习，我都会遵循这一步骤。

“二是，转换并充实了教师角色。教师与学生之间应该是一种相互交流、互相提高的关系。但在传统教学中，教师的作用却是‘填鸭子’，诚如一句顺口溜所说，‘课前赶鸭子，课堂填鸭子，期末烤鸭子’，学生完全处于被动地位，动手机会很少。但在研讨式教学中，老师的角色来了个180度大转弯，真正充当起了‘传道授业解惑’的角色，事先介绍研究方法，作出示范，具体指导，讨论过程中进行评价，解释疑难，帮助同学们改进方法，增进知识，获得提高。

“当今社会对人才的要求越来越高，渴求的是理论与实践完美结合的人才，因此在我看来，这种教学方法大有提倡的必要，即使是主干课程也应该做尝试，而且应当从大一开始，逐年推进，因为一个人能力的提高是一个渐进的过程，只有不断尝试，不断锻炼，许久以后，我们蓦然回首之时，心中才会有一种成就后的美感。

“三是，激发了同学们学习的兴趣。以前，上课记笔记，考前背笔记，考试默笔记，似乎成了我们文科大学生学习的亘古不变的教条。但在这次教改中，我们可以彻底而充分地发挥自己的主动性，毫无拘束地发表自己的看法，真正成为自己学习的主人，这使我们的思维豁然开朗。因为大学毕竟不同于中小学，它应该更注重能力的培养，不仅仅是知识的传承，更应该注重知识的创新和对学术的研究。这次教改也促使我们去查索引、查资料，翻阅各种书籍、资料，最终使自己的知识面得以扩展。我向来对哲学是不怎么感冒的，因为总觉得它太抽象，但为了能理解曾国藩的哲学思想，我查看了各种有关儒学、理学、心学等中国传统文化的资料，一旦体味到了其中的深刻内涵，回过头来再看时，原来某些东西并不是你对它没有兴趣，只是因为你对它知之甚少，没有领悟到它的魅力罢了。以前总以为研究历史枯燥乏味，但当你真正静下心来，潜心深入到历史人物所在的历史环境中去探寻时，也许你会真正懂得‘历史使人渊博’的真正含义。我想以后对于历史这门学科我真当刮目相看了。

“四是开放性评价学生成绩的方法。一般的大学考试，主要采取两种方法：笔试或者论文。在这种情况下，即使对老师的课充耳不闻的学生，考试时，也可以名列榜首。此次教改则不同，学生所得成绩由索引、文章、小组交流讲课和大班讲评讲课评课四大部分组成，兼容了动手、动脑、动口等多方面的能力，对学生进行全面综合评价，更显得公平、公正。

“我以为，教改过程中的缺陷是形式有点单一化，时间稍显拖沓。

“总的来说，我觉得此次教改是一种形式与效益的完美结合，是大学生学习方式的首选，适应社会的需要，有很强的可行性，值得推广。”

1999 级党史班彭胜军的评学议教文章以《沉闷去无踪 效果更出众》为题，对“研讨式五步教学法”进行了深入的分析评价。他写道：“从小学、中学到大学，我们所受到的都是一种填鸭式的教育，老师讲，学生听，老师滔滔不绝，学生默默不语，将之比喻为‘课前赶鸭子，课间填鸭子，期末烤鸭子，毕业板鸭子’非常形象、生动，似乎受这种教育这么多年，也习惯了，没想到大三时突然开了一门‘湘籍名人研究’课，感受与众不同，具体感受只有一个字：‘爽！’

“研讨式五步教学法改变了传统教学模式那种呆板、生硬、死气沉沉的形象，取而代之的是生动、活泼、有趣、互助的教学模式，特别是培养了学生独立学习、独立研究的能力，对克服当今大学生眼高手低的毛病疗效显著，同时还锻炼了学生的口才和胆量，培养了学生的团队精神（team work），等等。

“以我自己为例，我是一个性格内向并且胆子非常小的人，从小到大，都是老师在黑板前讲，我在下面记笔记，考试之前背一下笔记，复习复习，然后通过考试。这么多年了，就这么过来的，成绩也还不错，但我总是感觉没学到什么东西，应付考试背的一些东西，在考试之后一两个月内又全部还给了老师，自己依然一无所有，而且感觉自己动手能力很差。这次选修课采用研讨式五步教学法，必须自己动手去研究了，才知道自己肚子里的油水不多，以致困难重重。

“我研究郭嵩焘，确定课题之后，我整整花了两天的时间到图书馆查找郭嵩焘研究的论文索引，查阅论文和相关著作，了解了当今学术界对郭嵩焘的研究状况之后，构思写出自己的文章。这些事都是我以前没有做过的。然后，为了不至于在讲台上出丑，还必须把论文改了又改，使之条理清晰，内容完备。经过近两个星期的准备，我上台讲课了，由于准备比较充分，我的讲课不说最好，至少还过得去，这使我非常高兴，因为以前没有机会能在大庭广众之下锻炼自己的胆量，这次机会实在难得。同时在学习过程中由于要和其他同学合作与交流，使我自己学会了该怎样与他人合作，培养了自己的团队精神。总之，通过这门课的学习，我学到了很多东西，虽然很辛苦，但很值得！

“研讨式五步教学法给学生以很大‘自由’，这种‘自由’对于勤奋好学的学生来说如鱼得水，能更好地发挥自己的潜力和特长，而对于不思进取、混日子的学生来说，他们同样可以利用这种自由浑水摸鱼，蒙混过关，这种情况也是存在的。

“总的来说，研讨式五步教学法在当今中国教育界不失为一种先进的教育模式，有必要大力推广。”

1999 级党史班李锦明《对教改的看法与体会》写道：

“这个学期郭老师给我们开设‘湘籍名人研究’课，采用‘五步教学法’教学教改，不仅让我长了很多见识，培养了我做学问的主动性，而且锻炼了我的口才和上台讲课的胆量。参与郭老师的教改真是非常有幸。在我看来，‘五步教学法’符合大学教学规律，对于人才培养大有裨益。

“具体体现有五个方面：

“一、它变学生的被动听课学习为主动学习，提高了学生学习的兴趣和积极性。‘五步教学法’以学生为主，老师只是为学生提供一些方向和进行一些指导，让学生自己去找资料、写论文、讨论、讲评，这大大提高了学生的学习积极性。

“二、丰富了学生的知识。只有经过自己研究的东西才会理解得深刻，学生在查资料、写论文、讲课评课之中，学到了许多知识，这一过程实际上就是一个自动学习的过程。

“三、提高了学生的动手能力。当今的大学生眼高手低，理论基础强而动手能力差的现象比较普遍。而郭老师的‘五步法’强调学生动手，自己查资料写论文等，这就提高了我们的动手能力。

“四、锻炼了我们的胆量和口才。‘五步教学法’要求我们都要上讲台讲课评课，热烈的气氛让我们变得轻松。每次上台发言都让我们一次比一次自信、胆大和口齿伶俐。而这是我们一生用之不尽的宝贵资源。

“五、增强了我们协作的精神。现今的时代是一个合作的年代，所以团队精神非常重要。在‘五步教学法’中，小组交流要求我们小组成员服务于小组利益，要分工合作。通过小组活动，我们深深体味到团队精神的重要性。

“‘五步教学法’符合学生心理，也符合大学教学规律。我希望它能应用到其他课程之中，这对于提高教学质量和培养学生高素质大有裨益。”

1999 级党史班陈位志《几点看法》写道：

“自从进入大学以后，作为一名学生，我听了很多老师的课，他们都有渊博的知识，对教学也是尽职尽责。但我有一种感觉，他们的教学方法总体上是一样的，都是老师讲学生听。这种方法有很多弊病，已经不适应教学的要求，我个人认为，教学改革已势在必行。

“这个学期郭老师开的“近代湘籍名人研究”课采用‘五步式’教学，觉得很新颖，相对于过去的教学是一个改革。站在学生角度，我觉得学习首先得有兴趣，因为‘兴趣是最好的老师’。然后在学习的过程中，要有一定的自主性，特别是在上课时自主性和参与性是十分重要的。当然，教师适当指导，也是不可缺少的。我觉得教学改革就要达到这样一个要求，教学应该以学生学到知识为目的，学生是学习的主角；教师的角色就是指导，即给学生指出学习的方向。

“我认为‘五步教学法’是一个很好的尝试，我觉得自己首先是提高了对专业学习的兴趣。过去我以为学习历史在很大程度上是以识记为主，对烦琐的历史研究觉得很枯燥。通过‘五步法’之后，自己初步掌握了一些研究学问的方法，对许多问题也有了自己的看法，学习的兴趣就提起来了。然后觉得自己在学习中的自主性得到了加强，主动性也提高了。当然，最大的收获还是掌握了一定的研究问题的方法，并且直接运用，这在以前的学习中是没有的。我觉得，‘五步法’最大的优点便是弄清了教师和学生在教学中所扮演的角色。学生的自主性主动性得到了充分的体现，同时又与教师的指导结合起来。这两个方面是缺一不可的。

“另外‘五步法’也有利于提高同学们的综合能力，例如，开展讨论以及同学上台讲课评课对同学们各方面的能力都是很好的锻炼。

“当然，我不认为‘五步法’就是尽善尽美的。因为‘五步法’环环相扣，如果哪一环出了问题，整个过程就会受到影响。我相信‘五步法’适应了教学规律而可以不断发展，而不是拘于固定的形式。

“作为一名学生，我迫切希望改变过去那种不太适应时代要求的教学形式，我相信师生共同努力下教学改革一定会取得更大的成就。”

1999 级李节光《几点看法》写道：

“读了 18 年书，上了十几年的课，却是头一回碰到一位老师将课堂的大部分时间交给学生，让学生们自己选定研究对象，查阅资料撰写论文，并将自己的论文在课堂上宣读，然后当场答辩，很新鲜，很活泼。

“让学生占据主动的教学方法，无论从立意到形式都是对传统的以教师讲授知识、学生课堂笔记的教学方式的一大突破。一开始我是真的不大习惯，毕竟接受了十几年传统教学方式的教育，突然间改变学习的方法，不适应是在所难免的。

“每个课题组大约花了两三周的时间进行小组交流，并选出一位优秀的同学代表本组在大班讲评中讲课，代表本组宣读经过小组成员充分讨论的论文。不讨论是不知道的，原来每个同学都有自己思想的闪光点。而且自由讨论也有利于不同思想的碰撞，产生思想火花。我们组的讨论从曾国藩到太平天国到洪秀全的拜上帝教甚至涉及今日社会上邪教思想与组织结构的比较和他们产生的社会根源。尽管问题不可能在一两次讨论中得到解决，但开放式的自由辩论，有益于问题的解决却是无疑的。学术讨论就应该如此，大家以平等的身份畅所欲言。”

1999 级党史班程颖《几点看法》写道：

“这学期‘湘籍名人研究’教改课，是我进入大学以来感觉最好的一门课，第一次有了这么大的自主性。

“长久以来，我们所受的教育都是满堂灌的填鸭式教育，虽然从读初中起就听到许多对‘填鸭式’弊端的评判，但一直未见有真正触及根本的改革。到了大学，原以为不会再成为‘填鸭’的牺牲品，但遗憾的是当前大多数的老师仍然是采用这种方法。或许是因为本科生要与研究生有差距吧，或许是老师就根本不想作出改变，或许想改革却找不到办法，这其中的原因不是我们这些浅薄的后生能猜得透的。所幸的是，本学期终于见识了经验丰富的郭汉民老师的改革，且有幸作为一名学生亲自实践了这种教改，感觉毕竟是博士生导师，就是有胆识，有魄力。

“总结一下，我发现自己在这门课中学到以下几点：

“一、做任何事情都要有科学的方法。我们以前也进行过课堂讨论，也写过论文，但由于缺乏系统而正确的方法，一直没有取得什么好的效果。而这次，郭老师给我们教授了一套方法，从查索引、查资料、选题、处理资料，写论文等，使我们有了一条清晰的思路，知道什么时候该怎么做。

“二、做学问应有恒心、有毅力。以前，不知道要查论文索引，看到这么多的论文，感觉做学问必须沉得住气，静得下心。明白了只有刻苦，才能有所成就。

“三、以前觉得学习历史枯燥无味，但经过这次实践，觉得历史的天地很广阔，活动的空间很大，提高了对学习历史的兴趣。

“四、最重要的是，通过讨论与试讲，发现了自己与别人的差距，找出了自己的一些弱点，觉得自己的实践能力有待提高，表达能力也需要提高。

“我以为，这门教改课最好放在大二。

“总的来说，对于这次教学改革我是非常拥护和支持的，希望能将这种好的模式推而广之，发挥更大的效应。”

1999 级党史班陈秀初《我谈“研讨式五步教学法”》写道：

“无论如何，首先得感谢郭汉民教授勇于改革和创新的精神，为沉闷乏味的课堂教学注入了新的活力。

“‘研讨式五步教学法’最大的优点在于调动了学生的积极性。对我来说，是很有帮助的。首先是认识到自己的不足，其次也认识到做学者的艰辛。比较而言，我还是喜欢研讨式教学方法，且大一时就可以尝试，大二就可以进一步要求。

1999 级党史班陈雪姣《“五步教学法”有感》写道：

“这个学期‘湘籍人物研究’课的五步研讨式教学已临近尾声，选题分组、准备论文、小组交流、大班讲评，两个多月的学习之后，心中积淀了一点感受。

“从高中跨入大学之后，满怀期待地倾听大学老师们的讲课，然而很快就失望了，从刚开始抢占教室前排的座位，到后来抢占后排的座位，看课外书，打瞌睡，甚至发展到逃课。为什么？但也有个别老师的课能堂堂爆满，气氛热烈，极受学生欢迎。所以私下认为，老师也应该从自身找找原因，老让学生觉得上课是受罪绝不是一件好事。因为我们是活跃的年轻人，拒绝填鸭，拒绝呆板僵硬的教学，我们内心渴望的是思想的自由交锋，希望老师给予我们一点切实的指导，真正让我们在大学里有所提高，不仅是知识的，更应是能力的，素质的。

“感觉上越是死板的课程越会出现让人头疼的死板的难题，最典型的莫过于老师布置我们交论文，一篇篇布置下来。我们也只好一遍遍往图书馆跑。在浩瀚书海中东拼西凑，或者干脆实行‘拿来主义’。望着那不属于自己的文字，厚颜地冠着自己的名字，心中真觉得讽刺，然后论文上交，开始备战下一篇。我想老师们也明白我们写不出如此高水平的文章，却不懂为何仍坚持不懈，我只觉得有些悲哀。如此写论文除了让我们学会剽窃以外，不知道还有没有别的重大意义。

“还好，这个学期有了郭老师的研讨式教学改革，我们翻身成了教学的主人，觉得新奇，也觉得欢欣鼓舞，于是便兴致勃勃地做下去。我和熊慧、陈秀初、罗明慧都选择黄兴作为研究对象，几个人一块去图书馆查资料，分工合作，虽说资料不很好找，有点辛苦，但心情却是愉快的。

“我觉得最值得推崇的要数小组交流这一环节，大班讲评给人感受是很深的。同学们的讲课和答辩都很精彩，台下同学提问评论也很活跃，感觉上经过准备与磨炼，我们不少方面有了提高。至少，气氛变得活跃很多。同时，也认识到治学要求严谨、严肃、严格的态度，需要投入极大的热情。

“感觉五步研讨式教学是很好的，如果老师与学生之间能有更多交流，尤其是在写论文这一个环节给予我们多一点指导，相信就会更好了。

“希望这种教学改革能够得到推广，并在发展中逐步完善，让广大学生们从‘填鸭式’教学中解脱出来，真正有所学，有所获。”

1999级党史班胡燕《五步教学法有感》写道：

“为期两个月的五步式教改结束了，在对资料的搜集整理中，在同组同学的激烈讨论中，在试讲同学的精彩讲课中，我确信自己学到了不少。

“近16年的学生生活，对于传统的教学法已习以为常，对于那种‘课前赶鸭子，课堂填鸭子，期末烤鸭子’的说法已几于麻木，我们‘甘心情愿’充当这种‘鸭子’，心里却极其渴望从这种桎梏中解脱出来。

“在填鸭式的初高中生活之后，没料到大学生活仍未有任何改观，我们的课堂上虽然也采用过课堂讨论的形式，但是从未采用过‘授之以渔’的方式，我们仍未能利用图书馆的资源，根本无从说起有什么查找资料的方法，更说不上会用怎样的步骤去发现问题，准备论文。

“研讨式五步教学法使我们能够锻炼自己动手查阅资料、搜集资料、整理资料的能力，让自己在这一系列的程序中摸索并掌握研究问题、撰写论文的方法。在这之后的小组交流和大班讲评中又能锻炼自己的口头表达能力，能够与同学们互相交流，互相学习，所以获益颇多。大班讲评，总体上感觉这种方法很好，不仅锻炼了讲课的同学，而且也使其他同学积极思考，更积极投入到教学活动中。只是觉得能在大班讲课的机会太少，如果有可能，希望老师提供更多一点机会让我们获得锻炼。

“就我自己而言，我觉得在五步教学法的指引下，我学会了自己研究问题搜集资料的方法，再也不会因袭‘天下文章一大抄’的老路，其实我们谁都知道，抄袭是一种耻辱，我们选择这条路实在出于无奈。我想，通过学习，我们学会了用自己的头脑去组织自己的文章。

“最后，我想说的是，任何好东西在推广之后都有流于形式的危险，我不希望‘研讨式五步教学法’最后只是一个名称，一个形式，这对于学生是一个损失。我想，重要的是老师在授人以鱼的同时要授人以渔，能够激起学生学习热情与浓厚的钻研兴趣，毕竟，‘兴趣是最好的老师’。”

1999 级党史班熊慧评学议教文章《开端之意胜于成败》写道：

“从小学到大学，我们都处在被动接受知识的地位，老师满堂灌，我们发挥主观能动性仅限于如何完整地复制老师所能传授的东西，这既不利于学生发挥所长和锻炼能力，也不利于培养我们的学术兴趣。

“记得高中时，我们同学在一起常常憧憬大学的美好，立志考上大学。我们向往蓝天白云，芳草萋萋，更向往教授们令人痴狂的讲演般的课堂。那时候，我们甚至幻想老师们拖着辜鸿铭一般的长辫，穿着鲁迅式的长袍，有金岳霖式的高深，富林徽因的灵气，拥张可的高雅，就是这种童话般的世界吸引着我们尽可能地发掘自己的潜力，跨越那座独木桥，因为没有谁愿意放弃通往天堂的路。

“可是，期望越高，失望越大，‘山还是那座山，河还是那条河’，同样的钢筋水泥，同样的满堂灌，味同嚼蜡的枯燥淹没了我们的灵气，没有什么比希望的破灭更能令人一蹶不振。

“久蛰人心的对于教育改革的渴望终于被提上日程，最直接的便是郭老师的课，它是新鲜的，也许稚嫩。我们开始自己动手，去了解一个历史人物，去展示自我的骄傲或缺陷，我们在挑战自己的过程中不断进步，与其说这是课程内容的吸引力，不如说是形式的新颖带给我们的冲击，而这正是我们需要彰显的改革精神。

“好的开端是成功的一半，对于“近代湘籍名人研究”这门课的教改形式，我以为其在首创精神方面的意义远胜于在教授过程中各同学受到锻炼的意义。其深远就在于它的源头作用。如果说这将开创教学上势如破竹的新局面的话，那么这门课将是破竹的第一刀。”

1999 级党史班易美丽评学议教文章《成功的探索》写道：

“这学期郭老师任教的‘湘籍名人研究’课程采用全新的研讨式五步教学法，是相当成功的，这种教学法给了我们极大的自主性，从而调动了我们学习的积极性。

“有了自主性，学生才能更好地发挥自我，展示自我。每个人特别是我们这些大学生都有展示自我的欲望，五步教学法正好适应了我们的这种心理要求，因而极大地调动了我们学习的积极性，激发了我们学习的兴趣。

“实事求是地讲，在大学我不是一个爱学习的女生，但对于这门课程，我却是花了时间和精力的。因为我觉得，独立地进行学术研究，然后将自己的研究成果展示出来，与其他同学进行交流、讨论，这对于绝大多数同学来说，是新颖的，有趣的，更具有挑战性，是对自我的挑战，同时也是对他人的挑战。那天小组交流，同学评价我有自己的独到见解，我很兴奋，很自豪，为自己所取得的成绩而自豪，那时我对自己说，大量地查资料，大量地阅读文献，虽然有点苦，有点累，也花了较长时间，但真的很值！是的，只要你付出了，总会有收获的。所以，不问收获，但求耕耘。

“通过这门课的学习，深化了我们对历史的认识，强化了我们对历史的兴趣，同时也使我们掌握了历史研究的基本方法。通过我们自己对近代湘籍名人的研究和了解，我们走进了历史，感受到了历史的厚重，感受到了精神的力量。我们需要历史，虽然远古，虽然沉重，但其中蕴含太多文化的精华，有着太多我们现在已经遗忘已经失去而应该具有的东西，有着太多我们应该反省、总结、继承的东西。

“我是研究曾国藩的，我知道曾国藩有应该否定的一面，这是他本身所具有的历史的、阶级的局限性所决定的。但我还是佩服他，佩服他的那种‘内圣’功夫，那种鲜明的‘自我’形象，那种执着、那种超强意志力，那种敢为天下先、敢于承担社会责任的勇气、恒心与毅力。现代的人们太物化了，丧失了精神的家园，甚至包括我在内，有信仰的人已不多了，坚定信仰的人更少之又少，这是我们的不幸，也是时代的悲哀。我想在这一点上，我们是应该向古人学习的。学习历史，更好地总结过去，把握今天，运筹未来。

“在准备讲稿的过程中，同学们那种刻苦、求真、务实的精神，俨然一个个专业历史研究者，没有一点马虎，有时为了一句原话、一个实例，我们会跑到图书馆去查阅资料，去印证。

“在这种教学法的指导下，同学们的学习能力和综合素质都得了提高。特别是那些在大班讲课的同学，胆量、语言表达能力、书写能力等都得到了锻炼和提高。而我们这些一般同学，研究和讨论的过程本身就是一个锻炼和提高的过程。

“总之，五步教学法无论在形式上，还是内容上，都取得了巨大的成功，我认为值得推广。不过我觉得，这门课程最适合设在大一第二学期或大二第一学期，因为这段时间学生时间较为充足，又习惯了大学生活，这种新颖的教学方式一定会激起他们学习的极大兴趣，并且这门课程成功的影响对学生今后的大学生活、成长会更有效。

“如果可能的话，我还想再上一次这种模式的课。”

1999 级党史班陈伟《感受五步教学法》写道：

“这学期有幸选修著名学者郭汉民教授开的‘湘籍名人研究’课程，郭老师一改老师讲、学生听的传统方法，采用以学生为主的研讨式五步教学法，这让我们学习的热情和积极性一下子高涨起来，它让我明白了一个道理：历史这门课并不枯燥。

“就要期末了，回顾这学期‘湘籍名人研究’的每一节课，我都感到莫名的充实。因为从这门课中我自觉学到了许多东西，而这一切都得益于郭老师的‘五步教学法’。

“一、增强了我的自信。在这门课中，郭老师把我们每个学生都推上讲台发言，给我们学生许多表达自己思想的机会，每当我走下讲台时，我在心里对自己说：‘原来我也行！’

“二、丰富了我们的知识。‘五步教学法’以其独有的吸引力激发了我们无穷的积极性和热情，为了搞好小组交流和大班讲评，为了能上台表达自己的思想和见解，每个同学都到处寻找资料，筛选资料，在这个过程中一个个湘籍人物在我们面前日益清晰。

“三、锻炼了我们的胆量和口才，提高了我们的素质。‘五步教学法’的一个最大特点就是课堂以学生为主体，不论小组交流还是大班讲评，都需要学生勇敢地走上讲台，勇敢地把自己的思想和观点向老师同学讲出来，这本身就是一个锻炼胆识和培养口才的机会，这个过程中，我们的素质在无形中逐步提高。

“四、培养了我们团结互助合作的团队精神。团队精神和合作共事在当今社会日益重要。为了大班讲评时小组成员写出高质量的讲稿，小组的每一个同学都献计献策，分工合作，到处查找资料，可以说在大班讲课的每一篇讲稿都是各小组同学共同努力的结果。

“五、有利于树立良好的学风，培养良好的治学态度。

“郭老师‘五步教学法’不是我一两点体会能说清楚的。但我觉得这并不重要，重要的是能不能传播开来，推广开来，在教育改革的今天，郭汉民老师的‘五步教学法’不失为一个可行的教改方法。这是一个亲身经历者的最深切体会。”

1999 级党史班邵华《我看‘研讨式教学’》写道：

“一直以来，我所接受的都是正统的老师传授知识，然后通过大大小小的考试来评价教学效果的教学方式，即俗称‘填鸭式教学’，从小学到高中以至大学，都是如此。但却从未真正思考过其中的利与弊。

“上大学后，知识面广了，由此而引发的对事物的思考也多了。也就产生了一种必然的反思与怀疑。从书本上看到西方特别是美国那种同中国截然不同的教学方式，很是吸引人，也曾将两者加以比较，同时也仔细考虑过社会上反对中式教学方式的主张，审视过重建整个教育制度的思潮，他们强烈要求引进西方教育体制与教学方式。其中，独立之见也不少。但我想，教育教学是一个庞大的、复杂的、系统性的问题，深受本国社会政治、经济和传统文化的影响，也不是简单的引进就能圆满解决的。

“我认为，在教育这一现实的人的活动中，人的因素是第一位的，人也是教育的根本出发点和最终目的。所以，必须对教学中人的因素加以具体客观的考察，处理好人与人之间的关系，才能使这一活动产生良好的效果。在教学中，学生是第一位的、主体的因素，教学就是为了使学生得到知识，提高能力和素质。因此，教学活动中不应该是老师的主动，学生的被动，应该成为学生能动地接受知识，而老师则是诱导，指引学生获得知识，积累能力提高的途径。学生是载体，老师不应一味地往上面堆积知识，而是使这一载体充分发挥自我运转的最大功效。

"'研讨式教学'充分体现了这一点。在教学活动中，以学生为能动主体，以学生能力素质的提高为第一位的要素。它充分发挥了老师作为导师这一角色的功能，尤其是在大学中，为培养学生更多的主动性、积极性，导师这一角色显然尤为重要。在一个学期时间，关于一个人物的选题，相关资料的搜集、整理、研究上，我认为是值得的。它改变了以往学生被动接受记忆性知识的局面，指出了一条为学的门径，让学生在自己的摸索中得到了一种以自我为中心的积极性提高。

"大学者，大而博也。学什么是不重要的，重要的是在这一过程中，培养人的一种品质，这种品质是慢慢锻造的。在研讨式教学中，不管现在对历史有没有兴趣，以后会不会从事与历史有关的职业，甚至会不会去做学问，那都不重要。关键在于我们从中有什么样的体悟，获得怎样的启示，这对我们以后的人生走向是有重要影响的。

"另外，我有一点不成熟的看法也在此提出来。一是研讨式教学单位似乎可以在缩小些，以小班为好，我认为不必再存在大班讲评这个环节，这样有利于更好地交流、讨论。二是我认为在研讨式教学中交流的作用是很重要的，应该随时可以和学生进行沟通，在小班范围的条件下是可行的，也是必要的。三是对选题不可作过多的限制，应以如何激发学生积极性和探讨性为目的。

"总之，我认为研讨式教学是一种能提高学生能力和素质的教学方式，值得推广和进一步发展。"

1999 级党史班罗明慧《湘籍人物研究课有感》写道：

“郭老师的课不管形式还是内容都给了我极大的感触，上课形式活泼，能广泛调动同学们的参与热情，让同学们得到极大的锻炼和提高。郭老师严谨的治学态度实在是让人倍受激励、鼓动。要做学术研究，要真正学点东西，首先就离不开严谨的态度、严格的要求。要做好一个人，当然也需要这种重践履的务实精神。

“课虽完了，但我感觉余音未尽，回味无穷。

“大学三年，我还是第一次认识到什么样的课堂才是生动的、有趣的，我也第一次全身心地投入到论文写作中去。

“这次我和熊慧、陈雪姣、陈秀初四人一组研究黄兴的生平、思想及其研究状况，最终由熊慧代表全组上台讲课。经过小组内部多次交流与合作研究，我对民国史上的黄兴有了一个全方位的认识，深受其人格魅力的影响。与此同时，我也感到了同学中不乏精英之才，而我与他们真正存在着差距，这种强烈的感觉督促我更加注重知识的积累和能力的提高。这也正是我要讲的，郭老师的课能在很大程度上让一部分昔日不思进取、不学无术的人看到自己的不足，而产生强烈要学习的愿望。

“一直以来，我以为写论文就是综合一下别人的观点，就是简单的罗列，然而，郭老师给我上了生动的一课，我深深地感到写论文的艰难，它远非我想象得那么简单。从郭老师的教学改革模式来看，觉得中国的教学改革还是有希望的，中国学生长期死沉的学习风气还是可以打破的。

“像郭老师这样的教学改革应该广为宣传。应该从小学、中学阶段就开始对学生进行这种形式活泼、内容生动的教学培训。当然，这是一个渐进的过程。首先，这种形式的推广就需要被大家认可的过程，其次，学生学习风气的改变也有一个适应的过程。

“当然，改革就需要有这种创新的精神。”

1999 级党史班敬妮《小议“研讨式五步教学法”》写道：

“读了十多年的书，所受的一直是老师讲学生听的传统教法，郭汉民老师的‘五步教学法’给我们提供了一个轻松自由的学习环境，比传统的课堂教学有更多的灵活性，它让我受益匪浅，我还是第一次接触‘五步教学法’，于是也产生了一些认识。

“首先，这种教学法让我们有了更大的活动空间，更宽松的学习环境。在大约两个月的时间内，我们不是拘泥于教室，而是自己泡在图书馆，翻阅各种书籍、文章，去深入地了解自己所选定的历史人物，这比只听老师讲课增加了许多的感性知识，对人物的认识也深刻一些，而每周一次的小组讨论又能让我们互相弥补不足之处，使我们对人物的了解更加全面。譬如，我所选定的人物是宋教仁，我们小组共有六位同学写宋教仁，六位同学互相帮助，互相促进，我所写的是宋教仁在民国初年的主要政治活动，但通过小组讨论，使我对宋教仁在经济、哲学等方面也有了一定的认识，这为后来我代表全组在大班讲评打下了一个基础。

“其次，在对能力的培养上，‘五步教学法’也比传统教学方法要好得多。我作为全组九位同学的代表参加了代表讲评，在这一方面可能比其他同学获益更多，体会也就更深。为了搞好大班交流，首先必须丰富自己的知识，小组交流时，我所写的论文内容只是宋教仁思想中的一小部分，为了能尽量全面地介绍宋教仁，全组同学出动帮助我查资料，并把他们以前写的论文以及所收集的资料都汇集到我这里，在我查阅这些资料时，铺了整整一桌子。同学们都笑我说，资料把我给埋进去了。要说不苦是假话，在写论文时，怎么写都不满意，写得都想放弃了。但是，也就在这个过程中，我所学到的东西是以往所不可比拟的。参与大班讲评，于我而言，另一个收获则是取得了上台讲课的经验。这种经验以前我是一点没有，这次要我上台讲课，使我非常紧张，为了尽可能上好这次课，我自己一次次模拟，在这个过程中我学到的不仅仅是知识，更多的是临场的能力，克服紧张的能力，上好课的能力。

“最后，我认为，小组讨论有些拖沓，大班讲评内容有些单调。

“总而言之，研讨式五步教学法对培养学生的学习兴趣，培养学生各方面的能力是很有帮助的，我觉得在大一就可以进行，我想这更有助于激发学生对历史研究的兴趣和积极性。”

1999级党史班王域缇《略谈“研讨式教学”》写道：

“传统教学模式应时代要求产生、发展、完善，影响、教育了好几代人。对我们这一代来说，它贯穿整个成长过程，影响我们更为深重。

“每个事物均有利弊，随着社会的不断发展变化，旧的体制、旧的模式由先前发挥突出作用转而呈现有待变革之势，这种必然性促使我们用发展的眼光去看旧的教学模式，探讨新的模式。

“有人只看到传统模式的不足，夸大它的局限性，大胆地说‘我们这一代是传统教育体制的牺牲品’。对此，我持保留态度。

“我很赞同郭老师的‘研讨式教学’方式，也很赞同郭老师对传统教学模式批判继承的态度。现在，我想就传统教学模式与‘研讨式教学’模式加以比较，略谈自己的看法。

“‘研讨式教学’方式较传统教学方式更具有时代适应性，更适应急需改革教育体制的社会需要。我以为，它有以下优点：一、克服了‘满堂灌’中学生被动接受的现状，大大调动了学生的积极性。二、注重个人能力培养，注重联系现实，能培养学生的独立学习能力。三、促进了师生、学生之间的交流，活跃了学习气氛，增进了师生情谊。‘研讨式教学’比传统教学更具时代性，我非常赞同这种教学模式。

“然而，对于新的教学模式，我还有些许疑问。一、研讨式教学的实施虽然在一定程度上能培养学生能力，但授予学生的知识偏窄，太过专题化。二、研讨式教学给了学生充分的时间和空间，正值新旧教学模式交替之际，而传统教学模式依旧占主要地位的时候，学生不免有懒散拖沓之嫌，极可能导致两种极端：或是非常成功，学生踊跃参与探讨、学习，或是草草了事，浪费更多，利用的甚少。三、讲课评课太趋向师范化，注重表达能力，而不太注重培养学生大胆质疑的研讨方式。鉴于以上看法，我主张研讨式教学应注重点面结合，在扩大知识授予面的同时，注重专题探讨，借以培养学生独立学习能力；在学生探讨问题时，大力鼓励学生发表个人见解，言论自由；研讨式教学模式需要一套较为适宜的有效的实施方案，克服学生懒散、放任的恶习。

“最后，我在赞同研讨式教学模式的同时，得感谢郭汉民老师用这最佳的教育方式唤醒了我们!”

1999 级蔡迈《课程感受》写道：

“湖南在古代被称为蛮荒之地，虽然偶尔有才子显赫人物点缀历史长河之中，但也只是寥若晨星。当历史的车轮滚到近现代，湘籍一脉后起而勃发，湖南也被冠以物华天宝、人杰地灵之美誉。

“上郭老师的课，对湘籍人物进行深入的研究，是一件很快乐的事，这让我增强了对本地域的了解以及荣誉感、自豪感。从曾国藩、左宗棠、郭嵩焘到谭嗣同、唐才常、熊希龄，还有黄兴、陈天华、宋教仁等，虽然对这些人物以前也有过了解，但大多只知皮毛。通过郭老师的课，通过和同学们在课堂上的讨论以及课后对相关资料的搜集整理与查阅，使我对这些湘籍精英有了更深的了解，对他们所处的历史环境及在当时所作所为有了一个整体把握。

“我觉得郭老师的课精华点在于课后，即分组进行资料的搜集与讨论，这很有利于培养我们的团队精神以及严谨缜密的研究作风，特别是在调研过程中同学们亲密无间的讨论很能提升话题的兴趣。兴趣是最好的老师，大家只要是来了兴趣，整个课程就更容易而且轻松地进行下去了。

“希望这种形式的课程能够在我们的学习中继续开展下去，在大家的努力下更加完善。”

1999 级党史班赵芳《对“研讨式教学改革”的一点看法》写道：

“从小学到大学，我们接受的几乎都是‘填鸭式’教学，极大地扼制了我们学习的主动性和积极性，不仅是我，很多人都已对它感到厌烦，教学改革现在是势在必行，‘研讨式教学改革’就是一次尝试。

“教改进行了将近一个学期，我们花了两个月时间来搜集资料、撰写论文。时间确实花了不少，但值得庆幸的是，我们学会了独立地去了解和研究一个历史人物。也许我们的研究并不是很成功，但至少初步了解了一些主要的方法。

“研讨式教学的整个过程对于我们来说，都是新鲜的，很多事情都需要我们自己动手去做。从查找索引到查找有关书籍论文，再到自己动手写作和修改，这是一个看似简单实际上比较辛苦的过程。坐在一叠书籍中间一行行地去查找资料，这是一种很枯燥的事情，但做完之后，却会让人有一种小小的成就感。撰写论文则需要我们从总体上去把握一个历史人物，这对我们来说是比较有难度的。小组讨论帮助我们解决这一问题。每个人都有自己研究的重点，大家一起交流，可以使我们对某个历史人物有比较全面的了解。

“总的来说，‘研讨式教学’是教学改革的一大进步。

“我觉得，这种方法值得推广，它能使同学们更好地发挥主动性、积极性。”

1999级党史班熊建华《一点体会》写道：

“经过近一个学期的学习，我们这门课程就要接近尾声了，我感受最深的是，同学之间的团结互助对学习的提高是至关重要的。

“我选择的人物是曾国藩。为了准备讨论，完成论文，我在这方面花费了许多课余时间，但我仍觉得这很值得，不仅每天都活得很充实，而且在查资料的过程中丰富了自己的知识，开阔了自己的视野。同时，自己也从曾国藩身上学到了不少东西，引发自己对人生的思考，这不是一般的课堂教学所能给予我的。因为老师讲的东西有时会带有说教的味道，会以为是照本宣科，根本就没有考虑到我们生活的实际。而在互动式教学中，我自己主动地去学习，在心理上愉快得多，也就更有劲，也想学，没有被逼的感觉，是完全出自内心的。

“我个人以为，这种互动式教学方法很值得推广，不仅是因为能调动学生学习的积极性，而且也使平时无所事事的人有事可做，知道该去干什么，以至能充分利用课余时间，使生活变得充实。同时，考试方式的改变也有利于人才的培养，有利于学习积极性的提高。”

1999 级宁江峰《绝知此事要躬行——本次教改的几点体会》写道：

“读高中的时候，非常向往大学的生活，以为大学学术气氛浓厚，同学之间会为学术问题探讨争论，师生之间关系融洽。进入大学之后，我觉得有点失望，这里和想象中有很大差距，学术氛围没有以前想象得那么好，同学之间也很少为一个学术问题争论不休。尤其是在教室里，老师沿袭了那种‘填鸭式’的教学方式，老师在上面不停地讲，学生在下面不停地记，到了考试的时候，老师就点一下重点，学生就背笔记，考完后，又都忘得一干二净。

“这种教学和考试方法有很大弊端。由于考前会划重点，所以很多学生平时不来上课，或者上课看其他书籍。考前几天突击一下笔记就行了，这实在是一件令人悲哀的事情。学生学习积极性不高，师生只是在上课见见面，课后几乎没有交流，影响了师生应有的关系。

“这种传统的教学需要改变，本学期的‘研讨式教学改革’为改革指明了方向。经过实践，我有一些具体体会。

“这门课让我们自己动手、动脑参与学术研究，体会到做学问应有的严谨认真态度，初步掌握了人物的研究方法。不仅加强了同学之间的交流，增进了师生之间的感情，更重要的是培养了我们对历史学的兴趣，了解了搞历史研究应有的程序和方法。

“以前写论文，基本上是一个‘抄’字，这里找几篇文章，那里找几篇文章，然后再拼在一起，就变成了论文。以前我也是采用这种方法，写论文的时候，就跑到图书馆去复印文章，然后东拼西凑就成了。这次我选择蔡锷作为研究对象，原本我对他了解甚少，经过查索引、查资料、处理和阅读资料，我才知道学术界一直对蔡锷的评价存在分歧，于是就想写出自己的看法。

“这次教改的思路是正确的，不仅能培养能力，还能激发学习兴趣。实际操作中还有些不足。

“通过这次实践，发现了自己有很多不足，好多的地方需要改进，学习上树立了正确的态度，懂得无论做什么事情都要认认真真，扎扎实实，一步一个脚印。

“这种教学改革应该推广，尤其是文科类专业的学生。我觉得，只要改进自身的一些不足，教改的道路一定会越来越广。”

湘潭大学历史系2000级

2000级谢志文评学议教文章《以人为本 润物无声——浅议“五步教学法”》写道：

“有幸亲身体验‘五步教学法’，受益匪浅，感想亦多。

“一、以人为本是‘五步教学法’的基本精神。人的发展是现代教育的出发点和归宿，这个定位要求教育必须改变过去重视教育派生价值的取向而向实现本位价值的转换，并且随着这种转换，过去教育强调的人对社会适应与服从的社会工具价值就必须让位于教育促进人的发展的内在目的价值。而在这种转换与让位的过程中，高校的素质教育找到了自己的定位，即以人为本。

“‘五步教学法’有五大理念：（1）学生成为学习的主人；（2）重视学生能力的培养；（3）授人以鱼不如授人以渔；（4）建立融洽和谐的师生关系；（5）建立重在激励、重视过程的评价体系。窃以为，其基本精神是以人为本。让学生成为学习的主人，就是让学生成为教育的主体，充分调动学生学习的积极性，克服对老师的依赖性；培养能力和授人以渔，可以提高学生的素质，促进学生的发展；建立融洽的师生关系，老师成为学生的引导者、帮助者和合作者，从而为学生成为学习的主人创造良好条件；重视过程、重在激励的评价体系，有利于激发学生的自豪感和求知欲，强化学生的主人翁意识。‘以人为本’是贯穿五大理念的一根红线。学生成为学习的主人，是‘五步教学法’的核心；能力培养、授人以渔是推动力；融洽的师生关系是学生成为学习的主人的必要条件，而重视过程、重在激励的评价体系是学生成为学习的主人的可靠保证。

"'五步教学法'让学生成为学习的主人，使之独立探索、思考与科研，改革以老师为主体的'灌输式'教学法，还学生以学习和思考的自由权，实现教育的本体价值，和促进人的发展的内在目的价值。可以说，'五步教学法'切实贯彻了'以人为本'的教育理念。

"二、'五步教学法'是提高教育质量的有效举措。以前的课堂教学往往是'讲授式'和'填鸭式'，老师凭一张嘴、一支粉笔和一本若干年前就已备好的教案一讲到底，灌输到头；而学生在下面埋头做笔记。一到期末，便是铺天盖地的考试，'考考考，老师的法宝；分分分，学生的命根'。这是应试教育的铁律。形式呆板的教学导致的必然结果是效率不高，效果不佳，高分低能成为普遍现象。实施'研讨式五步教学法'后，老师用于课堂讲授的时间大大减少了，向学生灌输的知识也大大减少了，期末考试也不进行了，那么，教学质量又有什么样的变化呢？

"在素质教育推行全国的今天，衡量教学质量的标准不是老师授课时间和向学生传授知识的数量，也不是学生在考试中所获得的分数的高低，而是学生知识拓展、学问生产、专业创新和独立科研能力的强弱。

"'五步教学法'分为指导选题、独立探索、小组交流、大班讲评和总结提高五个步骤，环环相扣，步步为营，按照严格的教学和科研程序层层推进。在指导选题和独立探索阶段，由学生自行组成研讨小组，以小组为基本单位，查阅资料，学生到图书馆和资料室检索文献，编制研究资料和论文索引，在了解学术界对学生所选课题的研究状况基础上，选定具体题目并各自写出4000字左右的文章。这两个阶段要求学生有较强的搜集和处理资料的能力，对信息进行去伪存真、去粗取精、由此及彼、由表及里的整理与分析。同时也可以培养学生科研能力与创新思维的习惯。因为，在这两个阶段，学生必须对搜集到的资料进行系统的综合研究，能够在前人研究的基础上有新的发现和见解。在小组交流和大班讲评阶段，要求每个学生都脱稿上台就自己的研究课题向全班同学作一场学术报告，并对听众的质疑和提问进行答辩，这就大大锻炼和提高了学生的语言文字表达能力和发现解决问题的能力。在最后，每个学生都写一篇真实、具体、生动、深刻的评学议教文章，阐述自己对教改的看法，这是一种总结和提高，有利于形成教学良性发展的局面。

“从教学改革的实际情况来看，每个学生查阅到的论文和著作有几十篇（部），多的则有上百篇（部），相比以前死啃一本教材和一本课堂笔记，学生的知识量剧增，知识面大为拓宽；学生不再死记硬背老师所传授的知识，而是独立探索，由以前的考试机器，逐步向学问生产者转变，由‘学会’向‘会学’转变；学生在学习过程中，提出了不少新鲜的学术观点，并且能够言之成理、持之有据，创造力得到释放。

“综上所述，‘五步教学法’能够在教学过程中有效地培养学生搜集和处理信息的能力、科研能力、语言文字表达能力、分析和解决问题的能力、创新思维的习惯，还有与自己小组组员团结协作的能力，有力地提高了学生知识的拓展、学问生产、专业创新和独立科研能力，因而是提高教学质量的有效举措。

“三、‘五步教学法’是一种人才培养模式的创新。‘五步教学法’是一种教学方法的改革，更是一种人才培养模式的创新。

“首先，实现了教学中以教师为主体向以学生为主体的转变。‘五步教学法’要求学生成为学习的主人，老师扮演学生的引导者、帮助者和合作者，从而确立了学生在教学中的主体地位。

“其次，重视过程，重在激励的评价体系取代了以考试分数为标准的评价方式。以考试分数为标准的评价方式重视的是最终结果，而置丰富多彩的教学过程于不顾，既不科学，又不公正。况且，重在激励的评价体系是一种肯定式的教学监控，有利于增强学生的自信心、自豪感和成就感。

“再次，优化了学生的成长环境。‘五步教学法’注重营造宽松、自由和鼓励创新的学术氛围，建立融洽和谐的师生关系，这就为学生的健康发展提供了良好的外部环境。

“又次，‘五步教学法’按照学生的需求不断改进和完善。‘五步教学法’是为满足学生的需求而存在的，而不是学生削足适履去适应这种教学法。它实施数年来，根据教学的实际情况不断改进和完善，重视评学议教，根据学生的意见做适当调整，促进了教改的健康发展。

“总之，‘五步教学法’以学生为主体，采用重在激励的肯定式评价，优化学生的成长环境，并根据学生的需求不断改进和完善，是一种以人为本的人性化的人才培养模式，有利于创新型人才的培养。

“四、“五步教学法”之求疵。当今社会，科技发展日新月异，创新能力越来越受到人们的重视，我们还有如下问题需要考虑。教学的现代化建设。要培养具有较强的国际竞争力的高等教育人才，就必须实现教学语言、技术手段的更新，加强双语教学，运用现代教学技术。教改必须符合科学技术发展的实际，用现代化计算机技术、网络技术和电化教育技术武装高等学校的课堂教学，是改变以灌输口授为主的旧教学方法而代之以崭新的教学方法和手段的必然选择，也将是高等教育发展的必然趋势。

“创新是一个民族的灵魂，一个国家兴旺发达的不竭动力。创新也是学术的生命。如何进一步建立学术创新的机制？这是我们无法回避的问题。

“衷心希望‘五步教学法’能得到完善和进一步推广！”

湘大历史系2000级曾永兴《研讨式教学切肤之体验》写道：

“‘近代湘籍名人研究’课在一片欢呼声中落下帷幕。而它带来的清新教学理念让我们每一个参与者思索良久——我们究竟从中得益了什么？我们以后将取何种教学模式？

“研讨式教学模式秉着一种完全不同常规的教学理念，让我们从前‘灌输式’的被动受体成为学习的主人，一种‘平等’的教与学的关系得以建构，极大地解放了学生的积极性与主动性，学习探求新知识成为一种自觉的愉悦的过程；而教师能让学生发挥自身各种能力，敏锐地抓住学生暴露出来的问题和缺陷，有针对性地加以解决，有助于教学水平的提高，真正印证‘教学相长’之真谛。知识和能力的相互关系一直是困扰教学实践的瓶颈。而研讨式教学法的实践充分体现了两者的辩证统一关系：知识是能力的基础，发挥能力的知识才是真正的知识。吸收更多知识的过程也应是能力提高的过程，而在能力提高的过程中能极大促进主体掌握更多的知识。

“和谐的师生人际关系得以建立。既然师生之间是平等的关系，师生感情淡漠骤然消失。师生之间距离拉近，集中精力投入学术探讨中去。

“建立了重视过程和激励的评价体系。学习变成一种提高的过程，而非那老套的评价机制看学生记住了多少东西的定量分析。

“研讨式教学模式不仅具有全新的教学理念，而且具有相应的实践教学方法，并且此方法具有可操作性强的优点。俗话说，‘师傅领进门，修行靠个人’，因此‘指导选题’和‘独立探索’就显得合情合理；众人拾柴火焰高，小组交流让彼此思想互通有无，有助于形成统一的观点，让个别组员到大班讲评。‘大班讲评’是检验的场地，不仅可以反映出你研究的功夫，而且可以极大地锻炼学生表达、讲演、答辩等各种素质。通过前四步的铺垫，总结就显得尤为重要。无论是优点还是缺点，都应当反思。只有这样，才能提高自己及他人，达到教学的目的。

“在这次教改课中，我参与了对曾国藩的研究，受益不少，我不仅和别人一起分享了研究成果，更为重要的是，我从别人那里汲取了许多宝贵的思想和学识。‘一个苹果交换一个苹果还是一个苹果，一份思想交换一份思想就得到了两份思想。’何况是和我们全班同学尤其是博学鸿儒式学者郭老师在一起讨论探讨呢?!

“尽管这门课程已经结束，尽管只开过一门这样的课程，但我相信每个参与者都受益匪浅，同时也坚信教学改革的春天必将来临！谢谢老师，谢谢同学们!”

2000级李光辉《我看“五步教学法”》写道：

“说句老实话，自启蒙到如今，我真的没有真心实意想学习，而我今天能上大学，全靠父母的期望和老师的鞭策。做自己不喜欢的事情，怎么说也是一种不幸。这不幸也是我国教育体制的不幸。对于过去那种传统的应试教育模式，我们深受其害。

“郭老师的‘五步教学法’给我耳目一新的感觉。虽然过去的老师也有类似的尝试，那只不过触及皮毛，有始而无终。而郭老师的这种教学法贯穿于教学的整个过程，自成一个完整的系统。沿着这五步循序渐进，不知不觉中获得了知识，提高了学习兴趣。

“刚开始接触‘五步教学法’的时候，我也是不怎么信任。但亲身经历过之后，我不得不承认，郭老师这种教学法是适合我的。它发挥了学生的主人翁意识，提高了学习自觉性；突出了学生的主体作用，授之以渔，提高了自学能力；调动了学生的求知欲，激发了学生的上进心；促进了教学互动，教师指导，学生自主学习，互相提高，融洽了师生关系，增进了同学之间的友谊，发扬了团结协作精神。

“‘五步教学法’能让同学们津津乐道，在于它是一个循序渐进的过程，遵从了学习的规律。这五步具体表现在：

“一、指导选题。俗话说，‘万事开头难’，刚开始选题的时候，大家都很茫然，面对一大串响当当的人物，不知道该写谁。这个时候，老师给我们指导，要我们根据自己的兴趣选择，然后去查相关人物的论文索引。我选了宋教仁，对宋教仁被刺一案感兴趣。经过查阅资料，圈定要写他的政党政治思想。这样一步一步探索，我感受到伟大人物的吸引力。在这其中，老师的点拨如醍醐灌顶，开启了我们的智慧之门。

“二、独立探索。有了奋斗目标，就有了学习的动力。这一阶段的过程非常艰苦，但也是最有收获的过程，我们学到了许多东西。首先，我们学会了怎样利用图书馆，怎样利用工具书，提高了自己的动手能力。其次，我们了解了研究人物的大致过程，了解前人对相关人物的评价。其中很多论文很有见解，很有思想，开阔了自己的眼界，改变了过去看问题的思维模式；再次，让我们知道了如何发挥团体优势。这一阶段虽说是独立探索，但我们并不是孤身作战，我们互相协作，把同一小组的同学召集起来一起去查资料，以求最大限度地利用资源。

“三、小组交流。没有交流就碰撞不出思想的火花。要想把自己看清楚是一件很难的事情，而别人中肯的评价对自身的提高无疑是一个实惠的办法。小组交流是一个很有价值的过程，也是一个很有趣味的过程。经过自己艰苦的独立探索之后，自以为看问题很到位，到小组一交流，才知道自己的许多想法很幼稚，很不成熟。为了证明自己的观点，有时跟同学争得面红耳赤，经过这样的辩论，发现自己的许多不足。这时，加上老师的指点，再去修改，补充完善。到下一次小组交流时，同学们获得了牢固的知识，并且有了自己的看法。为了展现研究成果，我们民主推选了我们小组的发言人去与别的小组较量，看哪个小组在大班讲评时更出众。因此我们小组的每个成员都进行了 15 分钟的脱稿讲演训练。我的普通话不够好，因此我不得不纠正自己的发音。过去，这样的上台机会不多，因此说话吞吞吐吐，胆子也不够大。经过这轮番的训练，我感觉自己进步多了。这一阶段我体会颇多，懂得了‘他山之石可以攻玉’的道理，明白了协作精神的重要，增进了对同学的了解，看到了自己的不足，找到了差距，也知道了自己今后的奋斗方向。

“四、大班讲评。这是一个很有意义的过程。对于提高一个人的素质很有好处。首先它可以帮助我们提高讲演口才。‘冰冻三尺，非一日之寒’，为了不想对不起观众，许多同学都作了充分的准备。同学们都想好好地表现自己，核心竞争，互相提高；其次，可以提高同学们的应变能力。当主讲人作了 15 分钟的主题发言后，还要经得起老师和同学们的提问，有些问题同学回答得很精彩，有些也回答不上了。这没有关系，以后可以朝这方面努力。总之对巩固知识很有好处。再次，提高了同学们的心理素质。在众目睽睽之下，镇定自若地讲演和回答问题，需要有很好的心理素质。我刚开始讲的时候，舌头有点不听使唤，但看到老师和同学的鼓励，我慢慢不再紧张，我想，只要多练习几次，同学们都可以提高自己的心理素质和胆量。

“五、评学议教。这是一个总结的阶段，让自己谈体会，谈认识。我认为，能在这个过程中有所感悟，看到自己的进步和不足，这本身就是一种提高。

“纵观‘五步教学法’，它是一种研讨式的教学模式，有教有学，教学结合，以学为主，以教促学，真正发挥了教师的‘引路人’作用和学生的主体作用，全面地提高了学生素质。如今，素质教育的呼声越来越高，而过去的应试教育模式越来越不适应时代要求，在这样一个知识创新的年代，‘五步教学法’无疑是一个很适宜的教育方法，值得大力推广。

湘大历史系2000级吴汉文《几点思考》写道：

“郭老师带着他的‘五步教学法’来到湘大历史系，给我们带来了生机，带来了活力，带来了希望。

“这一学期我们的‘近代湘籍名人研究’课在郭老师的安排下是这样进行的：老师先讲一个近代湘籍人物，特别注重教我们如何去描述和评价一个人物，接着指导我们选题，老师列出六个研究价值较大的人物，要我们从中选择一个然后将选择同一人物的同学组成为一个小组，全班六个小组。在老师指导下，我们查找索引、查找资料、整理资料、撰写讲稿，老师向我们介绍了通过《中国历史学年鉴》、人大复印报刊资料、《近代史研究》杂志每年第五期等多种方式查找资料的方法之后，我们分头行动，写出自己的初稿，第三步小组交流，每个人必须向自己小组成员陈述自己的成果，对某些问题进行辩论，第四步大班讲评，每个小组派一个代表上台详细讲述自己小组所研究人物的生平事迹、主要思想、历史影响以及评价，还有学术界的研究状况分析。每个代表讲完之后，其他同学进行评论，提出质疑和意见，并要求他回答问题。其他小组成员限于15分钟之内讲述自己论文的框架和独到之处，这期间老师一直在台下密切关注，及时发表看法。

“就这样，我们在充实、热烈、自由的气氛中度过了一个学期“湘籍人物研究”课。这相对于我们以前的历史学习来说，是一个转机，不能不引起我对这个专业学习的一些思考。

“我们现在许多青年学生对历史学这个专业都很淡漠，一则认为它与我们这个时代主旋律格格不入，二则认为它只不过是背背会议条约、原因、背景罢了。现在的问题对于我们历史专业的学生来说，应该不是感不感兴趣的问题，而是应该如何学好的问题。

“我们现阶段学习的目的是如何尽可能多地获取历史知识，消化历史知识，培养良好的史德、史识、史学、史才。

“朱熹有这么一句话：‘问渠那得清如许，为有源头活水来。’我把这个‘源’理解成为‘资源’：包括历史、图书馆和时间。三者之中，我认为应该以图书馆为中心，尽可能地将它利用好，史学家兰克说研究历史就是需要这三种东西：图书馆、博物馆、档案馆。对于我们本科生来说，如果能在这一有限的时间内从图书馆汲取广博的历史知识无疑是最大的成功。历史老师应该是我们学习的引路人，我们很想得到老师的真传。我们不但要‘鱼’而且还要‘渔’，所以老师最重要的是教给我们‘点金之术’去开拓新的源头活水。还有重要的一点就是教我们从浩如烟海的历史书中找出我们应该读的书，指导我们如何读书，授我们以‘渔’，使我们的历史学习提高到一个新的水平。

“关于考试问题，我希望不要把我们的注意力吸引到那种应付式的考试上，杜绝那种高考遗风。像郭老师要求的那样把我们的论文和参与教学过程中的表现作为评分的依据是最好的。

“最后，我还要讲一句，就是：郭老师的教学方法令我欣慰！郭老师的敬业精神令我感动！我对学好历史充满信心！”

湘大2000级盛律平《五步教学法之我见》写道：

“谈到教育方法，身为此间之人，个中滋味，深有所觉。胸中之情，如一弹簧，愈压愈起，忍不住想谈一谈传统的教育方法。传统的教育方法基本上是

‘填鸭式’的。会导致教与学的分离，遑论教学相长；会导致学生先入为主，实乃为人为学之大忌；会导致学生学习兴趣之泯灭，久之滋生厌学之情绪。泯灭学生之兴趣，实乃教师之失败。

“久笼于填鸭式教育的学生，今日幸遇郭老师的研讨式五步教学法，犹如黑暗之中，见到一点光亮，忽觉眼前灯光一闪，就看到了前进的路，顿觉我辈学人有救矣。我辈不醒之醉，有此一副清凉剂，终可得人人解醒。这实乃我辈之幸，国家之幸。

“初遇郭老师的五步教学法，好比他乡遇故知，心中倍感亲切，心中藏着千言万语，如噎在喉，不吐不快。

“首先，此法让学生成了学习的主人。

“人之所以为人，固然是因为其会使用符号，这是人类学上给人下的定义。我有一种偏见，能使用符号但独立思考能力欠缺的人，就不成其为人，至少不是人文意义上的人。举目四眺，大千世界，人云亦云，比比皆是。其独立思考的能力，稍稍与之交往，会令你大跌眼镜，确实不敢恭维。郭老师的五步教学法注重培养学生独立思考问题的能力，加强学生独立思考问题的意识，这是为学之根本，亦是为人之要着。独立思考能力强，遇疑即思，不得结果不罢休，往往见微知著，浅处见深，小处见大，发人之所未发，见人之所未见，活得比一般人要高出几层境界，有登泰山而小天下，入大海而浅江河之意境。论为学，脱不了‘深’‘新’二字，论为人，脱不了‘个性’二字。凡此种种，都脱不了独立思考问题的能力与意识。可见，郭老师的五步教学法，以培养学生独立思考能力为目的，走的实是正道，于为学为人都大有益处，颇值得推崇。

“其次，此法培养了学生的兴趣。

“有人说，一个人为什么会成为科学家、文学家、艺术家，答曰乃惊奇之故，此话不假。对事物有强烈的好奇心和惊奇感是发现和提出问题的前提。但是惊奇之后呢？又是什么东西使你继续追问下去呢？我以为那就是兴趣。

“做学问由浅入深、由表入里，还得靠兴趣支持。一个人没有兴趣，便没有活力，就好比一潭死水，必遭腐朽之后果，兴趣中广泛与浓厚正是搞学问之必须，亦是万事之需要。前辈学人要求我辈触类旁通，举一反三，一通百通，可见兴趣二字，诚为切要。

“郭老师之五步教学法，培养了我们的兴趣，自己在查阅资料中找到一个感兴趣的点，仔细琢磨，然后拟以题目，运用各种史料加以分析论证，以证明自己的观点。耕耘与劳作是幸福的，又加之如果自己的论证还严密有理，滴水不漏，心中就会产生成就感，自我评价陡增，久之，在与历史人物神交过程中，深为历史人物所感染，羡其盖世之才，或悲其不幸之遇，赞其高尚之德，或耻其鄙俗之心，这样你自然会对历史人物产生感情，有了感情，兴趣自会随之而生。此时，你会有一种强烈的感情，你会觉得自己深爱历史，没有历史，心里便会感到空虚，缺少活下去的支柱。

“不仅如此，五步教学法还告诉了我们一个深刻的道理，兴趣是培养起来的。先前不好历史者，恍然大悟，原来兴趣在于培养，于是他会努力去弥补以前的缺陷，素养将会得以提高，继之，全民族的素质都会有所提高，为国为民都是一种大大的好事。能悟此境者，人生之修道又上升一层，自非一般流俗可比。

“第三，此法提供了一个为学为人的程式。

“五步教学法教给了我们一个搞历史研究的程式。其实，万物一理，此通彼通，历史研究的程式如此，其他研究的程式也八九不离十。这就为我们将来搞研究打下了一个良好的基础。所谓轻车熟路是也，这道理浅显易懂，不需赘述。

“不单如此，推而广之，为学如此，为人亦然，这程式实际上也是一个为人的程式。大凡搞历史研究，必先大量占有资料，摸清当前研究状况，我们才好开口说话，才知道怎样说话和说什么话。为人又何尝不是这样？我们只有了解环境，冷静思考，胸有大局，方能运筹帷幄，马到成功。

“学生受五步教学法的熏陶，这一种研究的方法就慢慢沉淀在我们的智慧里面，久之，就内化为我们自己的一种能力，以后做人行事就会不自觉地外化出来。我们在为人这一层上，又悟一境，逐步完善自我。

“当然，此法优点颇多，就不一一列举。但金无足赤，璧中之瑕，愚生妄加评点，旨在完善，不在批评。

“钱穆先生说，大凡为学之道，需处理好博约关系，宜先博后约，由博返约，我也以为这是为学之正途。大学生毕竟以学习为主，研究为次。本科教育还是一种养成教育，以本科生的根基而言，大多谈不上博，忽然要由博入约，搞专题研究，稍觉不妥。当然，郭老师的用意在于教会我们方法，举一例而释百疑，关键在于我们以后的研究。但我以为学生搞研究的时间不宜过长，只要达到‘授之以渔’的目的，即可止步。

“其次，郭老师每于大三二期开设此课，我觉得为时过晚。若将此法置于大一，学生尽早窥此法之堂奥，给学生点明读书之法门，极为重要。

“再次，搞历史研究的套路郭老师只是粗粗而谈，似乎怕我们接受不了，我个人认为，如果把这个基本程式讲得更加全面、详细、深刻一些，那效果可能会更好。实际上我们同学的论文大都只是对别人思想的复述，创新意识不足。难得的是培养学生的批判精神，要勇于提出自己的观点而不是复述，并建立自己的解释体系。因为他至少提出了看问题的新的视点，弄不好仅仅一个视点就可以开辟一门惊天动地的学问，如现代物理学就是基于经典物理学上的一个小小的疑点而成：弄不好他就是一个领先于时代几百年的人物。”

2000 级刘明华《“五步教学法”——高教改革的里程碑》写道：

“随着社会的发展，经济的腾飞，科技的进步，社会对人才的要求越来越苛刻，急切需要高素质人才。伴随着高考制度的改革和素质教育的要求，以往那种‘灌输式’教学的弊端日益显露，已经不能适应教育的发展和社会的进步。以往那种‘灌输式’教育整堂课都是以老师教授为主，学生被动接受，仅仅是‘授之以鱼’，甚至由于讲授的乏味，学生根本就不接受‘鱼’，知识哪里来又回到哪里去，就算学生认真听课，也仅仅是片面接受一点知识，根本就没有动脑筋。况且许多老师的讲义是一用多年，知识老化，不能适应于时代发展。

“正因为如此，高等教育急切需要改革，需要老师不仅‘授之以鱼’，更要‘授之以渔’，使学生成为学习的主体，成为学习的主人，提高创新意识。是故‘学然后知不足，教然后知困，知不足然后能自反也，知困然后能自强也’。激发学生的学习兴趣，使之感觉到自己知识的不足，从而努力学习。学而知困，而乐于解困，进一步创新知识，发展自我。

“这学期我有幸受教于郭汉民老师，对他提倡的研讨式五步教学法感受颇深。我认为这种教学法真正调动了学生的学习积极性，使学生真正地成为学习的主体，从而获得了丰富的知识，获得了学习研究的方法，培养了学生的创新意识，也培养了学生的动口能力和面对台下听众的勇气。

“记得郭老师布置研究课题并讲解研究方法后，我对这一切都感到很陌生，也很新奇。既有试一试的冲动和积极性，也有对这种教育方式的怀疑和胆怯。特别是图书馆关于蔡锷的书籍资料很紧缺，我很担心完成不了任务。随着初步接触蔡锷的资料，一下子有好多疑问呈现在脑海中，激发了我的求知欲望，面对有关蔡锷表面看似很矛盾的事迹，我很困惑。于是向郭老师提出了我的疑问，在郭老师的指导下，我开始有了清晰的脉络，并进一步阅读有关书籍，疑问一个个迎刃而解。在小组讨论中，我与组员交流看法，在大班讲评和评学议教中，学生讲课与老师评论相结合，促进知识的完善，也锻炼了同学的勇气和动口能力，而且使学生开动了脑筋。在别的同学讲解时，我也能提出疑问，这样更丰富了我的知识，同时也是一个人胆量和勇气的锻炼过程。记得我在讲台上开始就比较紧张，后来才慢慢习惯。我相信有了这次经验，以后会做得更好！我是这种教学方法的受益者！

“郭汉民老师的‘五步教学法’，包括指导选题、独立探索、小组交流、大班讲评、评教促学。这是高等教育改革的新成果。它不仅属于我们这个班，而应该属于我们全校，而且应该把它推向全国。我想那样的话，我国高等教育必将上升到一个新的台阶。它将是我国高等教育改革的一个里程碑!”

2000级学生向家群评学议教文章《“鱼渔兼授”的研讨式五步教学法》写道：

“作为研讨式五步教学法的实施对象，我想就亲身感受谈谈体会。

“我平时是一个学习懒散的学生，我还有个缺点就是特别害怕上台讲话，一站起来就会脸红心跳脚发软，一句话也说不出来，我曾为自己的这些缺陷懊恼过。所以，在这里我要感激郭教授以及他的五步教学法，因为他给了我重新认识自我、挑战自我、超越自我的机会和勇气。在我看来，能够激起学生学习的信念，给他们以自信，让他们成为学习的主人，就是最好、最成功的教学方法。

“在五步教学法的实施过程中，我觉得自己是很幸运的一个，因为我的研究结果得到了三次上台作报告的机会。第一次是在大班上讲评，当时我是照着稿子都要念错，倒是郭教授在台下不住地向我点头以示鼓励，给了我继续讲完的勇气。第二次是在学生学术讲座活动中作报告，第三次是评估专家、南开大学马世力教授听课时，班上正轮到我做大班讲评，马世力教授对我们的课表现出极大的兴趣，这是郭教授五步教学法的成功，对我来说也是一个莫大的锻炼机会，我从中受到很大教益。

“郭教授的五步教学法，无论是指导选题、独立探索、小组交流、大班讲评还是最后的总结提高阶段，每一步都需要我们学生参与其中，身体力行，探索思考，投入巨大的热情才能得出最好的结果，可以说是充分调动了学生的积极性，在老师的宏观指导下充分发挥学生的主体作用，让学生成为学习的主人。其中每一步都是我们锻炼能力、提高能力的好机会。首先由老师指导确定选题，明确目标后，我们各自分头进行独立探索，查资料，找论文和相关著作。郭老师事先给我们介绍了一套查找资料的方法，依据他的方法我们就能够查找到所需的资料，并能全面了解某一人物的研究状况。经过一个多月的独立探索，我们得出对某一人物的初步认识，写成论文，再通过小组交流和大班讲评，听取同学意见与老师点评，我们的认识得到提高，这个时候，我们也可以在某个领域提出自己的看法，不论观点正确与否，这都是我们作为学生最值得欢欣鼓舞的时刻。

“这个研讨过程结束之后，给我最大的感触是让我学到了一套进行学习探讨的方法。这无论对我们以后的学习还是工作都大有好处，使我从中受益匪浅，这正与郭教授的‘授人以鱼不如授之以渔’的教学理念相符。

“对于我们学生来说，‘五步教学法’是一种‘鱼渔兼授’的教学方法，它不光是教授我们知识，还教授我们怎样去获取知识，这样的方法值得大力推广。”

2000级陈前《不再做“鸭子”》的评学议教文章，首先痛陈十几年读书一直是处于“填鸭式”教学的“怪圈”之中，“有意识的随波逐流，无意识的苦苦挣扎，希望着有一天，能够跳出这个‘怪圈’，不再受煎熬”。

“所幸，我们开了一门‘湘籍名人研究’教改课，郭老师用他独创的研讨式五步教学法把我们一个一个从怪圈当中拯救出来，着实让我们好好地做了一回真正的学生。

“五步教学法是这样的：指导选题，指明方向；独立探索，兴趣为先；小组讨论，交流心得；大班讲评，自由答辩；评学议教，总结提高。

“郭老师首先用几节课的时间完成了第一步，剩下的，全部是我们学生要做的了。在做第一步时，心里真的没底，第一次被老师这么大胆地‘放羊’，茫茫然不知所措，面对图书馆浩瀚如海的资料，不知从何下手。幸好，有郭老师第一步为我们导航，按照郭老师教给我们的方法，我们翻阅了大量的书籍，作了相当多的笔记，虽然很累，但我们乐此不疲。

“交流心得体会的时候，小组讨论异常激烈，从没想到平日里沉默寡言的同学竟也能滔滔不绝！大班讲评更是令人耳目一新，看着自己的同学在原本属于老师的讲台上旁征博引侃侃而谈，惹得下面的同学个个跃跃欲试。而自由答辩时更能令人刮目：问者问得妙，答者答得巧，连教育部的专家都为此赞叹不已。

“郭老师的五步教学法实在是给了我们太多的惊喜。于我而言，我学到了许多在课堂上学不到的东西，而且很快乐，虽然很辛苦，也很累。

“想说的还有很多，无奈组织不出出色的言辞来表达。最后，我只想说：‘如果还开这门课，我一定要再选！’因为，快乐地不再做‘鸭子’！”

2000级李翠华《“问渠那得清如许，为有源头活水来”——小议“五步教学法”》写道：

“‘问渠那得清如许，为有源头活水来’，这是我在郭老师‘五步教学法’中得到的启示。‘五步教学法’始终是围绕着学生转的。它让学生学会选题，查找索引，查阅相关资料，独立探索问题，写成论文，继而进行小组讨论，大班交流，最后到总结提高，这让学生充分发挥自己的主观能动性，调动了全身积极因素去活动，去参与。在我看来，这确实算得上一个较好的教学方法。

“上文提到，我在郭老师课堂上最大的收获就是明白了‘问渠那得清如许，为有源头活水来’——多思。多思出智慧，人若要思想进步，就不能人云亦云，对于任何人的说法，你都要先在心里想一想，对吗？为什么？要是做得这一点，就是找到了‘真我’，就是没有迷失自我。中世纪，世人都信‘天圆地方’，可是麦哲伦敢于怀疑，他有自己的判断尺度，最终他以事实证明了自己的怀疑，改变了流行经年的错误，这就是多思的结果。

“在‘五步教学法’实施过程中，真是有太多的地方需要我们去思考。首先，要思考选什么题目，为什么选这个题目，考虑来，考虑去。题目选定了，如何查资料，如何整理资料，如何避免人云亦云，如何‘去粗取精，去伪存真’，都得思考，思考，再思考。

“思考，是科技进步，知识更新的先决条件。多思出智慧，人多多思考就会朝着更高一级发展。让我们多多思考，这样社会才会更快发展。请大家记住‘问渠那得清如许，为有源头活水来’，源头就是‘多思’。”

2000 级王奎《评学议教》写道：

“在全国高校普遍扩招，本科教育日趋素质化的大潮流下，许多本科生对于学术研究日益陌生，因此郭老师的五步教学法就更显得任重道远。我在此不想锦上添花，说更多赞扬之词，这里谈一下自己的体会与想法。

“首先，我觉得自己在这次学习中是比较失败的。我的选题是《浅析郭嵩焘的对外思想》，计划从他对西方的认识、学习西方的主张和外交三个方面全面加以阐述，后来发现困难很大，题目太大，资料不足，要补充大量资料又望而却步。其次我认为郭老师将五步教学法用于湘籍人物研究课上，一方面是让学生参与教学，提高学习兴趣，获取更多知识，并初步接触学术研究，另一方面则是让学生通过研究获取前人思想和精神财富，我觉得老师对这一方面强调不够。第三，大班交流人数可以增加一些。

“最后要说的是，非常感谢郭老师的辛苦教诲！”

2000 级熊巍昱《课后小记》说：

“本期进行了一场奇特的教学改革，我竟也是其中的参与者，深感荣幸，也觉得非常有意思。

“我选择的研究对象是蔡锷，原来是受到《逃之恋》的影响。而一旦真正看到蔡锷研究资料和《蔡松坡集》，却发觉自己已深深被蔡将军的高尚人格和对国家利益的执着追求所打动，可以说是爱上了这位近代史上的爱国名将。我的论文写了三遍，修改了五六遍。小组交流和大班讲评时的意见我都一一采纳，成为我论文修改的宝贵参考。第一次如此用心地写论文，真是受益匪浅。

“‘五步教学法’真的很好。究竟该怎样写论文，怎样查找资料，怎样才算真正的学术研究，其实作为大三的学生，我们并不了解。以前的论文，东抄一点，西扯一段，甚至直接从网上下载。而这一次，终于明白去研究一个历史人物一个历史问题并不那么简单。真正的学术研究需要执着的追求，专注的热情，以及超凡的耐心的。‘不经一番寒彻骨，哪得梅花扑鼻香’。

“此次参与教改，我得到的最大好处是知道了独立思考，学会了静心研究。当然，我们的一切刚刚起步，尚未入道，但相信明天会更好！”

2000级廖建福《论教改》写道：

“这学期我们的‘近代湘籍人物研究’课取得了很好的效果。同学们对这一课程普遍产生了兴趣，并下了许多功夫，教改进行顺利，课堂上同学们非常活跃，这都是郭老师‘五步教学法’带来的活力。

“郭老师的教改给我们许多特别的感受，对提高学生能力和掌握更多知识有很好的作用。

“首先，有利于学生发挥主观能动性和提高自己各方面的能力。学生根据自己的兴趣来选择研究对象，这样学生就不会感觉枯燥，同时在学习期间必须自己查找相关资料和确定主题，自主性强，在写作论文过程中必须引用相当多的资料来证明自己的观点，这样就要求有所取舍，必须认真分析所选资料。

“其次，能让学生自觉吸收许多知识并形成体系，评价一个历史人物，必须了解他所处的历史环境和他的一生，理解他的观点就要阅读他的著作，这都要花相当多的时间去阅读、消化、吸收，真正学习之后，我们对该时期的历史的了解会更深刻，历史人物与所处历史环境息息相关。

“还有，能和谐师生关系，增进友谊。在讨论的过程中，老师与学生以及学生之间相互交流，师生之间相处其乐也融融。

“总之，在五步教学法中，老师重视的不是灌输给学生死的知识，而是教给学生获取知识的方法，并且注重学生的学习过程并对其进行指导。虽然，由于与历史人物相联系的知识太多，需要太多的时间与精力，还不一定能吃透，但这毕竟对学生有好处，是值得推广的，五步教学法让学生成为学习的主人是值得广泛赞扬的！”

2000级曹军《教改体会》写道：

“郭老师的教学方法新颖，收到了令人满意的效果。作为主体的学生，在整个过程中，我从一个被动的参与者到一个主动的学习者。我通过查找、阅读大量的资料，增加了对所研究的人物的兴趣，一方面能够扩大知识积累，另一方面让我们学习到做论文的一些基本方法，更重要的是，通过研究，我们能从中感悟到史学的魅力，以及史学的创新价值所在。

“研讨式教学的前提是研究，在研究的过程中提出自己独到的感受和见解，但作为初学者，要有自己的看法比较困难。我觉得讨论应该更加精炼，最好是采用‘问答式’讨论。”

2000 级郑瑜《对“五步教学法”的感想和体会》写道：

“第一次接触‘五步教学法’就有了一种新奇的感觉，有了一种跃跃欲试的冲动，‘五步教学法’可说是对大学传统教育的挑战，它应该是大学教育的一种必然趋势。

“它改变了传统的师授生记的教学方式，改变了学生在课堂中的角色，使学生变被动为主动，锻炼了学生的思维，调动了学生的积极性；

“它的课堂讨论这一环节活跃了课堂气氛，在大家的讨论中，在大家的思想碰撞中，擦出火花，激发灵感。

“它使我们学哲史这种专业的学生真正体会到写论文、做研究所应有的态度和方法，并为我们的毕业论文打下了基础。

“衷心希望这种改革能不断得到完善，从而广泛推行。”

2000 级董友明《几点想法》写道：

“湘籍人物研究教改课一改以前那种填鸭式被动的历史学习方法，而充分发挥了学生的主观能动性，大大提高了大家学习历史的热忱。

“相较于以前老师讲学生听的单向教学方式，郭老师的这种以学生自己作主大家共同探讨的教学方式无疑作出了较大的尝试。

“但其教学手段仍略显单一，缺乏现代气息。像多媒体教学、网络教学仍徘徊于课堂之外。”

2000 级刘建中《五步研讨式教学推广之必要》写道：

“这个学期，郭老师给我们开设了一门‘湘籍人物研究’课，推行一套新的教学法——五步研讨式教学。行之有效，在同学中引起强烈反响。该教学方法注重培养学生的综合素质，代表了我校的教学改革，在某种程度上也指明了当前中国教改的一个方向，理应得到教育界的普遍重视与推广。

“下面，我想结合该教学法中的‘五步’简要谈谈其作用、意义或者是理应推广之必要。

“第一步，指导选题。由授课老师指导学生选定研究课题，将全班学生分成若干小组，每组研究一个课题。郭老师先向我们介绍了如何去研究人物，如何去利用图书馆的文献资料及前辈和时贤的研究成果，然后我们自愿成组，每个小组确定一个湘籍人物作为研究对象。这可以说是跟我们上了一堂研究入门课，给了同学们往后步入学术殿堂一块敲门砖，对于如何处理浩如烟海的文献信息的指导，使我们以后进入社会也有莫大益处。真乃授人以渔而非鱼，用心可谓良苦。

“第二步是独立探索阶段。这一步在整个教学法中占时最多，有助于学生培养成一种独立思考的自觉意识，每小组成员在一起查资料做索引，有利于团结协作能力的培养。由于一开始老师就规定每个人要有自己的研究成果，要上台脱稿向同学们做讲述，这在无形中形成了一种竞争激励机制，大大激发了学生的求知欲和创造欲，有利于创新思维的发展。在这些过程中，我是真正体会到‘学然后知不足’，真正是学海无涯。从而促使自己尽量多学东西，以求更好。同时也体验到了许多事情并非我们开始想象得那么简单，只有亲身经历才能明白其中真味。所谓‘纸上得来终觉浅，绝知此事要躬行’。

“第三步是小组讨论。经过第二步的独立探索，各小组成员开始一起讨论共同的研究对象，力求全面准确。在交流讨论中，互相指正，每个人又有了新的看法。这个过程让人明白，思想的火花只有在交流碰撞中才能产生。

“第四步是大班讲评。小组交流之后，开始了大班讲评。每位同学上讲台讲述自己的研究成果，这给了我们一次很好的锻炼。讲完后，同学们提问，老师点评，讲课的同学当场答辩，这也是一种能力。让我们真正体会到‘教然后知困’，教学相长也。也终于明白了做老师的不容易，我们应当尊师重教。

“第五步是总结提高，写一篇文章评学议教。这个过程也很重要。它让我们明白，一个新事物只有不断完善才能壮大，只有不断注入新鲜血液才能长久。

“综上所述，五步教学法确实有其过人之处，它完全不同于传统的‘满堂灌’。在这整个‘五步’中，老师参与的有第一、第四步，其余都是学生唱主角，突出了学生在学习过程中的主体地位。古人云：‘师傅领进门，修行靠个人’，‘三分教，七分学’，我们评价一个人物、一种思想甚至一个时代，通常都有两种标准，一是向前看，它比前代进步多少；一是向后看，它对后世的影响有多大。郭老师的研讨式五步教学法既有对中国传统教育思想的继承和发展，也代表了当前教改的一个方向。因此是值得我们肯定的。提倡素质教育，就应该推广‘研讨式五步教学法’。”

2000 级陈云凡《我对教改的体会》写道：

“随着我国高等教育的发展，出现了一系列问题，改革的呼声，也日益提高。高校教学改革朝着什么方向发展，一直是有识之士思考的问题。

“郭老师提出研讨式教学方法，我很荣幸能够成为这种方法的参与者和受益者，对这种充满活力的教学方法，有很多体会。

“这种教学方法使教学中的主体发生了变化，以学生为主，大大调动了学生的积极性，培养了学生的独立思考能力，培养了学生对专业知识的兴趣。同时，这种方法还激励我们不断扩大自己的知识面。顾名思义，研讨就是在研究的基础上进行讨论，互相切磋，但在实践中忽略了一个前提，即大家都需对这些人物有一个比较深的了解，而这在短短的几个月里是不可能做到的。故而，研讨难以达到预期的效果。

“研讨式教学的方向是正确的，顺应了强调学生自主学习、独立思考能力的时代潮流，经过不断探索和不断完善，将成为一种不仅是我们湘大的，而且应该也是我们中国的教学方式。”

2000 级刘君《一点随感》写道：

“本学期非常荣幸能够在郭老师的指导下，用研讨式五步教学法来学习‘近代湘籍人物研究’这门课程。经过一个学期的学习，我感受颇多，受益匪浅。我不仅认真地对近代湖南优秀人物的事迹有了较为系统的了解，而且深深体会到教学改革，研讨式五步教学法给我们带来的惊喜与希望，这是我们真正应该庆幸的事情。

“十几年的学习生涯中，早已习惯了接受老师对我们‘填鸭式’教育方式，在我们的脑海里，学习就是被动地接受老师传授的知识，不管我们喜欢与否，我们都习惯地无奈地去接受。在这学期上郭老师的课，让我有一种耳目一新的感觉，我打从心里喜欢这种教学方法。因为让学生独立去研究，再把研究成果搬上讲台，作为一种教学改革出现在我们的课堂上，我确实还是第一次这样全面接触。

“中国传统的教学方法即所谓的‘填鸭式’在现代存在了这么久，不可以说没有其合理性，但从某种意义上说，是培育出了大批的‘考试机器’。中国学生在考试中总能得高分，然而相对缺少一种创新意识和创新能力。郭老师的这种教学方法给了我们很大的自主性，同时对提升我们学生的独立研究能力、综合分析能力、写作、讲演与交流等多方面的能力起到了非常重要的作用。

“我有三点建议：一是适当增加课时，给所有的同学一个尽情发挥的空间，留有比较充分的时间将课堂提问和答辩搞得更加热烈一点，畅所欲言，言无不尽。二是引导学生发散性思维。三是通过适当的途径把这种教学方法推广出去。”

2000 级向芸珂《“研讨式五步教学法”之我得》写道：

“本学期我们开了一门湘籍人物研究的课程，授课教师郭汉民教授带给我们一种全新的感受，他让我们实践了他的‘研讨式五步教学法’。这是他多年教学过程中不断积累经验，不断追求创新，不断探讨教学改革的辛勤努力的结晶。‘研讨式五步教学法’让我感触颇多，收获也很大。

“这种教学方法调动了我们的学习积极性。

“传统的教学方法都是老师在上面讲，学生在下面听，做笔记，现在把角色互换了一下，由我们充当老师，老师当听众，极大地调动了我们动手的积极性，尝到了老师备课和搞研究的艰辛。一头扎进书堆之中，查索引、查资料，查找到人大复印资料、《近代史研究》等刊物，还有许多与人物研究息息相关的书籍，然后对各种资料进行分类、整理，仔细地进行分析、取舍，从而为构思书写论文提供论据。论文写好后，多次修改、补充，终于成型，还没有上台讲课之前，我们还必须对讲课多次练习，还要准备如何回答同学们的提问，讲课之后还要吸收同学和老师的意见对论文做进一步的修改完善。所有的过程都必须我们自己完成。正是因为这一点，我们的积极主动性被极大地调动起来，虽然感到苦和累，但我们兴趣很浓，兴致很高。

“我认为这是教改的极大成功，教学改革最主要的目的是学生由被动学习变为主动学习，研讨式五步教学法基本上达到了这一目的。

“第二，它让我们接触并学到了一些有关搞研究的基本知识。我们初步涉足了研究领域，掌握和摸索到了有关搞研究的方法，学会如何着手查找和整理资料，从哪些渠道去获得资料，学会了利用各种工具书和各种媒介物。

“第三，它锻炼了我们各方面的能力，提高了综合素质。读、写、说的能力在教学过程中都得到了锻炼，提高了我们的表达能力，也增强了我们的胆量和勇气，让我们很有成就感。

“‘研讨式五步教学法’是我们进入大学以来所接触到的具有生机活力的一种教学方法，在班上引起了极大的反响，受到同学们的赞同和认可，在迎评期间也受到了专家组的肯定和推崇，效果显著，作用明显，是教学改革成功的一个典范。

“我希望以后在教学中有更多的老师采用这种方式，让学生成为自己学习的主人而不是奴隶，也不是为了考试而学习的机器，而是因为兴趣而学习的主动者。”

2000 级吴鹤立《第一步——评“五步教学法”教改实验》写道：

“在评议之前，首先要对郭汉民教授表示钦敬和感激，老师的‘五步教学法’犹如春风拂面，作为参与和聆教的学生，受益匪浅，感激不尽。

“大学之道，在明明德，在亲民，在止于至善。其原旨的现代含义大概就是，大学乃修身养性之地，乃经济人才之源。它的功用是实现人的自我价值与社会价值的完美结合。大学和大学生应有一种境界，大学非大楼之谓，乃大师之谓。大学追求的便是一种‘大师’境界。

“一个大学生的价值不在于文凭、证书，而在于内在涵养和气质。大学教育的真正目的在于延续文明，造就一大批继承和发扬文明的载体。具体一点说，大学教育是教人以知识与技能。知识用于认识世界，技能用于改造世界。

“就历史学而言，其本身含有历史和历史研究的双重性，历史学教育也就有了功能目的的双重性，即挖掘历史的借鉴意义和研究历史的潜在力量。在历史系本科生这一特定对象中开展自主研究历史的教学活动，无疑能促进历史学乃至大学教育功能的实现：既丰富了大学生的基本知识，提高了能力素质，又增加了历史学研究的潜在力量。推而广之，每门学科的教育都能如此进行，当能造福大学生和整个社会。

“既然大学教育必须以培养专门研究人才为功能之一，所以必须能充分发挥培养对象的积极性和创造性，而‘五步教学法’正是这样一个教学模式。

“（1）在老师的指导下，学生们能自主地积极地进入历史学研究，深入地研究，没有太多的约束，自由的气氛、个性化选择，有利于自己独立地探讨和分析人物的思想与活动，最终，学生们借鉴的欲望越强烈，研究的兴趣更浓厚。

“（2）讨论式的交流培养了学生的表达能力，更重要的是达到彼此观点的融合与碰撞，‘百家争鸣’的结果是繁荣。一些本来偏颇狭隘的见解开始能够取长补短，这对于学生的思维方式和视野是大有裨益的。

“（3）依旧是触及教育中学生主动性问题，研讨式教学并没有脱离教师的指导，但其主体已一分为二，学生也是主体之一，这样一来，对于突破旧的教育观念‘老师讲学生听’，是实质性的。学生们不是为应付老师、应付考试，而是在享受兴趣带来的乐趣，为了自己内在的素质而不是文凭，有一种‘以身殉道’的学术研究秉性。”

2000级肖亮《品味课堂》写道：

“上大学以来两年多的学习，使我深深感受到了现行教育体制所存在的诸多弊端，以及改革的应然性和紧迫性。

“这学期郭老师独创的‘五步教学法’，即指导选题—独立探索—小组交流—大班讲评—总结提高，的确给人一种耳目一新的感觉，让人以全身心感受，也激发了我们对这门课程的不少兴趣。一方面是由于受传统教育过久而迸射出来的一种内心渴求，另一方面更为重要的是‘五步教学法’本身所具有的独特魅力。

“首先，‘五步教学法’打破了以往那种老师在上面讲，学生只是用手机械记笔记的模式，给学生们更多的是独立思考的空间，给学生拥有自己的思想。

“其次，给学生以自己的讲台。一般来说，讲台只是属于老师的，‘五步教学法’让学生走上讲台，给每个学生提供了一个展示自我的平台，让学生背对黑板，面向老师和同学大声说出自己的观点。

“第三，充分发挥学生的主观能动性，有效提高了学生的综合素质。整篇论文的写作过程无一不是同学们亲手完成的，大家充分利用图书馆的资源，为了写好论文，需要付出时间、精力、决心、耐心等，特别是上台讲课，如何做到有条有理、头头是道，以及从容不迫，这的确是个很高的要求。我觉得有了第一次站在讲台上的机会，尽管你可能脸红、心跳、语无伦次，但有了第一次经验，第二次、第三次相信你会不断提高，最后则会心如止水、波澜不惊，写、说能力得到了有效锻炼。

“第四，体现了合作精神，有利于同学们交流。由于大学里同学之间尤其是男女同学之间交流较少，小组交流、大班讲评提供了一个老师与学生、学生与学生相互交流的绝好机会，有利于师生交流和同学交流，融洽了师生关系和同学关系，还体现了合作精神。

“第五，‘五步教学法’本身环环相扣，有条有理，五个步骤反映了一个循序渐进的科学的合理的学习过程。

“总之，‘五步教学法’打破了传统教学模式，充分调动了学生的学习主动性，使学生成为学习的主人，也培养了其创新思维，不失为一个崭新的有效的改革尝试。

“希望我们下期能有这样的课，也希望我们的其他课程也能有这样的尝试。

“衷心希望下学期我们还能有这样的课程，让我们学生真正找到一条自由的前进的途径！有机会的话，我们还希望能与郭老师多多交流！”

2000级马烽《五步教学法之我见》说：

“真的觉得自己很幸运，能够受教于郭老师，并且亲身参与体验五步教学法，通过参与其中，我真的觉得受益匪浅。

“五步教学法是教学模式的一次创新，是教学与研究的有机结合，充分调动学生的积极性，使学生成为学习的主体，不再是简单被动地接受，而是积极主动地参与，培养了学生独立研究、勇于实践的能力和品格，锻炼了心理素质，学会了基本研究方法，了解了论文规范。

“然而这又不仅仅是‘授之以渔’，同时也‘授之以鱼’，在研究、教学、讨论、答辩中同样有知识的给予与接收，较好解决了知识与能力的矛盾。

“五步教学法是一种新的尝试，新的实践，还需要时间加以改进完善。”

2000级杨建《五步教学法之我观》写道：

“‘独立之精神，自由之思想’，乃是知识分子对学术研究的孜孜追求。同样，郭汉民老师以此种理念贯注于教学改革，提出‘五步教学法’，用于我们所开的‘近代湘籍人物研究’，希冀推动师生互动的教学改革，营造出一个学术研究勃兴的氛围。而在实践中，也确实达到其所愿。

“‘五步教学法’将一门课程分为五步，通过研讨教学，让学生成为学习的主人，学生在老师的指导下，自我独立探讨学术问题，在前人已有成果的基础上，阐发自己的学习心得。这种培养学生实践能力的教学，不仅会融洽师生关系，而且促进教学良好互动关系的形成，更裨益于我们初步学术能力的培养，从而为日后研究夯实了基础。

“从上世纪德国史学大家奥波德·冯·兰克开创培训班形式培养大批史学研究人才，形成19世纪下半叶国际史坛上的兰克学派，到今日郭汉民教授倡导的‘五步教学法’可谓承前启后，推波助澜，绵绵不绝。”

2000级唐锦梅《我看“研讨式五步教学法”》写道：

“大三这一学期，是我获益匪浅的一学期，更是极其幸运的一学期，因为敬爱的郭汉民教授终于能为我们2000级历史班全体学生授课，并带来了其辛苦探索而成的‘研讨式五步教学法’。

“三个月以来，我们全体同学在郭老师指导下，进行了‘湘籍人物研究’课程的全新探索与学习。成长之快，受益之深，绝非一言能尽。

“分五步进行的研讨式教学，从‘研讨’二字可知，已融入了学生主体能动意识，学生作为知识的接受方已不再是被动地接受教师的教学，而是以主人翁身份积极参与到对历史人物、历史事件的研究当中，这是教学史上一个开天辟地的伟大创新。作为一名学生，我就时常沉浸在这样一种自己播种、自己收获的喜悦之中。

“这门课程在郭老师的悉心指导下，我们全班同学从选题、查找资料、选择资料、确定合适的论题，再到写成论文，小组交流，最后大班讲评，在这一系列过程中，大家都以一种前所未有的主人翁姿态，浸透着同学们的辛勤劳动。我们不仅熟悉了自己所研究的人物，更培养了一种积极发现，思索新问题、研究新情况的精神。虽然由于是初次实践，错漏、不足之处比比皆是，但为以后进行学术研究打下了良好的基础，是一个极好的开端。

“‘研讨式五步教学法’是一种能激活学生思维的教学模式，学生主体地位的提升有助于学生转变学习的态度，培养专业精神和做人的责任感。

“‘研讨式五步教学法’如一缕春风，不仅给中国的教学研究以希望，更让莘莘学子体会到一种学习研究的实在性、有用性。

“作为新时代的大学生，我们‘有话可讲’，‘有话要讲’。‘研讨式五步教学法’应当普及，我的个人意见也许不妥，但确是肺腑之言。”

2000级张雄《体验“五步教学法”》写道：

“新学期伊始，我们不知不觉跨入了大三学年。这一学期与我们前两年所学一个重大区别是开设了‘湘籍人物研究’课，这门课程与以往一般课程最大不同在于郭汉民老师实践他的‘五步教学法’。此法目的在于提高学生学习能力，调动学生自主性和积极性，建立师生平等对话关系。正如郭老师所说：‘授人以渔不如授之以渔。’

“‘五步教学法’将教学与研究巧妙地融合起来，在这个过程中提高学生的动手、动脑写作能力、讲演能力，培养学术研究入门的一些基本技能。我荣幸地体验了郭老师的‘五步教学法’，可谓‘千头万绪，感慨颇多’。借此机会，发之笔端。

“郭老师的‘五步教学法’将这门课程分成五个步骤，第一步‘提出论题’，第二步‘查阅资料’，第三步‘小组交流’，第四步‘大班讲评’，第五步‘总结提高’。这五个阶段是具有严密逻辑性的，符合科学的思维习惯和教学方法。

“前几次课，郭老师热情洋溢地从古今中外纵横几千年宏观角度讲授了湖南名人古今格局的重大变化，近代湖南人才辈出的原因。作为一名学者，郭老师严谨的治学态度和缜密的思维中不时透露出他对湖南名人的深厚感情。他讲述了他个人不凡的经历，作为一个河南人对湘籍人物产生那么浓厚的兴趣，我们作为地道的湖南人了解研究湖南先辈名人更是义不容辞的责任。几节课下来，我们都为郭老师的人格魅力和治学态度所深深感动，对湘籍名人研究也产生了浓厚的兴趣。

“郭老师不仅是一名杰出的学者，还是一位优秀的老师和引导者。他在我们热情高涨、兴趣浓烈之时，不失时机地推出他的‘五步教学法’。在一种学生积极主动参与、师生融洽交流的气氛中，我们最终确定了郭嵩焘、曾国藩、左宗棠、杨度、蔡锷、宋教仁等六个人物作为我们的研究对象。这些人都是有代表性的湘籍名人，透过他们的思想轨迹，我们可以捕捉到中国近代历史发展的脉络，从而为我们今天实现中华民族的伟大复兴提供借鉴。

“郭老师针对我们各个同学的不同兴趣、爱好、特点，在尊重我们自主选择组合的基础上，将我们分为六个小组，每组选出小组长，为以后的小组讨论做好准备。

“独立探索是五步教学法的关键阶段。郭老师郑重指出，这是一个非常关键也非常艰苦的阶段，‘做学问要耐得住冷板凳’，是他的名言。在这个阶段中，我们取得了大量资料，学会了查找资料的技巧、方法，为我们将来从事学术研究打下了基础。在这个过程中，我才真正体会到‘做学问就要耐得住冷板凳’。（具体过程从略）

“小组交流阶段使我们各自的观点得到进一步的完善，论证更加严密，同时也使我们看到彼此的优势与特色，取长补短，并推贤举能，为大班讲评选出代表做了充分准备。

“大班讲评阶段，我获益不浅，锻炼了我的口头表达能力、锻炼了勇气，提升了心理素质，注意全面塑造形象，提升了个人素质。

“这是‘五步教学法’超越传统教学模式框架，发挥出它独特的优势，将学生提升到平等地位，这对全班同学是一个全面整体的提升，使平时在一般课堂上沉默寡言的同学得到一次很好的机会。

“郭汉民老师作为‘五步教学法’的首创者，在全国各地引起了强烈反响，并且在湘大评估期间，评估组成员南开大学世界史专家马世力给予了很高评价。

“作为首创，‘五步教学法’还有待完善，但我们相信将来‘五步教学法’会在全国大江南北各高校中得到广泛应用。”

部分学科学生评学议教摘编*

湘潭大学2003级哲学本科生袁为说：

“在运用研讨式五步教学法之前，我作为哲学专业的本科生就认为不应该再沿袭传统的课堂教学方式，应当引导学生自主研究问题，进行哲学思维能力的训练。但作为一个学生，我无力呼唤教改，也不会有什么作用。没承想，我竟然能在大三第一学期的‘现代西方哲学’课上有幸沐浴到完全符合我之想法的五步教学法的阳光。我的自主学习其实早就开始，但在传统教学方式的考试中成绩总得不到高分。研讨式五步教学法太适合我这种学生的学习了。整个学习过程结束后，老师竟然给我判了全班最高分：98分。我也觉得自己在这种教学法的学习中得到了很大的提高，同时也显示了自己的思维和学习实力。当老师以赞赏的口吻点评我的论文和发言时，我受到了前所未有的鼓励，我决心这一辈子献身于哲学研究事业。”

湘大2004级社会学本科生李谆谆说：

“作为大二的社会学班学生本学期和大三哲学班同学一起开设了‘现代西

* 本篇是郭汉民教授从“研讨式五步教学法”推广应用阶段，湘潭大学哲学、社会学、英语等专业本科生的评学议教文章和教师的推广应用报告中摘编的。

方哲学’课程。老师的新教学方式在我们还没有深领其意义时，我和班上一些同学开始不太适应，特别是在一篇我抄来应付老师的论文交上去被打回重写的时候，还产生过抱怨情绪。现在整个过程结束了，我才真正知晓老师的良苦用心，并在实际的收获中感受到此种教学方式的优越性。我可以用“教、逼、促、导、练”五个字来概括研讨式五步教学法的特点，其中‘练’是真正的重点。为了写出符合老师要求的小论文，我们不得不去查阅资料，不得不去形成自己的见解，不得不一遍又一遍地去改写自己的文章，也不得不当众进行系统性的发言并设法圆满回答老师和同学提出的问题，最后，不得不反思自己的得与失。我们就这样在‘不得不’之中长大了，成熟了。真诚地向老师道一句：谢谢您，老师！”

湘大 2003 级英语一班本科生向方圆说：

“坦率地说，我原来对哲学公共课并不感兴趣，但在接触了这种用‘研讨式五步教学法’进行教学的哲学课程之后，我改变了自己对哲学的看法，并对哲学产生了兴趣。”

湘大 2003 级英语一班本科生周灿说：

“马克思主义哲学课堂的教学改革特别值得说说。首先，从形式上讲，它一改教师在上面照本宣科、学生在下面各行其是的局面，将学生被动的学习变成了师生互动互相交流的生动局面；其次，摒弃了死记硬背或照抄书本的形式主义考试方法，将重复而机械的毫无个人思想发挥余地的学习逼到自己动手、积极思考、畅所欲言的科学学习轨道上来。我认为，研讨式五步教学法是科学的，不仅能够激发大学生的求知欲，而且符合大学生应当遵循的学习理念，它是一种具有可行性的教改探索。”

湘大 2003 级英语一班本科生付绍英说：

“可以说，研讨式五步教学法因其与以往这类课的教学方法不同而对我们具有了极大的吸引力。在老师指导下，学生自主研究和撰写论文、小组和大班讨论，使得马克思主义哲学课不再枯燥乏味，反而大大提高了我们学习哲学的兴趣。如果说，我在这学期哲学学习上感觉到明显进步，那当归功于这种教学方法。”

湘大 2003 级英语二班本科生张秋英说：

“这学期的哲学公共课感觉受益匪浅。尤其是在小组讨论中听了同学们的发言后，让我看到了自己的差距。从他们的发言中，我可以体会到他们做了比较深入细致的研究和思考。他们积极跑图书馆、上网查找资料，又能自己消化理解，最后写成论文。每一步骤都在体会认真做学问的生活，让我们亲身感受伟大思想的来之不易。”

湘大 2003 级英语二班本科生晏瑜华说：

“这学期马克思主义哲学课学习中，同学们的认真态度让我感到震惊。在小组讨论中，我仿佛看到了很多同学不为人发现的一面，原来每个人都是会思考的个体，只是我们不曾去思考而已。这种教学方式很好，经过学习，我感觉思想充实了很多。”

湘大 2003 级哲学班本科生刘崇华说：

“研讨式五步教学法的应用，我是非常欣赏的。这种教学法既新颖又在成效上远优于传统的‘满堂灌’和‘一言堂’。值得特别一说的是，我感觉收获最大的是在小组讨论中得到的。从同学发言中，我知道了我所不知道的，也看到了自己的不足和长处；与老师近距离接触，得到老师有针对性的点评。”

湘潭大学马克思主义学院李雅兴教授在思想政治理论课应用研讨式五步教学法，取得突出成效。她说：“实践证明，‘研讨式五步教学法’在‘邓三论’中的推广与应用，增强了‘两课’的实效性、感染力和吸引力，是两课教学改革的成功范例。”她列举了五个方面的成效。一是“提高了学生学习两课的兴趣”；二是“极大地调动了学生学习两课的积极性，使整个教学过程充满了生机与活力”；三是“极大地提高了学生的各种素质与能力，切实增强了两课教育教学的实效性”；四是“充分体现了两课教育教学的育人功能”；五是“促进了两课教师素质的提高”。

湘潭大学马克思主义学院李益顺副教授在思想政治理论“毛泽东思想概论”课应用研讨式五步教学法，坚持数年，成效显著。他说：“三年以来，我特意对每学期教改的信息加以搜集和整理，并对学生进行抽样问卷调查，从所得到的信息来看，研讨式教学法取得的成效是非常显著的，也是多方面的。最为重要的是，学生从中受益良多，能学有所思、思有所得、得有所进。这也是我们多年以来坚持研讨式教学改革的根由所在。”

为了印证上述说法，我们征引几则学生评学议教的说法：

“从高中到大学，我们都在学习政治理论，重复着一些现成的东西。这种课我们可以不听，因为书本上都写得清清楚楚，考前背几个晚上就 OK。因此，每次上政治理论课就成了我们自由的时候，有的逃课，有的看小说，有的看英语，有的听 MP3，有的发手机短信，有的睡觉，应有尽有。然而，现在却不同了。几乎没有人会逃课或做别的事情。”

“当同学们选好课题后，我们就一头扎进了图书馆，从一楼跑到七楼，再从七楼跑到三楼，第一次真正认识了藏书丰富的‘读书净土’，浩如烟海、内容丰富的杂志报纸令我们大开眼界。我们在知识的海洋中翱翔，查索引、找论文、写讲稿、做课件，忙得不亦乐乎，连我们自己都没有料到会那么热心。”

“李老师大胆地突破了传统的教学法，让我们自己动脑、动嘴、动手，从被动接受知识到主动地去探索知识，并上台当‘老师’，整个学期，我们把空闲时间都用在上图书馆查阅资料、去教室撰写论文，即使在寝室，同学们也在为某一问题进行激烈的讨论或切磋，良好的学习氛围悄然形成。同学们撰写论文、制作课件更是一丝不苟，有的同学先后修改四五次才最后定稿。为了一个小小的疑问，到处向人请教，到处查阅资料，初步培养了学术研究的严谨作风和态度；有的小组为了安装一个 Flash 软件，增加课件的吸引力，全体动员，各尽所能，提高了计算机操作水平。总之，同学们学习政治理论课的热情高涨，几乎没有人逃课，甚至于我们在盼望着上这样的课。说实话，我们从来也没有想到过一门政治理论课能激起我们如此大的兴趣和热情。”

“以前我们总认为，中国也可以像美国那样实行两党轮流执政，可以走资本主义道路。通过我们自己查阅资料、小组讨论和辩论，再通过老师的总结，我们终于明白了为什么必须坚持四项基本原则。”

“此外，老师对工作认真负责的态度，严谨治学的精神深深地感染了我们，这也说明了身教重于言教。我想对李老师说声‘谢谢’，您对教学的尽职尽责，一丝不苟的工作态度，令人敬佩之至。我想在以后的学习、工作中，也要像您一样，认认真真、一丝不苟地做好每一件事。谢谢您对我的教育，这是我终身受用的东西。”

“‘教学改革’一词，以前在初中高中就听说过，但更多的是雷声大、雨点小，流于形式，万万没有想到在‘毛泽东思想概论’课上能遇到，实在是人生的一大快事。”

“这次改革最大的收获在于我们第一次体验到了做学习主人的味道，简直妙不可言。我们要大声疾呼，我们长大了，我们不再是学舌的鹦鹉，也不是分数的奴隶！我们也有自己独立的思想和情感！”

“我们已经厌倦了那种循规蹈矩的教条式的讲授政治理论课的方式，研讨式教学让我们这些‘囚徒’看到了希望。事实上，通过一个学期来的独立探索，我发现自己对毛泽东及毛泽东思想有了一个基本的了解。尤其是毛泽东的游击战争思想让我震撼不已，太伟大了。以前我非常喜欢‘超级女声’，李宇春是我崇拜的偶像。现在我发现毛主席才是我崇拜的人，我深深地‘爱上了’毛主席。他能从韶山冲里走出来，通过自己的打拼，最后登上中国政治舞台的最前端，这是多么的艰难呀！他顽强的意志与永不屈服的精神将鼓舞着我去开拓进取。我坚信，毛泽东思想已经在我的心里扎根发芽。”

“要是有人问我对研讨式教改是否满意，我会举双手表示满意，还会高呼：‘改革万岁！’我们是小鸟，就应该在蓝天上飞翔，让我们飞得更高更远一些吧！”

湘潭大学哲史学院历史系周益老师汲取“研讨式五步教学法”的精髓，

结合专业基础课“中国古代史”和新生的特点，利用多媒体，选取三国人物作教学试验，受到学生的广泛欢迎。

学生们写道：“通过自己查阅并整理资料、制作课件并亲自上台，与大家畅游三国英雄人物的神秘世界，使我们对这一阶段的中国历史有了深刻的理解和认识，大家学习历史的兴趣陡然提高了。希望以后还能多开展这样的讲课，让同学们能够在广阔的历史海洋中畅游，收获更多的知识和能力！”

周益在应用报告的结尾部分，情真意切地写道：“‘研讨式五步教学法’是一种全新的教学模式，从根本上改变了教师向学生单向传授知识的讲授式，而代之以教师指导学生在一定的专业知识领域内进行探索和交流的研讨式。这种教学方法是郭汉民教授于1997年在湖南师范大学历史系基地班开始实行，而我当时就在该班就读，所以我是第一批‘研讨式五步教学法’的受益者。也是从那时起，我开始对历史研究和教师工作产生了浓厚的兴趣，并从此走上了这条道路。可以毫不夸张地说，正是由于‘研讨式五步教学法’的熏陶，才让我真正了解并研究历史，才让我觉得人类灵魂工程师的伟大。登上高校讲台后，我又有幸加入了课题组，得以在我所讲授的课程中推广和应用‘研讨式五步教学法’。作为曾经的受益者、现在的实施者，我感慨良多，由衷地感到这种教学方法的神奇和伟大，感到推广这种教学方法十分必要。具体到我这门‘中国古代史’课程，绝大多数学生是持欢迎和肯定态度的，效果也是十分明显的。但我仍然感觉到有一些不足。我只选择了三国时期，因此学生无法在所有课程中都感受到这种教学法的魅力。如何把‘研讨式五步教学法’更好地贯彻到专业基础课中，这应是我以后努力研究的方向。在推广应用中使用多媒体是创新，总体上还算令人满意，这也增强了我继续教学试验的信心。”

附 录

给部分高校图书馆的信

尊敬的馆长先生：

我是《研讨式教学改革文集》的著作者郭汉民，1943 年生，河南省平顶山市人，先后服务于湖南师范大学和湘潭大学，教授、博导、全国优秀教师。五年前退休，返回河南老家居住。

今年湖南教育出版社即将精装出版我的《研讨式教学改革文集》，估计每本至少要 60 多元。这是我 1997 年以来坚持不懈地进行大学本科和研究生教学改革的产物，是十多年研讨式教学改革实际进程的真实记录。

我所开创的研讨式教学和研讨式五步教学法被学界视为“一个成功的教学模式”，“大学教学方法的创新与突破”，切实提高大学教学质量的“抓手”，相信本书的出版将会助推我国高校教学改革的深入发展，也会受到大学教务部门和广大师生的欢迎。对于一个大学图书馆来说，进几本这样的书籍应当是必要的和可能的。如果你们愿意，可直接与湖南教育出版社联系订购。①

为了把这件事情做得更好一些，我希望听到您的意见和指示，期待您的回音。

---

① 后改为由郭汉民教授用稿费购书，赠送给各图书馆。

此致

敬礼！

郭汉民

2017年6月16日于平顶山

附记：以上信件，上周以来我先后寄出57封，并陆续收到四川大学、华中师大、河北师大、长江大学、南京师大和河南师大六个图书馆的回信，占十分之一以上。估计以后还会收到回信。兹将寄书的邮编、地址、姓名、电话等准确信息打印出来，以备寄书使用。

2017年7月

给中国高等教育学会的信

尊敬的×××会长，尊敬的××秘书长：

你们好！代问各位理事好！

冒昧给你们写信，请拨冗一阅。

我是《研讨式教学改革文集》的著作者郭汉民，1943年生，河南省平顶山市人，一位普通的大学教师，曾师从著名历史学家林增平教授，从事中国近代史的教学与研究工作，先后服务于湖南师范大学和湘潭大学，教授、博导、全国优秀教师。五年前退休，现已返回河南老家居住。

我本来与高等教育学专业不搭界，是高等教育的教学改革本身使我与高等教育界发生了密切联系。

1997年，我开始在自己的课堂教学中探索打破填鸭式的方法与途径，并因学生们的受益和拥护，一直坚持十多年，直到2012年退休。在这期间，我的研讨式教学改革和我探索出来的“研讨式五步教学法”，受到高等教育界李文海、张岂之、乔幼梅、马敏、涂光辉、郑和钧、黄中益、雷鸣强等人的大力支持，受到许多高等教育学的专家学者的好评。有十多家大学学报和教育杂志发表文章数十篇予以推介，被视为“一个成功的教学模式”“大学教学方法的创新与突破”和提高大学教学质量的“抓手”。2008年湖南师范大学出版社出版的《走向创新教育——“研讨式五步教学法”的推广与应用研究》就是我致力于大学教学方法改革所获得的国家教育科学“十五”规划重点课题的结项成果。我自己应用研讨式教学方法坚持在大学本科和研究生教学第一线，直到退休。

退休之后，我每年捐款12000元在湘潭大学设立“研讨式教学奖”，以助推高校教学改革。

2015年11月，亦即我退休返乡4年之后，湘潭大学历史系还为我出版文集并召开规模盛大的“郭汉民《文集》出版暨从教45周年座谈会”，全国20多个著名高校和社科院所的近现代史和高等教育学专家学者120多人参加了座谈会，可谓群贤毕至。大家热议湘大尊师重教，热议师承、师德、师道、学风之传承，热议研讨式教学改革及其所体现出来的大学精神之回归，“研讨式教学”和“研讨式五步教学法”又一次成为讨论的热点。会后，湘大副校长刘建平教授还主编了《群贤评说口似碑——郭汉民〈文集〉出版暨从教45周年座谈会言论辑》，今年4月由湘潭大学出版社精装出版。内中专门探讨及涉及研讨式教学改革的言论就有三分之一左右。这对我无疑又是一个巨大的鼓舞。

自去年以来，我把10多年研讨式教学改革过程中所形成的第一手资料加以整理，编成《研讨式教学改革文集》，附录研讨式教学改革过程中的新闻报道、学生和学界部分评论，由湖南教育出版社精装出版，估计每本70元左右，7月底之前可以公开发行。这是我1997年以来坚持不懈地进行大学本科和研究生教学改革的产物，是10多年研讨式教学改革实际进程的真实记录。它的出版将为我国高校教师提供教学改革参考，将为我国高等教育界的专家学者提供一个高校教学改革的翔实个案，供研究，供批评。

我的《研讨式教学改革文集》是由湘潭大学历史系省级重点学科中国史学科资助出版的。为了让它发挥应有的效益，我与出版社商定，将可能返回的稿酬全部买成书，大概有300册左右。我已经写信给设有教育学专业，特别是高等教育学专业国家优势学科的大学图书馆馆长，计划向他们每个馆捐赠2～

3 本，以便于有关专业的师生使用。考虑到中国高等教育学会精英荟萃，我也查到了你们的联系方式，所以先写信给尊敬的会长和秘书长，通报相关情况，希望征得你们的同意，由我向高等教育学会赠送一些书。我上网一查，得知第六届常务理事就有 233 人，我个人没有力量人人都送。但如果先送给理事会的顾问，名誉会长、副会长以及副会长、秘书长和副秘书长，只有 32 人，还是可以做到人手一册的。不知你们意下如何？如果同意这样做，我请出版社从长沙发 32 本书直接到学会办公室，敬请你们指示分发。如果得不到你们的支持，我也就不用再去做无用功了。

打扰你们了，如有不当之处，敬请批评指正。

此致

敬礼！

郭汉民

2017 年 6 月 20 日于平顶山白龟湖滨

郭汉民教授“研讨式教学改革”讲座简表

（2016 年 6 月—2019 年 10 月）

时　间	地　点	主　题
2016 年 6 月 16 日	湖南科技学院	十年磨一剑：我与“研讨式五步教学法”
2016 年 9 月 25 日	山东师范大学	中国近现代史“研讨式五步教学法”
2017 年 4 月 14 日	湘潭大学	分享研讨式五步教学法
2018 年 7 月 3 日	河北师范大学	研讨式教学改革漫谈
2018 年 10 月 15 日	苏州大学教育学院	研讨式教学改革与教育科学之关系
2018 年 10 月 20 日	南京大学中华民国史研究中心 南京大学历史学院	关于研讨式教学的几个问题
2018 年 10 月 24 日	江苏师范大学	关于研讨式教学改革
2018 年 11 月 1 日	湖南师范大学历史文化学院	研讨式教学改革
2018 年 11 月 2 日	湖南大学岳麓书院	中国书院精神与当代高校研讨式教学改革
2018 年 11 月 9 日	南华大学	研讨式教学的现实意义与实践价值

续表

时　间	地　点	主　题
2018 年 11 月 21 日	湖南财政经济学院	课堂教育艺术与技巧——研讨式教学的现实意义与实践价值
2018 年 11 月 29 日	2018 年湖南省高校教师教学能力提升高级研修班（湘潭）	研讨式教学的现实意义与实践价值
2018 年 12 月 1 日	湘潭大学马克思主义学院	无研讨 不大学——研讨式教学的回顾与展望
2019 年 3 月 12 日	海南大学	研讨式教学的现实意义与实践价值
2019 年 4 月 10 日	桂林电子科技大学教务处	研讨式教学的现实意义与实践价值
2019 年 4 月 11 日	桂林电子科技大学 马克思主义学院	研究生如何进行研究型学习
2019 年 4 月 12 日	广西师范大学 历史文化与旅游学院	研讨式教学的现实意义与实践价值
2019 年 4 月 16 日	广西科技大学 马克思主义学院	研讨式教学的现实意义与实践价值
2019 年 4 月 18 日	南宁师范大学 教育科学学院	研讨式教学的现实意义与实践价值
2019 年 4 月 19 日	广西民族大学 民族学与社会学学院	高校历史专业师范生的教学能力培养问题
2019 年 4 月 19 日	广西财经学院	研讨式教学的现实意义与实践价值
2019 年 10 月 16 日	湖南科技学院 马克思主义学院	研讨式教学与师范生教学能力培养

言传身教　立德树人*

——郭汉民从教述略

李雅兴　伍　安①

郭汉民，湘潭大学历史文化学院原院长，博士生导师，曾获全国优秀教师称号。他出生于1943年，1963年考入中山大学历史系，毕业后在海南先后从事中学教育和干部理论教育工作；1980年考取湖南师范学院（今湖南师范大学）中国近现代史专业硕士研究生，师从历史学家林增平；1983年毕业后留校任教，2002年调入湘潭大学。在长达45年的从教生涯中，他始终“坚持教书和育人相统一，坚持言传和身教相统一，坚持潜心问道和关注社会相统一，坚持学术自由和学术规范相统一”，真正做到了“以德立身、以德立学、以德施教”。

“德者，本也”。在为人处世上，郭汉民始终坚持以德立身，笃信并躬行中国传统文化强调的“诚、信、勤、俭、恕、慎、谦、和、公、廉”。

作为学生，他尊师重道，事师如父。在林增平先生生前，他常伴左右，为师分忧解愁，默默奉献，竭尽全力。

作为老师，他为人师表，爱生如子。他注重师德师风，强化个人修养，做

---

* 原载《中国社会科学报》2018年11月26日，“学林版”。

① 李雅兴，湘潭大学马克思主义学院教授，博士生导师。伍安，湘潭大学马克思主义学院2018级博士生。

到身正为范。他常说："教好学生，关爱学生，是教师职责与道德的内在要求，并不要求回报。"作为领导，他允公允能，克勤克俭。他信奉"公生明，廉生威"，履职院长之初即写下"诚惶诚恐，如临如履"作为警示，以"宁静致远、安贫乐道"为座右铭和基本处事态度，凭信念做人，凭良心做事。他自己出资设立"院长奖"以资助品学兼优的学生，为学科建设鞠躬尽瘁，毫无私心。作为朋友，他和善为怀，情义为重。为人耿直厚道，待人友善，谦和真诚。对朋友在工作、学术、生活中热情相帮，不计个人得失。三联书店原副总经理潘振平先生在回忆与其合作从事清史修撰时，曾赞美他"不计条件，不讲价钱，有全力担当的精神"。

治学在于求真，求真必先立德。在郭汉民看来，凡治学大成之人，必具敦厚品行，因此在从事中国近现代史研究中，他始终坚持以德治学。

他治学勤奋，认为科学研究没有捷径可走，强调"研究历史要下苦功夫"。37 岁才开始学术生涯的他，深感在起步阶段"荒废了许多永远无法挽回的宝贵光阴"，因此一经踏入学术园地便"像一只不知疲倦的蜜蜂，在百花丛中穿梭，努力吸吮营养，填充久遭知识饥荒的肚肠"。他数十年如一日，潜心钻研，在近代思潮、近代人物和史料学研究等方面，出版著作 28 部（独著 3 部、合著 1 部、参著 5 部、主编和参编 19 部）、点校古籍 4 部、发表论文 163 篇，其中《晚清社会思潮研究》乃十年磨一剑之作。这对一个"文章不写半句空"的史学工作者来说，可谓著述宏富，成就斐然。

他治学严谨，注重学术规范，对研究成果一字一句仔细推敲，再三斟酌，反复校对引文。他强调史学研究要有史实证据，"有一分证据说一分话"，尤其重视史料和逻辑，指出史料不扎实、论证不严密就不能"考死"（指史事考证的结果十分可信），"考不死"就不会产生影响。比如他的《同盟会非"团体联合"史实考》，论证充分、逻辑严密、资料翔实。他反对浮躁的学风，认为做学问就如炼钢，要努力淬炼，做到文章精练且富于文采，多一字不必，少一字不可。

他治学注重社会效益，认为史学工作者应关注社会。他在梳理了中国近代历史发展的脉络后提出苦难、奋斗、求索三题。他在写作《晚清人物研究》时，深入挖掘近代历史人物尤其是湘籍名人的爱国主义精神，突出其在寻找救国救民真理过程中不屈不挠的顽强奋斗精神，指出爱国主义是湖湘文化的显著特点。

高校教师不仅是知识的传授者，而且是思想的传播者、灵魂的塑造者，是学生健康成长的引路人。在教学过程中，郭汉民坚持教书与育人相统一，真正做到了“以德施教”。

他坚持上好入学教育第一课。他施教的第一课是学术品德的“守望”与“弘扬”。为传承林增平先生的道德文章，他组织编辑《林增平先生纪念集》，要求新入门的研究生必读该书并写心得体会，旨在把林先生树为学术航标，把学术品德根植于求学之初。

他改革创新，首创“研讨式五步教学法”。在长期的教学实践中，他深感“填鸭式”“满堂灌”的传统教学方法严重影响了学生主体性的发挥，为“满足学生成长发展需求和期待”，他大胆尝试，改革创新教学方法，“用好课堂教学这个主渠道”。从 1997 年起，在历史本科教学中实施“指导选题、独立探索、小组交流、大班讲评、总结提高”的“研讨式五步教学法”，让学生参与研究和讨论。这种教学方法实现了“学生主体与教师主导、培养能力与传授知识、教学与科研的有机结合”，其核心是“授人以渔”，从“要我学”向“我要学”转变，从“学会”走向“会学”。经过多年的反复实践和不断完善，这种教学法被证明是提高大学教育教学质量的有效方法。

作为一位博士生导师，如果不是“执着于教书育人”，没有“热爱教育的定力、淡泊名利的坚守”，就不可能全身心投入本科教学改革。随着“研讨式五步教学法”的推广与应用，教学改革实践和研究占用了他大量的时间和精力，因而影响了科研论文的写作和发表，但他乐此不疲，他“把最好的年华奉献给了教学，但不后悔”。70 岁退休后，出于对教育事业的一种情怀，他做了如下四件事：一是把自己一生珍爱的全部藏书共5000余册（内容涉及古今中外历史，其中不乏非常珍贵的历史文献）无偿捐赠给湘潭大学图书馆，设立专门阅览室供师生使用；二是每年从有限的退休金中拿出一部分资金，继续设立“院长奖”，奖励品学兼优的学生，并新增“研讨式教学课题基金”，每年立项2个课题资助教师开展研讨式教学改革，承诺“有生之年，决不停息”；三是整理出版研讨式教学改革的有关书籍，供后来研究者参考；四是奔赴祖国大江南北的各大高校，推广“研讨式五步教学法”。“一个人遇到好老师是人生的幸运，一个学校拥有好老师是学校的光荣，一个民族源源不断涌现出一批又一批好老师则是民族的希望。”郭汉民在教书育人的岗位上呕心沥血，默默奉献，用自己的言行阐释了“立德树人”的真谛。

注重传授方法　培养创新能力*

——读郭汉民教授《研讨式教学改革文集》有感

徐　聪①

高等教育要以什么样的姿态迎接新时代的挑战，是许多高等教育工作者关心的问题。不改变传统的由教师向学生单向传授知识的教学方法，便无法适应提高学生素质，培养学生能力的时代需求。改革旧的教学方法、推进学校教学改革刻不容缓。大约一年前，我有幸参与到历史系郭汉民教授《研讨式教学改革文集》一书的出版编辑中，经过多次整理拜读文本，对郭汉民教授进行的研讨式教学改革——反传统的“填鸭式”教学，注重传授方法，培养能力，发挥学生的主体作用，指导学生自己去探索，感受颇深。

1997 年以来，郭汉民教授以重基础、重学习方法、重自学能力与创新能力的培养为指导思想，在大学高年级历史学科专业选修课的教学中，进行了大胆地改革和探索，将教学与科研紧密结合起来，这种全新的教学方式就是研讨式教学。其用意在于培养学生自觉的学习态度、独立的学习方式，调动学生的

---

* 本文及下一篇《一座伟岸的高山》，原载《湘潭大学学报》2018 年第 1 期。发表时加有编者按：“2015 年 11 月 14 日，历史系为退休多年的郭汉民教授举行《文集》出版暨从教 45 周年座谈会，来自国内各大高校、研究机构的专家学者聚会湘大，祝贺郭汉民教授从教 45 周年。郭汉民教授长期从事中国近现代史的教学与研究，成果丰硕，是全国优秀教师，为高等教育事业做出了重要贡献。本报特刊发两篇关于郭汉民教授的文章，一篇关于《群贤评说口似碑》，一篇关于研讨式教学改革，以飨读者。”

① 徐聪，湘潭大学马克思主义学院 2018 届硕士，现任教于湖南铁道职业技术学院。

学习积极性，激发学生各方面的能力，形成民主、合作、协调、奋发向上而又不失竞争性的学习风气和民主平等的良好的师生关系。就郭汉民教授的本意而言，它不是如何上好一堂课的方法，而是贯穿一门课始终的方法。

“研讨式五步教学法”是将研究与讨论贯穿于教学的全过程，具体操作分为五步。第一步，由教师先讲导论，让学生了解全课程的脉络，再布置研讨任务；第二步，学生查找资料，撰写讲稿；第三步，小组讨论、试讲和交流，然后推选出代表；第四步，各小组推举的代表讲课，师生共同听课评课；第五步，总结提高，每个学生根据切身体会写一篇教改评议。研讨式五步教学法与传统的教师单向传授知识的教学模式相比，具有以下鲜明的特色：一是重方法传授、重能力培养；二是注重“授人以鱼”，更重视“授人以渔”，让学生受用终身，充分发挥学生的主体作用，充分发挥学生的学习主动性和积极性；三是实现教与学、教学与研究、传授知识与传授方法的紧密结合；四是将培养学生的综合能力贯穿于教学的每个步骤，成为教学过程的主要归宿。此外，研讨式教学对如何评定学生的学习成绩也做了有益的探索。

正是基于上述特色，郭汉民教授进行的研讨式教学改革深受同行和学生的赞誉和支持。学生们说：“这种教学方式令人神往”；“尽管这种教学，无论对老师还是对学生来说，都花费了更多的课外时间，但是与我们从中获得的知识与乐趣相比，是非常值得的。”“真心希望这种教学方法能继续下去，同时带动别的学科教学方法的改革。”像这种满心拥护、支持、赞扬的文字，比比皆是。的确，郭汉民教授构建的这种在教学上改变传统做法、打破传统模式的全新教育结构，通过让学生自己动手、动口，学到的不只是书本上的知识，更锻炼了学生的表达能力、独立思考能力，为学生道德素质、综合能力、知识水平的提高开拓了一条可行的路径，使学生终身受益。

得到学生们的衷心拥护和大力支持，郭汉民教授更加感受到身为教师的责任，下定决心将教学改革坚持进行下去，以学生为本，真正让学生受益于教学改革。从 1998 年起，郭汉民教授将探索的范围和课程扩大，从教学改革方案的制定到每一步骤的实施，都精心组织，不允许丝毫马虎。在教学改革取得成功后，又坚持不懈地种“试验田”。郭汉民教授脚踏实地，坚持不懈，把创新教学模式当成一种事业来做，付出了辛勤的劳动，投入了大量的时间和精力，却从不计较报酬。可见，要把研讨式教学改革这件事做大做好，必须要有锲而不舍和乐于奉献的精神，没有真正热爱学生和甘为人梯的精神，是做不好的。

最后，在郭汉民教授新书《研讨式教学改革文集》出版之际，祝愿郭汉民教授创造的“研讨式五步教学法”得到更多人的认同和推广并且日益发展和完善。

一座伟岸的高山

——读《群贤评说口似碑》

孙　欢①

我以一名学生兼会务人员的身份参加了“郭汉民《文集》出版暨从教45周年座谈会”。座谈会的规模之大、规格之高是我们大家始料未及的，这正是郭汉民教授人品学品备受肯定、道德文章颇得推崇的见证。

会后一年，我有幸得到了会议前后贺电贺信和会议发言的结集——由刘建平教授主编的《群贤评说口似碑》。捧着厚厚的一本书，深知这是一位老教授一生奉献的德望，也是我们后辈积极进取的标杆。唐甄在《潜书·讲学》中说：“学贵得师，亦贵得友。”说的是人在学习过程中，可贵的是得到名师的指点和真正的朋友，在细读了《群贤评说口似碑》之后，我才真正明白这句话的分量。书中“贺电、贺信辑录”，收录贺信27封，来信均盛赞郭汉民教授高情远致，为人治学有口皆碑，卓尔不群。亦贺《文集》出版盛事，对湘潭大学历史系崇尚学术、尊师重教、嘉惠学林的盛举也多表赞佩。熊月之先生贺信中称赞郭汉民教授是一位“成就丰伟，治学、教书、育人、行政、修身、齐家，样样卓然自雄”的“多面手杰才”；谢俊美教授挥笔赠联“岁寒然后知松柏，经霜高洁是红梅”；苑书义先生更是盛赞郭汉民教授“为人正直、豪

---

① 孙欢，湘潭大学马克思主义学院2018级博士生。

爽、淡泊名利；为文厚积薄发”。种种不胜枚举，可见郭汉民教授德厚流光，威望素著。

郭汉民教授师从著名历史学家林增平先生，多位曾受教于林先生门下的与会学者皆称郭汉民教授无论是学术文章上的精益求精，还是为人处世的宽厚谦和，皆有林先生的影子。他对入自己门下的学生的第一个要求就是细读《林增平先生纪念集》并写出心得，然后把心得编辑成册，将林先生树为学术航标，这不仅仅表达了对林先生的尊敬与纪念，更是对学术传承的一种创新，王杰先生形象地称其为“新时代的曾氏家书”。这种深厚的师生情在师生关系普遍淡漠的当今，是值得我们反省和效仿的。

我们只知郭汉民教授的光辉成绩，殊不知成绩的背后有着怎样不可言的艰辛。他在《近代史事探索》的自序中曾说，自己“既无家学渊源，又无过人才智，只有求真务实和吃苦耐劳的品性”。正是数十年如一日，孜孜不倦，潜心钻研，终成大家。郭汉民教授一生起伏跌宕，但却能时时心态平和，随遇而安，不争不忿。大学期间因政治运动纷繁复杂，从学之心不得宁静，进入研究生阶段后才真正开始从事中国近代史的研究，毕业留校后，一直从事历史学的教学、科研，再未中断。在近代社会思潮研究方面，《中国近代社会思潮(1840—1949)》《晚清社会思潮研究》《中国近代思想与思潮》等大作读来字字珠玑。近代人物研究也是郭汉民教授的强项，曾为《清代人物传稿》《晚清人物研究》《湖南辛亥革命人物传略》中的许多历史人物作传，鲜活的历史人物跃然纸上，栩栩如生。在史料辨析考证方面，也屡出奇文，《中国近代史实正误》一书的编辑使后来的史学工作者受益无穷，避免了以讹传讹、重蹈覆辙，可谓功德无量。值得注意的是，郭汉民教授在繁重的史学研究和著述工作之余，十分重视历史学科的创新型教学，投入大量心血，殚精竭虑为培养高质量的史学人才进行了卓有成效的教学实验，耗时 10 余年之久，逐渐总结出了“指导选题”“独立探索”“小组交流”“大班讲评”“总结提高”的“研讨式五步教学法”，受到学生、学校、全省乃至全国的一致好评和大力推广。

有着如此丰厚的研究成果和教学成绩的郭汉民教授谦逊和蔼，任侠好义，为人热情，做事热心。退休回乡之后，仍念念不忘在校的学生们，将全部藏书5000余册全部捐给了湘潭大学，还设立了奖学金奖掖后学，设立了教改奖鼓励老师，这样的高风亮节，可敬可佩！正如中共中央文献研究室第三编研部处长、研究员张曙先生所说："郭老师达到了三个高度：第一是人格道德达到了一个高度，可以称得上是道德楷模和典范；第二是个人学术研究达到了一个高度，研究涉及面广、质量高，对晚清社会思潮的研究，是该领域顶级的成果；第三是对湖南近代史学界、教育界的贡献达到了一个高度，是当之无愧的历史教育家。"

我入学太晚，很遗憾没能临堂受教于郭老师，但有幸听过几次郭老师的讲座。记忆很深的是，在一次谈心式的讲座中，郭老师曾说："我的一生历经'三山三南'，'三山'分别是海南的五指山，长沙的岳麓山，湘大的北山；'三南'分别是海南、湖南、河南。"这"三山三南"是郭老师人生的地标，脚步遍及之处都倾注了心血，浇灌出丛丛密林。其实，对于学生、学校和学界，郭汉民教授才真正是一座伟岸的高山。

悟郭师人生　学三为之道

——读《群贤评说口似碑》有感

邵　燕①

近日，有幸收到导师李永春教授郑重赠予的《群贤评说口似碑》一书，并告知我该书的主要内容是围绕郭汉民教授而召开的座谈会的言论辑。2015年11月14日，湘潭大学历史系为退休多年的郭汉民教授举办“郭汉民《文集》出版暨从教45周年座谈会”，刘建平副校长根据与会学者的发言和收到的贺电贺信编辑成册，取名《群贤评说口似碑》。整书通读下来，才了解到李永春老师平日教导我们做人、学习，应时刻秉持真诚和善、一丝不苟的态度，原来是受郭老师的影响。书中说，座谈会前后收到贺电贺信20多封，来自全国各地著名高校和科研院所的100余位专家学者参加了会议，可见郭老师的仰慕者之多，人格魅力之巨。虽然无缘参加郭老师的座谈会，未能听其讲学受其点拨，但是通过阅读本书，郭老师德高望重的形象深深地印在了我的脑海里，崇敬之情油然而生。他的为人、为学、为师之道值得我们去学习、去传承、去弘扬。

一、为人之道：真诚待人，克己奉公

据郭老师的多位朋友和学生们回忆，郭老师为人友好、宽厚，心胸豁达，

---

① 邵燕，湘潭大学马克思主义学院2020级博士生。

待人诚恳、坦率，真心实意。如河北师范大学王宏斌教授贺信道："先生治学勤奋扎实，广为朋友赞许。先生为人真诚热情，更为晚辈所爱戴。宏斌私淑门下，受到先生多方提携，感激不尽。"又如郭老师的学生杨代春回忆道：当年他与另一位相识的优秀考生同时报考郭老师的博士生，但郭老师仍秉持着公平公正的原则，选择了分数较高的杨代春老师。由此可见，郭老师对人一视同仁，毫不偏袒。

作为一名优秀的共产党员，郭老师始终坚持全心全意为人民服务。无论走到哪里、遇到什么困难，都会牢牢记住：我是农民的儿子，是祖国、是人民、是党培育了我，不论何时何地都要为祖国服务，为人民服务，为党的事业而不懈奋斗！郭老师始终坚持不忘初心、牢记使命，无论是被分配到部队农场锻炼，还是在边远山区的小学任教，他都以积极认真、兢兢业业的态度对待工作，干一行爱一行，有始有终，精益求精。

二、为学之道：薪火相传，箕裘相继

郭汉民老师师从史学巨擘林增平教授，在治学为人上颇具林教授风范，深得林先生的真传，在林门学生中被誉为"掌门师兄"。他尊师如父，是林先生生前的得力助手，默默协助林先生工作；在林先生去世之后，于家中端挂林先生遗像，表达对恩师的朴实情怀，也感召林门再传弟子立身为人。近代著名文学品评家王永彬在《围炉夜话》中说："百善孝为先。"郭老师对林教授的尊重，正是我国古代传统文化中孝学精神的彰显。

学术生命在于创新，更在于承传。林先生去世之后，郭汉民老师把对林先生的追忆、评述等文章整合成书，取名《林增平先生纪念集》，并要求每年新入门的研究生必读此书，且写一篇读后感，编辑成"传家宝"《薪尽火传——林门再传弟子航标集》一书，将师祖林老树为学术航标，这种心的呼唤，学的传承，品的形铸，可谓郭老师对学术承传的创新，也为史学界树立了新的典范。

林先生曾任湖南师范大学校长，但从未沾染官场风气，俨然保持书生本色，始终做到与世无争。郭汉民老师亦保持着与林先生高度一致的君子之风，他从未宣传自己，从不提所谓的头衔级别等，而是简简单单，清清白白。不论是人品还是学风，都颇具敢作敢为、光明磊落的大丈夫风范。如今的社会物欲横流，有许多学者在金钱利益的侵蚀下把自己修炼成精致的利己主义者，甚至放弃了知识分子的底线。而郭老师仍笃信躬行着诚、信、勤、俭、恕、慎、谦、和、公、廉的中国文化精神，始终秉持律己要严些、对人要好些、名利看淡些、责任看重些的信念。

三、为师之道：桃李不言，下自成蹊

韩愈的《师说》曰：师者，所以传道授业解惑也。郭老师不仅是简单的教书匠，而且是生活里的父母，成长中的朋友。对于硕士弟子，郭老师在学习上严格要求，并鼓励和指导研究生参与课题项目，参加学术探讨会，打好学术基础；在生活中，郭老师平易近人，关心学生，不时到宿舍看望学生，嘘寒问暖，每逢节日，频频为学生操办家宴，十分温馨；即使自己的学术研究工作繁忙，郭老师仍留出时间给本科生开选修课，让其他专业的学生了解历史，不忘历史，以史为鉴。无私奉献，言传身教，桃李不言，下自成蹊，这是郭老师教书育人的精神追求。

郭老师生活简朴，物质上需求甚少，但在奖掖后学、提挈青年方面，却是不遗余力。自 2014 年以来，郭老师先后将全部藏书捐赠给湘潭大学图书馆，统一编目后放在历史系，专门开辟了“郭汉民教授捐赠图书阅览室”供本科生和研究生科研之用；每年从退休金中捐赠两万元，分别设立“系主任（院长）奖”和“研讨式教学奖”，鼓励学生和老师们积极进取。郭老师说：“赠人玫瑰，手有余香，助人为乐，其乐何极！”

习近平总书记在 2018 年 9 月 10 日的全国教育大会上强调，长期以来，广大教师贯彻党的教育方针，教书育人，呕心沥血，默默奉献，为国家发展和民族振兴作出了重大贡献。教师是人类灵魂的工程师，是人类文明的传承者，承载着传播知识、传播思想、传播真理，塑造灵魂、塑造生命、塑造新人的时代重任。郭汉民老师的为人、为学、为师之道被与会学者誉为“郭汉民现象”，极具符号意义。我们作为新时代的接班人，要学习他热爱学生、无私奉献的高尚道德，也要学习他尊重教育规律、尊重教育科学的的科学育人精神。广大青年学者应当以郭汉民老师为榜样，为繁荣学术研究、为实现中华民族的伟大复兴贡献一分力量！

五步教学创新法　门墙桃李遍天下

——读《群贤评说口似碑》有感

何佳钦[①]

郭汉民教授师从当代史学家林增平先生，他德高望重，是中国近代史学界的著名学者，在晚清社会思潮、中国近代思想史、近代湖湘人物等研究领域卓有建树。在教学改革与人才培养方面，郭教授亦投入了大量的精力，取得了丰硕的成果。2015 年 11 月 14 日，湘潭大学历史系为退休多年的郭汉民教授举办"郭汉民《文集》出版暨从教 45 周年座谈会"，刘建平副校长根据与会学者的发言和收到的贺电贺信编辑成册，取名《群贤评说口似碑》。2018 年上半年，李永春教授赠予我《群贤评说口似碑》一书，嘱咐我一定要认真研读，最好能成文。《口碑》读罢，郭教授的"研讨式五步教学法"令我印象深刻，虽隔数月，记忆犹新。

国际著名教育改革理论专家哈维洛克（R. G. Havelock）教授曾对"教育改革"作过如下定义："教育改革就是教育现状所发生的任何有意义的转变。"当前，我国的高等教育事业已经进入了全面深化改革的阶段。改革的范围和领域更加扩大，面临的困难和挑战更多。在新的历史时期对高等教育改革进行深入的思考，对确保改革总体方向和总体质量都具有积极的促进作用。"研讨式

① 何佳钦，湘潭大学马克思主义学院 2020 届硕士。

五步教学法”的提出，改变了传统教学模式，为创建新教育体系作出了有益的探索。

1997 年开始，郭教授在湖南师范大学开始使用一种新的教学方法进行历史学科的课程教学，通过专题研讨模式，改变以往传统的教师讲授、学生听讲的课堂教学方法。此后，他在湘潭大学坚持使用这种教学方法，并在思想政治理论课、政治学、行政管理学、国际关系学等课程教学中加以推广、实验，取得了良好的教学效果。这种历时十几年的教学改革，形成了一套名为“研讨式五步教学法”的教学模式。此教学法在教学过程中分为五个步骤，凝合了探究、讨论、提升等教学行为。

第一步，指导选题。教师用两三周时间先从宏观上讲述导论及课程结构，使学生对该课程的线索有所了解。然后，课程内容分为若干专题，全部学生分成若干小组，每组分别讨论课程专题中的若干大的问题，指导学生分别选择一个小的专题作为研讨对象，告知学生查找资料的方法和要求。

第二步，独立探索。学生依据自己所选择的专题内容，按教师传授的方法独立自主地查找索引，阅读资料，自主探究，分析思考，撰写 4000 字左右的讲稿，要求写出所选专题中的历史人物的生平概况、主要思想及其历史地位。

第三步，小组交流；第四步，大班讲评。第三步和第四步是将前一阶段学生个人独立探索的知识和心得，在同学之间进行交流和讨论。在小组交流环节，全班每个学生分别走上讲台，全组学生必须参加听课评课。在大班讲评环节，每组推选出来的优秀者依次上台讲课，每人 30 分钟左右，师生共同听课评课。

第五步，总结提高。这一阶段，教师布置学生根据切身体会每人写一篇评学议教文章，并提出四点要求：一是真实，要谈真实感受，实话实说，不要讲假话，不讲违心的话；二是具体，力求将切身感受写得具体一点，避免空发议论；三是力求深刻，要求运用教育学、心理学的理论加以分析；四是语言文字尽量生动优美一些。

郭氏五步教学法，改变大班讲授的教学模式，采用师生共同探究课程内容，共同参与课程教学的全过程，是新的教学模式和教学方法，很好地体现了师生交互过程中学生主体地位，强调自主探究和相互辩论，能很好地提升教学质量。教育部出台的《关于全面提高高等教育质量的若干意见》中要求“创新教育教学方法，启发式、探究式、讨论式、参与式教学。促进科研与教学的互动……支持本科生参与科研活动，早进课题、早进实验室、早进团队。”郭教授早在上世纪 90 年代探索出“研讨式教学”模式，这对于今天如何推动高等学校注重内涵发展，提高教学质量，做出了很好的示范，这种模式必将为我国高校进一步推行素质教育提供方法上的借鉴。

郭氏五步教学法，先后两次获得湖南省高等教育教学成果二等奖，被誉为“大学本科教学改革的创新之举”和“一个可资借鉴的成功教学模式”，已在首都师范大学、上海师范大学、湖南师范大学、湘潭大学等高校中推行，其教学改革之成功不言而明。它打破了一直以来“填鸭式”的传统教学模式，不仅“为当前的教学改革和质量提高提供了一个‘抓手’和‘切入点’，是我们能够通过切实可行的措施，实实在在地提高教学质量”，而且还响应了国家素质教育的号召，激发了学生学习的积极性。郭氏五步教学法的目的在于培养研究与教学综合型高素质人才，发挥学生的主体性和主动性。湖南师范大学郑和钧教授指出，“教育创新对人才培养有非常重要的作用，教育教学不改不行，培养学生的自学能力、自我锻炼能力，这是郭汉民教授教改成功的根本原因，也是郭汉民教授在教育事业上给我们的启迪”。

郭教授在《走向创新教育》这本著作的后记里曾说过：“这本书花去了我太多太多的宝贵时间，我从 52 岁起，直到 62 岁，整整十个年头。这是一个史学工作者最好的年华，但本书并非史学著作，而是从历史本科和研究生教学改革中引发的教书育人问题，是试图冲破传统教学模式所做的不懈努力的真实记录。”郭教授的这种奉献精神和创新付出，在今天这个处处奉行“精致利己主义”的时代，反而更凸显一位大学教授的远见卓识和一位“全国优秀教师”

的高度责任感。

五步教学创新法，门墙桃李遍天下。郭教授的“研讨式五步教学法”，至今仍为高等教育改革做出重要贡献；郭教授的为人、为学、为师之道，亦值得后辈学习。

郭汉民：博古通今的智者*

笑声爽朗的他，使我对他的印象变得可亲可敬；头发花白却步态稳健的他，让我感受到老当益壮的风采。他，郭汉民教授，一世师表，献身于教育，献身于学生，献身于科研，用一生去丈量他的教育理想。

昔日师大情

"我是37岁才来到湖南师范大学做研究生，尽管快到不惑之年，可我对知识的渴求如同青年人一般。"郭老前辈向我讲述着他研究生生活的开端。当时师大的研究生不过数十人，历史系更是只有两人，人数虽少，可他们的力量很大。正是因为当时的他们，有郭老前辈的带领，有一个好的模范者带头者，才能有一个优秀的团队。

20世纪80年代的时候，学校每周为在校同学放映一场电影，来愉悦同学心情、增长同学们的见识。郭老前辈每周都会统计班里的人看电影的情况，并提前为要去看电影的同学买好票。当时吃饭也需要提前购买饭票，郭老前辈一

---

* 【师大之子】郭汉民：博古通今的智者 - 翔网 https：//flyhigher. hunnu. edu. cn/info/1011/15453. htm，2018年11月23日，吴雅楠、王璐供稿。

有机会，也去帮着其他同学购买饭票。郭老前辈每日还带领其他同学晨跑、晨读。在任何同学有困难的时候，他都会去做自己力所能及的事去帮助身在困境的同学。没人强求他这样做，可他就是这样为同学们默默付出着。郭老前辈对我说，他觉得，去帮助别人是一件自然且普通的事。当时班里并没有班长这一职务，可同学们都会发自内心地称他为“班长”，这便是人格的魅力感动着他人！

提到自己的恩师林增平先生时，郭老前辈几度哽咽，他说：“林增平老师是中国一位非常优秀且著名的历史学家，他对我国近代史学科的发展做出了不可磨灭的贡献，教学方式也非常新颖，使我获益颇多。”这位伟大的历史学者林增平先生的教学方法更是启发了郭老前辈后来的“研讨式五步教学法”。

今朝教育梦

1980 年代是个思想解放的年代，特别是历史学，百花齐放百家争鸣。接受过这样教育的郭老前辈在热心教书育人的同时坚持教学改革，创造出了“研讨式五步教学法”，深受学生欢迎。

可是教育改革的路程并不是一帆风顺的，一些人质疑，一些人阻挠，更有一些人嘲笑，可是郭老前辈并不惧怕这种黑暗。真正尊重教育改革的人，都是拥有不怕碰壁、不怕跌倒、勇于靠近理想精神的人。梦想不等于理想。光幻想光做梦不行动，叫梦想。敢于奔跑起来的梦想，才是理想。郭老先生在教改的路上一直一直奔跑着，永不言弃。

当年，很多人劝他一心一意去做科研，去评职称，不要用那么多时间去进行教学工作。学校当时只给每位教授分配 40 节课的教学课程，可郭老前辈每次的完成量都在 120 节课左右。他说：“我喜欢与青年学生待在一起，愿意与学生打交道，和他们在一起我就觉得自己重回少年，充满快乐。”每个人的精力都是有限的，教育梦与科研有着些许冲突，即使做科研能使自己的头衔更重、职称更高，可郭老前辈依旧选择了教学。他想将自己的“研讨式五步教学法”推广出去，让更多的学生受益。《群贤评说口似碑》便是他教育改革的很好见证。现陕西省人民政府副省长方光华先生读完这本书后，给郭老前辈写了一封16字的信：“如登高山，如鉴流水，如沐春风，如临玉树。”可见郭老前辈的成就。

十年磨一剑，终于使“研讨式五步教学法”，被学术界十余家刊物所推介和评论，被视为“大学教学的创举”，“一个可资借鉴的成功教学模式”。

在采访的最后，郭老前辈希望他的“研讨式五步教学法”能在师大乃至整个中国的大学广泛应用起来，使老师与学生的联系更加紧密，学生们的能力也更能提高。

教子教女，辛勤半辈。满头白发，甘乳一生。郭汉民教授用一生去完成了一个伟大的教学成果，为国家的教育界添砖加瓦，贡献了自己的一份力。

这“五步”，走了二十年*

——记郭汉民教授的“研讨式五步教学法”

“担任大学教师，得天下英才而教之，可以说是太阳底下最神圣的事业。它与莘莘学子的命运紧密相连，所以又是一份沉甸甸的责任。”郭汉民教授说道。

郭汉民是我校历史系退休教授、博士生导师，全国优秀教师。他在潜心科研的同时，热心教育事业，坚持教学改革，创造出了“研讨式五步教学法”，被学术界十余家刊物所推介和评论，被视为“大学教学的创举”“一个可资借鉴的成功教学模式”。

起步：源于课堂 种好教改“试验田”

在长期的教学过程中，郭汉民对中国高校教学存在的一些弊端有清楚的认识：课程内容简单，知识结构呆板；教学形式固化，方法陈旧；学生主体地位缺失，学习主动性欠缺；教学激励重科研，教学评价重结果……他对此总结道：“课堂教师满堂讲授，学生课后自由放任。”

郭汉民认为，学生能够在学习过程中变被动为主动，是当下高校教学质量

---

* 原载《湘潭大学报》2019 年第 3 期。马志远、王雪艳供稿。

提升的关键。如何使师生双主体地位得到实现？这是郭汉民一直思考的问题。为此他于1997年打破自己的一言堂，变讲授式为研讨式，指导学生研究问题，给学生“搭台唱戏”，收到了意想不到的效果。

“郭老师给我们上百名学生一个一个做指导，指导选题、研究、讲课以及后期反思修改，而且老师对我们班上一百名学生都了若指掌，可见老师付出了多少精力和心血。”郭汉民第二批教改的参与者莫宏雨感慨道。学生们的拥护和支持，使得郭汉民更加坚定了探索教书育人新途径的决心。

“‘研讨式五步教学法’都是在本科生和研究生教学改革实践中通过不断总结实践经验逐步完成的。”郭汉民说道。他从古代书院教育方法中汲取营养，同时在反复实践中总结经验，先后在两所大学、六个年级的教学过程中踏踏实实种“试验田”。

在不断地总结实践过程中，郭汉民积极将自己学科的研究方法融入其中，“我们搞历史研究的人特别重视历史资料，有一分材料说一分话，成为我们的职业习惯”。郭汉民注重搜集、保存、整理、刊印在教改全过程中形成的第一手资料，包括教改方案等，并及时加以编印，分发给参与教改的学生们，不断完善教改理论。

2004—2008年是“研讨式五步教学法”推广与应用研究阶段，其主要研究任务都是在湘潭大学完成。郭汉民和课题组提供的研究报告对研讨式教学的重要理念等方面从理论与实践的结合上予以说明，形成了相对完善的“研讨式五步教学法”理论体系和实践经验。

2015年11月，《郭汉民文集》由湘潭大学出版社出版，收入文章63篇，共80余万字，包括对中国近代史的宏观考察，对同盟会成立等近代史事的微观考证，对近代湖南历史文化的研究，对魏源、曾国藩、梁启超、宋教仁等近代名人生平思想的探讨，对晚清社会思潮的宏观与微观研究等。

20多年来，郭汉民感慨良多：“‘研讨式五步教学法’不是我一个人单枪匹马能干得出来的，而是与许多志同道合的人特别是与我的学生们一起干出来的。”

“五步”：变“讲授式”为“研讨式”

“研讨式五步教学法”，顾名思义，是以研讨的模式贯穿整个课堂，同时将授课分为指导选题、独立探索、小组交流、大班讲评和总结提高五个步骤。

郭汉民在介绍时以历史课“湘籍历史人物”为例：

教师在导论课中先讲清近代湘籍人才群体的形成、影响及其人文精神，指导学生分别选择曾国藩等作为研讨对象，依这些人物所处的不同时期将学生分成两个小组；在历史教育班，教师在导论课中让学生了解中国近代思想发展的脉络，讲解龚自珍及其社会批判思想和魏源“师夷制夷”思想作为教学示范，指导他们分别选择洪仁玕等20多位著名思想家作为研讨对象，按其所处的不同时期将学生分为五个研讨小组。

学生依据自己所选择的专题内容，按教师传授的方法独立自主地去查找资料，自主探究，分析思考，撰写4000字左右的讲稿。在小组交流和大班讲评环节，小组全员或者小组学生代表依次上台演讲，分享心得。最后要求学生根据切身体会每人写一篇评学议教文章。

郭汉民认为，变“讲授式”为“研讨式”，这是“五步研讨式教学法”的核心所在，通过研讨让学生对所学有更深入的了解，真正达到“授人以鱼不如授人以渔”。

整个教学过程围绕问题开展，以问题的提出开始，以问题的解决结束，以问题解决的五个进程为步骤，将研究和讨论贯彻于整个课程教学的始终。

“‘研讨式五步教学法’改变了传统模式那种刻板、生硬、死气沉沉的形象，取而代之的是生动、活泼、有趣、互助的教学模式，培养学生独立学习、独立研究的能力。”本科生彭胜军说。

不少高等教育学专家学者认为，“研讨式五步教学法”是高等教育领域教学改革的真正实践，它揭示了高等学校教育方式的一般规律，包含了“自主、合作、探究、创新”四大当代教育新理念，适用于各个阶段的教学。

下一步：让“研讨式教改”遍地生花

“研讨式五步教学法”自问世以来，受到不少专家学者的好评与众多教育工作者的关注。

据初步检索，网上可以查到的采用研讨式教学的经验介绍，已涉及文、史、哲、法、经、管、理、工、农、医、英语、大学思想政治理论，还有党校、行政学院及军事院校的一些课程，近 20 个一级学科，100 多种课程，这表明研讨式教学的理念和方法正在深入人心，并且具有广阔的应用前景。

2018 年底，郭汉民在湖南省高校教师教学能力提升高级研修班上，为全省 65 所高校的 220 名骨干教师授课，分享了“研讨式教学的现实意义与实践价值”。

2017 年是研讨式教学改革的第 20 个年头，郭汉民将教改过程中积累的第一手资料加以整理，以时间先后为序，编成《研讨式教学改革文集》，包括教改方案、阶段性总结、教改成果汇编、研究报告、经验介绍等内容，附录教改进程中的相关报道、学生评学议教文章选录及学界部分评论，把 20 年间的研讨式教学改革全过程如实展现在读者面前。

“这样做的目的是为高校教师教学改革提供参考，为高等教育学界提供教学改革的翔实的研究材料。”郭汉民说道，“从 52 岁，直到 74 岁，整整 20 多个年头，这是一个史学工作者最好的年华。”同时，郭汉民身体力行，在课堂教学中坚持研讨式教学法，教师乐教，学生乐学，良性互动，其乐融融。

“已是悬崖百丈冰，尤有花枝俏。俏也不争春，只把春来报，待到山花烂漫时，她在丛中笑。”郭汉民如今仍在为推广研讨式教学改革不断努力，并将研讨式教学改革的研究过程和经验推向整个教育界。

“20 年并不是尽头，研讨式教学改革还在不断发展，从未停止脚步，我希望能有更多的人类灵魂工程师在这方面作出贡献，促进莘莘学子知识、能力、素质的协调发展。”郭汉民说。

编后记

郭汉民（1943—2020），生前系湘潭大学教授、博士生导师，全国优秀教师，中国近代史研究领域知名学者。郭老师在潜心科研的同时，忠诚于党的教育事业。他自1997年开始在湖南师范大学进行教学改革，创造的“研讨式五步教学法”，被视为“大学教学的创举”，“一个可资借鉴的成功教学模式”。2002年，郭老师调入湘潭大学工作，“研讨式五步教学法”也随之带入。2003年，郭老师申报的“‘研讨式五步教学法’的推广与应用研究”，获批全国教育科学“十五”规划重点课题。该项目开始在学校五个学院、四个学科推广，应用于“中国古代史”“现代西方哲学”“中国政治思想史”“当代国际关系史”和全校思想政治理论课“毛泽东思想概论”“邓小平理论与‘三个代表’重要思想概论”六门课程。从那时起，我院教师坚持采用研讨式教学法讲授思想政治教育课程，采用多媒体技术，结合课程内容不断加以改进，深受广大学生欢迎和好评。有关教学成果也多次获国家级教学成果二等奖、湖南省教学成果一等奖等重要奖项。

2020年9月，郭老师因病不幸去世。在研讨式教学领域，郭老师已出版《走向创新教育——“研讨式五步教学法”的推广与应用研究》（湖南师范大学出版社2008年）、《研讨式教学改革文集》（湖南教育出版社2017年）等重要著作。本书体现的，是他晚年对研讨式教学的新思考。上编收录的 7 篇文章，是从他近年来在湖南、山东、河北、江苏、海南、广西等地近 20 所高校讲授研讨式教学的讲稿中精选出来的，记录了他 20 多年来探索研究和大力推广研讨式教学的心路历程和所思所感。下编主要是接受“研讨式五步教学法”授课的学生所写的部分“评学议教”文章，体现了学生们对这一崭新教学方法和模式发自内心的热烈拥护与欢迎。书后还附录了我院部分师生学习感悟研讨式教学的 5 篇文章及其他有关内容。

本书的整理出版，是在院党委、行政支持下进行的，由学校副校长、我院党委书记廖永安教授作序，郭老师指导过的学生杨代春、李永春、肖志伟、李益顺、暴红博等负责具体的搜集资料、编辑校对等工作，我院博士生王霞、邵燕参与了部分文稿的校对。湘潭大学出版社章育良总编辑、湘潭大学党委宣传部申永丰副部长等对本书的出版给予了大力支持，责任编辑丁立松老师付出了辛勤劳动。谨向他们致以诚挚的谢意！

郭老师虽已溘然长逝，但他创造的“研讨式五步教学法”和研讨式教学模式已在全国产生重要影响，在近 20 个一级学科的 100 多门课程中广泛应用。我们将发扬郭老师教书育人精神，坚持在思想政治理论课和马克思主义理论学科教学中改进教学方法，创造特色鲜明、广泛推广的教学模式，不断提高人才培养质量和水平。

黄显中

2020 年 12 月

（黄显中，1972 年生，博士，教授，博士生导师，

湘潭大学马克思主义学院副院长）